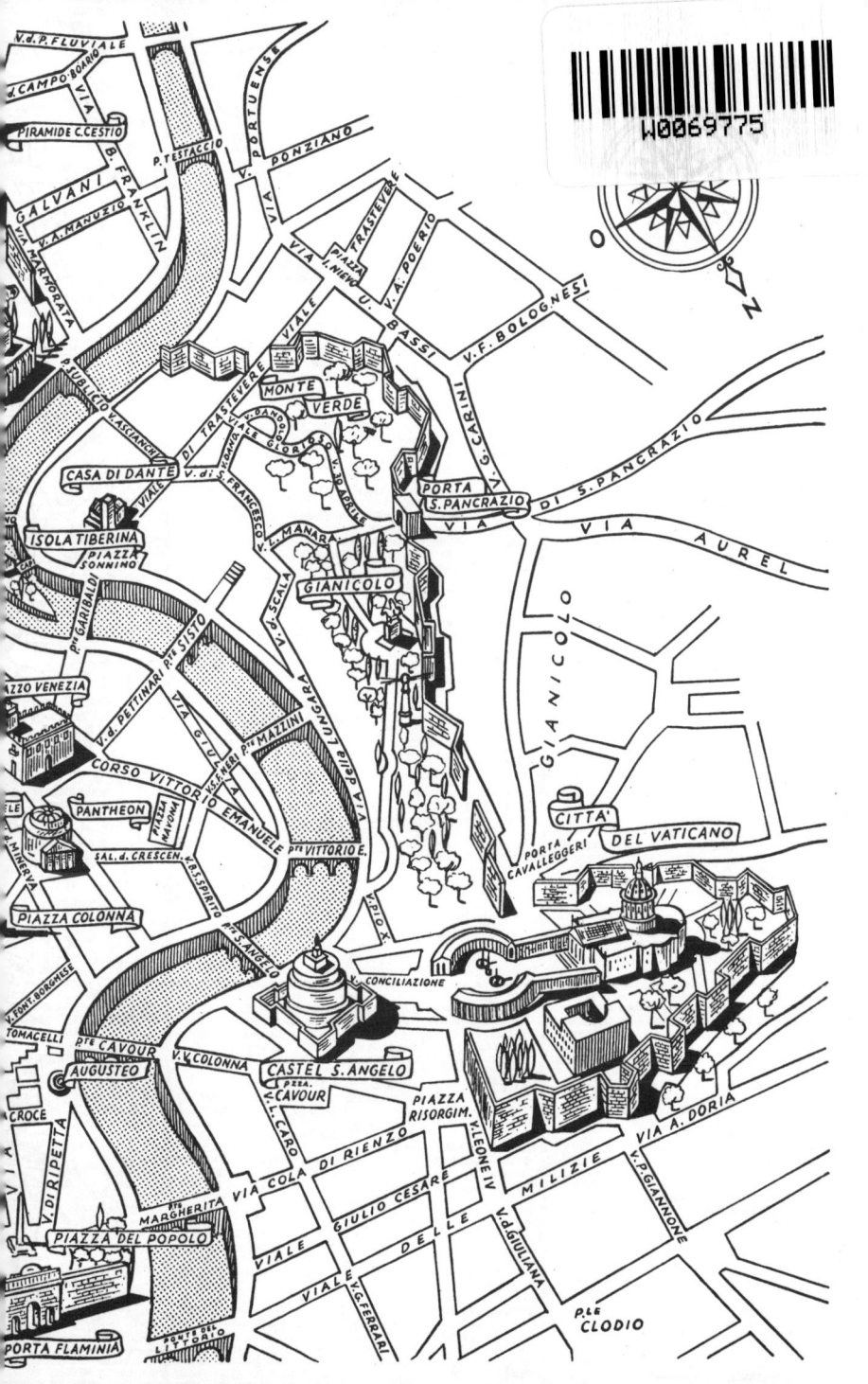

Humbert Fink
Begegnung mit Rom

Für Ulrike und Gregor

Humbert Fink

Begegnung mit Rom

Pinguin-Verlag, Innsbruck
Umschau-Verlag, Frankfurt/Main

Sämtliche Farbfotos von
Martin Thomas
© 1986 by Pinguin-Verlag
A-6021 Innsbruck
Alle Rechte vorbehalten
Schutzumschlag: Jochen Pabst, München
Farbreproduktionen: Tiroler Repro, Innsbruck
Druck- und Bindearbeiten: Carl Ueberreuter
Druckerei Ges. m. b. H., 2100 Korneuburg
Printed in Austria
ISBN 3-7016-2241-8

Inhaltsverzeichnis

Notwendige Einübung auf Rom

Eines Tages kam ich auch nach Ronciglione, in jenen Ort in der römischen Campagna nördlich von Rom, den der bedeutende englische Schriftsteller Charles Dickens im vergangenen Jahrhundert anläßlich seiner „Italienischen Reise" kurzerhand mit einem großen Schweinestall verglichen hat. Ronciglione liegt einige Kilometer südlich des Lago di Vico, eines dunklen Gewässers, das wie ein großes, trübes Aug' aus dem schwarzen Tuffgestein der Monti Cimini himmelwärts blickt, und Charles Dickens, der hier notgedrungen übernachtete, eh' er anderntags frühzeitig nach Rom aufbrach, mag diesen Teil der Campagna zu Recht eine „wellenförmige Ebene" genannt haben, „in der kaum Menschen leben und wo meilenweit nichts zu entdecken ist als eine eintönige düstere Öde". Frustriert schrieb er in sein Tagebuch: „Von allen Gegenden, die vor den Toren Roms liegen könnten, wäre dies der geeignetste Boden für eine Stadt der Toten. So traurig, so still, so trübe, so geheimnisvoll, bedeckt mit unzähligen Trümmern, ähnelt sie den wüsten Städten, in die sich in den alten Tagen Jerusalems die von Dämonen Besessenen flüchteten . . ." Und weiter notierte er: „Wir mußten dreißig Meilen durch die Campagna fahren. Während der ersten zweiundzwanzig Meilen erblickten wir nur dann und wann ein einzelstehendes Haus oder einen Hirten, der mehr wie ein Räuber aussah; das wirre Haar hing ihm übers Gesicht, und bis an das Kinn hatte er sich in seinen schmutzigen braunen Mantel gehüllt."

Ich kam nach Ronciglione auf der Suche nach einer Übernachtungsmöglichkeit, nachdem ich einen erschöpfenden Tag lang zwischen der Via Flaminia, der Via Cassia und der Via Aurelia hin und her gefahren war, zwischen jenen uralten und längst zur Legende gewordenen Straßen also, über die mehr als zwei Jahrtausende lang Reisende wie Charles Dickens, Eroberer wie Hannibal oder Attila, Heilige wie Ignatius von Loyola oder Franz von Assisi, Gefangene aus Gallien und Germanien, römische Legionen, Caesaren, Philosophen, Söldnerhaufen und Päpste nach

Rom gekommen waren, eine unaufhörliche Invasion fremder Menschen und fremden Gedankenguts, die seit den Tagen der Antike die Stadt am Tiber überschwemmte, ohne daß Rom, das wie ein riesiger und unersättlicher Schwamm alles in sich aufsog, dadurch jemals in seiner Grundsubstanz wirklich verändert worden wäre.

Aber solche Überlegungen waren mir an jenem späten Nachmittag fremd, als ich langsam nach Ronciglione hineinfuhr, den matten Glanz eines perlmuttfarbenen Himmels über mir und erfüllt vom sanften Rhythmus der römischen Campagna, in deren sommerlich strohfarbener bis gelblichbrauner Haut sich die schwärzlichen Brandmale der Feuerwände eingezeichnet hatten, entfacht von den Bauern, die spätestens im August die abgeernteten Felder abbrennen. Ich war durch das dunkle Mauerwerk von Civita Castellana gekommen, dem einstigen römischen Falerii, das von seinen ursprünglichen Bewohnern aufgelassen und erst im Mittelalter, als die Sarazenen bis über die Via Flaminia hinaus vordrangen, wieder besiedelt worden war, eine Stadt wie eine geballte Faust auf einem felsigen Plateau, „deren schroffe, rötliche, von Schlinggewächs umrankte Wände als natürliche Mauern dienen, während der Fluß Treja um sie her fließt" (Ferdinand Gregorovius). Und ich hatte mir vorzustellen versucht, wie das damals gewesen sein mag, als jener Papst namens Innocenz, der des Stauferkaisers Friedrich unversöhnlicher und heimtückischer Feind gewesen war, von hier aus in aller Heimlichkeit – Innocenz verkleidete sich sogar und verschmähte jede Bequemlichkeit, die ihn hätte verraten können – die Flucht vor dem Kaiser ergriff und über Sutri an der Via Cassia und quer durch das wüste Hügelland der südlichen Maremmen nach Civitavecchia ritt, wo er ein bereitgestelltes Schiff bestieg, das ihn nach Genua brachte, während Friedrich noch völlig ahnungslos in Narni auf eine Nachricht des Papstes wartete, um sich mit ihm in Civita Castellana oder in der Festung von Borghetto, welche den dortigen Tiberübergang bewachte, zu treffen.

Aber beeindruckender oder vielleicht auch bloß wirklichkeitsnäher, weil nicht soviel an Geschichte und so viele Jahrhunderte dazwischenliegen, war die Erinnerung an jenen Briganten namens Gasparone, der, übrigens ein naher Verwandter eines einflußreichen Kardinals, im Kastell von Civita Castellana eingekerkert war. Diese Burg, die heute noch mit ihren gerundeten, ziegelfarbenen, aus tiefen Gräben emporsteigenden Mauern einen imponierenden Eindruck vermittelt, war Ende des 15. Jahrhunderts vom Borgiapapst Alexander VI. errichtet worden und diente um die Mitte des 19. Jahrhunderts den römischen Päpsten als Staatsgefängnis. Charles Dickens hätte, wäre er durch Civita Castellana gekommen, manches grimmige Wort in sein Tagebuch eintragen können, denn Gasparone, der alles andere als jener rührselige Operettenheld war, als welcher er sein Jahrhundert überdauert hat, war für den Tod von zumindest zwei Dutzend Menschen verantwortlich gewesen und hatte wie viele seiner Art im 19. Jahrhundert die römische Campagna zu einer der gefährlichsten Landschaften Italiens gemacht.

„Ihr entdeckt hier und dort kurze Stücke einer römischen Straße an Orten, wo keine Menschenseele mehr vorüberkommt", schreibt der Vicomte François René de Chateaubriand, damals Napoleons Botschafter in Rom, im Jahre 1804 nach Frankreich, „ausgetrocknete Spuren winterlicher Sturzbäche; auch sie gleichen von ferne großen, vielbefahrenen Straßen und sind doch nur das verlassene Bett einer wütenden Woge, die über das römische Volk hinweggerauscht ist. Überall aber erheben sich die Ruinen der Aquädukte; und die Gräber und die Ruinen scheinen die eigentlichen Wälder und Pflanzen dieser Erde zu sein, die aus dem Staub der Toten und dem Schutt der Weltreiche besteht. Keine Vögel, keine Landleute, kein bäuerliches Treiben, keine Dörfer. Eine kleine Anzahl verfallener Hütten ... kein Rauch kommt von dort, kein Lärm ... ein halbnackter wilder Mensch wacht bei diesen Hütten, bleich und ausgehöhlt vom Fieber. Man möchte sagen, daß kein Volk es gewagt hat, den Platz der einstigen Herrscher der Welt einzunehmen, und daß diese Felder so geblieben sind, wie die letzte Pflugschar der Römer sie zurückließ."

Beschreibungen, Klagen dieser Art über den Zustand der römischen Campagna und Roms waren fast das ganze 19. Jahrhundert hindurch die Regel. Der *ager romanus,* Roms einstmals fruchtbarer Ackerboden und zuvor die Kornkammer der Etrusker, war schon längst wieder zur feindseligen Wildnis geworden. Roms jahrhundertelang andauernder Niedergang, zahllose Kriege, die Raubzüge der Sarazenen und jener zahllosen Söldnerheere, die im Auftrag deutscher Kaiser, französischer Könige und italienischer Fürsten oder der Päpste selbst dieses Gebiet um Rom immer wieder verwüsteten, hatten die Bauern vertrieben. Kanäle und Entwässerungsgräben, zum Teil noch von den Etruskern angelegt, verfielen, trockneten aus, verloren ihre lebenswichtige Funktion. Es entstanden Steppen und Sümpfe. Die Malaria wurde hier wie im Süden Roms in den Pontinischen Sümpfen zur furchtbaren Geißel. Und die Päpste ebenso wie Roms Aristokratie, welche von den Pfründen und Ämtern des Kirchenstaates sowie von den unermeßlichen Reichtümern, die von ihren Vorfahren in Jahrhunderten angehäuft worden waren, vortrefflich leben konnte, dachten nicht daran, durch längst notwendig gewordene Reformen die unzumutbaren Verhältnisse in der Campagna zu verändern. „Weder Strafe noch Lohn vermochten den passiven Widerstand der Grundbesitzer zu brechen. Die soziale Struktur bedingte das wirtschaftliche System. Das Latifundium ließ kein Bauerntum entstehen. Die Ausdehnung der Güter war so groß, daß die Erde anonym bleiben mußte, daß der Besitz nicht von einem planenden Auge erfaßt werden konnte." (Toni Kienlechner) Im Jahre 1870, als Rom endlich zur Hauptstadt Italiens wurde, teilte sich rund ein Dutzend adeliger Familien in den Besitz der römischen Campagna, von der zu jenem Zeitpunkt nur etwas mehr als zehn Prozent Ackerland und deren wahre Herrscher die Malaria, der Hunger und die Briganten waren. Eine parlamentarische Untersuchungskommission, eingesetzt vom noch jungen italienischen Staat, um die Möglichkeit einer Urbarmachung der Campagna zu prüfen, brauchte Ende der siebziger Jahre des vorigen Jahrhunderts volle acht Jahre, um ein erstes, ohnedies vorläufiges Ergebnis zu formulieren. Und das sah dann mit den Worten eines Abgeordneten namens Piacentini so aus:

„Die beinahe urtümlichen Zustände, die geringe Entlohnung, die karge und schlechte Ernährung machen das Leben der wenigen, auf die Campagna zerstreuten Bauern zum Elendsdasein. Sie hausen fast ausschließlich in Strohhütten oder feuchten Höhlen und finden, nach des Tages Mühen, keine andere Nahrung als Maismehl, das mit dem Wasser der stinkenden Tümpel angerührt wird."

Ronciglione also. Von der Terrasse des Hotels, die oberhalb einer tiefeingeschnittenen Schlucht angelegt war, von deren unsichtbarem Grund das Rauschen eines Gewässers emporstieg, der Blick auf die dunkelbraune bis schwärzliche Stadt, die wie eine erdfarbene, längst verwitterte Pyramide aus dieser Schlucht wuchs, ein Bild voll Trauer und Resignation, darin verwahrlost anmutende Kirchtürme und abbröckelnde Geschlechtertürme standen, heftig umschwirrt von den Schwalben, die durch die klare Luft schnellten. Und zuvor Nepi, halbwegs in der Mitte zwischen der Via Cassia und der Via Flaminia, das uralte etruskische Nepet, im 4. vorchristlichen Jahrhundert von den Römern erobert, heute dichtgedrängt um eine gewaltige Borgiaburg, die jener im benachbarten Civita Castellana in nichts nachsteht, was die Ausmaße, den bedrohlichen Eindruck angeht. Und dazu die Zeichnungen der sommerlich erschöpften Landschaft. Das Weizenfarbene, Semmelblonde der abgeernteten Felder. Dazwischen dicke Streifen eines fast rostfarbenen Brauns, das hier im Vorfeld der Monti Cimini manchmal einen beinah kupferfarbenen Ton annimmt, während drüben an der Küste rund um Tarquinia und Tuscania immer wieder aschgraue Flächen bis an die mittelalterlichen Mauern der Städte vordringen. Und dann die tiefen, zerklüfteten, unvermittelt die scheinbar eintönige Landschaft sprengenden Gräben wie etwa jener von Sant'Elia mit den dicken schwarzen Adern des Tuffgesteins, das für die römische Campagna ebenso charakteristisch ist wie der helle Farbton der Weizenfelder und die verfilzten, sandfarbenen Böden der Weideflächen. Unweit von Sant'Elia das uralte Heiligtum der Madonna ad Rupes, angeblich vom heiligen Benedikt um das Jahr 520 gegründet, ein winziger Punkt in den Tiefen einer Tuffsteinschlucht, so daß man aufatmend daraus zurückkehrt in das urbanere, lebendigere Civita Castellana, das übrigens bis 1870 eine französische Garnison beherbergte, weil die Grenzen des Kirchenstaates, über den das Frankreich Napoleons III. die Schirmherrschaft übernommen hatte, hier und im nahen Borghetto entlang des Tiber verlief. Ferdinand Gregorovius, der große deutsche Schriftsteller und Historiker, der die Hälfte seines Lebens in Rom verbrachte, schilderte einmal seine Erfahrungen anläßlich eines Grenzübertritts bei Borghetto; und wie ihn ein französischer Soldat daran hinderte, die Tiberbrücke genauer zu untersuchen, die auf Anordnung des Papstes Sixtus V. im Jahre 1589 hier errichtet worden war. Man überquert den Fluß heute noch auf dieser – inzwischen allerdings mehrfach renovierten und auch verbreiterten – Brücke. Kohlen- und Proviantschiffe befuhren damals den Tiber; sogar kleine Dampfschiffe verkehrten zwischen Rom und Borghetto und besorgten einen freilich bloß spärlichen Passagierdienst.

In Ronciglione im Hotel dann, das den Allerweltsnamen „Zur alten Mühle" trug und allerdings ein recht stattlicher Bau war, eine irritierende Versammlung von zahnlosen Greisen mit welken Gesichtern, die im kahlen und nur vom dünnen Licht einer einzigen Lampe unzulänglich beleuchteten Speisesaal mißtrauisch im Salat stocherten, römische Pensionisten, Bezieher von kleinen Renten, die dennoch nicht auf den gewohnten Sommerurlaub in der Campagna verzichten wollten. Es war, als ob die Schatten der Vergangenheit in diesem Hotel wieder lebendig würden. Das Essen war schlecht, der Wein scharf und stark und rasch berauschend. Draußen flüsterte der Nachtwind. Und spähte man, das Gesicht an die schmutzigen Scheiben gepreßt, zum Fenster hinaus, sah man den dunklen, massigen Klumpen der Altstadt himmelwärts ragen, darin nur vereinzelt ein dünner, zitternder Lichtschein zu erkennen war. Vor siebzig, achtzig Jahren mochte es nicht anders ausgesehen haben. Nur daß damals solche Städte wie Ronciglione, Civita Castellana oder Nepi winzige, ständig bedrohte Oasen inmitten einer hoffnungslos verseuchten Fieberlandschaft waren, wo nur halbwilde Tiere, Hirten und Briganten mühsam genug zu überleben vermochten.

Was aber ist das bloß, das die Menschen seit nunmehr bald zweitausend Jahren nach Rom treibt, ungeachtet aller Gefahren und Strapazen, denen sie unterwegs begegneten, und unbeschadet auch der letzten, lebensgefährlichen hundert Meilen vor Rom, wenn es galt, die Campagna mit ihren Mückenschwärmen, Steppen, Sümpfen und Desperados zu durchqueren? Naive Gemüter mögen das auf die Bequemlichkeit zurückführen, welche die alten römischen Straßen den Reisenden des Altertums angeblich vermittelten: Da war die Via Aurelia, erbaut von einem Mitglied der gleichermaßen angesehenen wie vermögenden Familie der Aurelier, eine der ältesten Straßen überhaupt, welche von Rom entlang der Tyrrhenischen Küste nordwärts führte, zuerst freilich nur bis in die Gegend des heutigen Civitavecchia, später dann bis zu den Marmorsteinbrüchen von Carrara, was sie – nachdem sie anfänglich lediglich eine Art Ausfallweg in die alten etruskischen Landschaften gewesen war – zur berühmten Marmorstraße machte, auf welcher der legendäre *marmor lunensis* nach Rom geschafft wurde. Da gab es die Via Cassia, welche neben der Via Appia gewiß die populärste und auch meistbenützte Straße nach Rom war, weil auf ihr, die Rom heute noch mit Siena und Florenz verbindet, viele Jahrhunderte lang zahllose Pilger, Soldaten und Vergnügungsreisende in die Ewige Stadt gelangten, darunter, um nur zwei charakteristische Namen zu nennen, Goethe und Ignatius von Loyola, an den eine kleine Kapelle an der Posta della Storta erinnert, heute nur wenige Autominuten vom Raccordo entfernt, der vielbefahrenen Autobahnumfahrung Roms. Wichtige Verbindungen mit den Provinzen im Norden und Osten waren auch die Via Flaminia, mit deren Bau der Zensor Cajus Flaminius im Jahre 223 vor Christus begonnen hatte und die bereits drei Jahre später bis in das heutige Rimini führte, sowie die Via Salaria, welche wahrscheinlich die älteste aller Römerstraßen ist und einem prähistorischen Saumpfad folgt, auf welchem vor Jahrtausenden schon das lebenswichtige Salz von der adriatischen Küste nach Latium gebracht wurde. Erwähnenswert sind ferner die Via Tiburtina, die Rom mit Tivoli, dem antiken Tibur, verbindet, die Via Casilina, auf der man in das uralte

Palestrina und weiter nach Monte Cassino gelangt, und schließlich die berühmteste aller Straßen, die Via Appia, auch Königin der Straßen genannt, die zuerst bis nach Cumae und Pozzuoli, später dann bis in das apulische Brindisi führte.

Aber es wäre natürlich töricht, den unaufhörlichen Pilgerzug vor allem der Nordländer nach Rom einfach dadurch zu erklären, daß die vortrefflichen römischen Straßen ihnen die Entscheidung erleichtert hätten, in die Ewige Stadt aufzubrechen. In diesem Zusammenhang sollte man vielleicht daran erinnern, daß der erste Rompilger, der uns namentlich bekannt ist – wenn wir von den legendären Gestalten der beiden Apostelfürsten Petrus und Paulus absehen wollen –, ein gewisser Aberkios war, ein Bischof aus dem phrygischen Hierapolis in Kleinasien, der sich in der Zeit zwischen 180 und 200 in Rom aufhielt und voll des ehrfürchtigen Staunens war über die Wunder der Weltstadt. Luigi Barzini, zu seiner Zeit einer der führenden Publizisten Italiens, meinte einmal, daß man diesen ewigen Pilgerzug einfach als etwas hinnehmen müsse, das man als „zum natürlichen Ablauf der Dinge gehörig" betrachten könnte. Aber auch er versuchte sich an einer Erklärung dieses Phänomens. Und er erwähnte Saturn, den Sohn Jupiters (oder Zeus'), der, vom Vater aus dem Olymp vertrieben, nach langer Flucht Asyl im Gebiet des heutigen Latium fand und es dort bis zum König brachte. An ihn erinnerte einst das antike Saturnalienfest, das stets in der ersten Dezemberwoche gefeiert und wobei den Römern buchstäblich alles gestattet wurde, was gegen die Norm oder sogar gesetzwidrig war. Barzini zog daraus den amüsanten Schluß, daß die Fremden, welche jahrhundertelang nach Rom drängten, hier nichts anderes als ihr „saturnalisches Intermezzo" gesucht hätten.

In dieser Erklärung mag vielleicht ein Körnchen Wahrheit stecken, ohne daß sie freilich wirklich zu befriedigen vermöchte. Erasmus von Rotterdam, auch er ein Rompilger, schrieb vor mehr als vierhundert Jahren einmal in einem Brief: „Wen hat diese Stadt nicht in ihren sanften Schoß aufgenommen, geliebkost und erzogen, mochte er auch auf einer fremden Erde geboren sein? Wer erscheint sich dort als Fremdling, wenn er auch vom Ende der Welt hergekommen war? Ja, wievielen war Rom nicht teurer, süßer, segensreicher als ihr eigenes Vaterland? Oder wo gab es einen noch so rauhen Geist, den nicht die Stadt Rom durch das Leben in ihr milder und reifer zu uns zurückkommen ließ? Oder wer brachte auch nur eine kurze Zeit in ihr zu, der nicht ungern von ihr schied, der nicht jede ihm dargebotene Gelegenheit, zu ihr zurückzukehren, freudig ergriff oder sie selbst herbeizog?" Dem gegenüber steht eine Eintragung, welche Gregorovius 1864 in sein Tagebuch machte: „Auf dem faulsten Fleck der Erde lebt man wie in Trance fort. Und doch sind es nur die fremden Mächte, welche diese Mumie verteidigen, die noch Kirchenstaat heißt." Viele Jahrhunderte zuvor, als das Patrimonium Petri auf den Trümmern des antiken Rom, welche nicht zuletzt auch durch die christliche Religion verursacht waren, sich konsolidiert und ungestüm zu wachsen begonnen hatte, war „die Ehrfurcht der Völker des Mittelalters vor der Stadt Rom unbegrenzt" gewesen. Die Menschen „harrten andachtsvoll in berühmten Basiliken und vor wundertätigen Schreinen, besuchten Pontifikalämter, hörten die Worte in aller Welt gepriesener Priester und beteten vor fromm verehrten Bildnissen und heiligen Reliquien" (Luigi Barzini), was sie allerdings nicht im mindesten davon abhielt, diese heiligen Reliquien erbarmungslos zu plündern. Und waren die Überreste der Antike den frommen Pilgern zuerst noch als ein Werk des Satans erschienen, weil alles Heidnische in der Vorstellung frühchristlicher Fanatiker teuflischen Ursprungs war, das vernichtet, ausgerottet gehörte, so wuchs allmählich im Verlauf der Zeit das Interesse der Fremden an den antiken Ruinen Roms, bis allen, den Frommen wie den Kunstinteressierten, Rom als eine unerschöpfliche Quelle der Erbauung und intelligenten Zerstreuung erscheinen mußte. Daß eine solche Wunderstadt auch das Interesse ehrgeiziger und habgieriger Herrscher und beutelüsterner Soldaten weckte, erscheint in diesem Zusammenhang als selbstverständlich und brachte der Stadt manche Niederlage bei, von der sie sich, wenn überhaupt, nur mühsam wieder erholen konnte.

Im übrigen nützten die Römer selbst die Anziehungskraft, die ihre Stadt auf alle Welt ausübte, schamlos aus. Denn so begehrt Rom beispielsweise im Mittelalter als jener Ort war, an welchem man sich Erlösung von seinen Sünden erhoffen durfte, so zweifelhaft waren das Leben und die Moral jener, die mit der fremden Sünde und den gläubigen Pilgern ein einträgliches Geschäft machten. Schon der Kirchenvater Hieronymus beklagte den Verfall aller Sitten, zumal jener der geistlichen Würdenträger. Aber auch der schwunghafte Handel, den später über Jahrhunderte hinweg römische Priester betrieben, indem sie in den Katakomben die Reliquien verstorbener Christen raubten und öffentlich zum Kauf anboten, was wiederum die Bedeutung Roms für die abergläubischen Menschen steigerte, muß erwähnt werden. Ganz zu schweigen von der moralischen Entartung des Klerus in manchem Jahrhundert, von den Intrigen der Päpste und Kardinäle, die Zeugnis ablegten „von der bösen, verderbten römischen Natur, der nichts heilig ist", wie ein anonymer Mönch des 11. Jahrhunderts einmal beklagte. „Unter der Oberfläche dieses hochentwickelten Kulturwesens schlummerten die Kräfte gemeiner Genußsucht und ungezähmter Leidenschaft", schrieb der Engländer John Addington Symonds, „und die römische Gesellschaft bot ein nahezu beispielloses Schauspiel literarischen, künstlerischen und höfischen Raffinements, das gleichzeitig durchsetzt war von barbarischer Wollust, von Verrat, Giftmischerei, Mord und Gewalttat."

Das alles änderte freilich nichts am ungestümen Interesse der Ausländer an Rom. Warnungen wie jene des englischen Literaten Thomas Palmer, der im Jahre 1606 meinte, daß man eine Reise nach Rom eher unterlassen sollte, weil der arglose Fremde dort nichts anderes als „den Mord mit dem Stilett, den Giftmord, die Intrige und den Verrat" studieren könne, wurden in den Wind geschlagen. Dramatische Schilderungen des Schirokko, dieses „vernichtenden Sturms, dessen heiße und klebrige Berührung Tod und Verwesung beschleunigt" (Norman Douglas), wurden erst gar nicht beachtet. Und Nachrichten über das erbarmungswürdige Schicksal unvorsichtiger Reisender, die in der öden Wildnis der römischen Campagna einem Briganten in die Hände gefallen oder in einem dunklen, schmutzigen Gasthof irgendwo zwischen Narni, Civita Castellana und Civitavecchia ermordet worden waren, fanden gleichfalls kein Gehör. Alle Wege führten nach Rom. Und alle Welt war entschlossen, sie auch zu benützen.

Von Ronciglione fuhr ich hinüber zur Via Flaminia, ließ den schwärzlichen Tuffstein und die verstaubten, fast schon mehlfarbenen Mauern der Kirchen und Bastionen von Civita Castellana zurück, wandte mich südwärts in Richtung Rom, jetzt schon den unverwechselbaren Monte Soratte im Blick, der als ein mächtiger, den frühen Morgendunst zerreißender Buckel in einen opalisierenden Himmel ragte, von dem die letzten Wattebauschen des zerfallenden Nachtgewölks verschwanden. Der Berg, den die meisten Autoren immer noch mit seinem antiken Namen Soracte nennen, sei ein Denkmal des frühen Christentums, kann man in alten Reisehandbüchern nachlesen. Sylvester I., jener Papst, der unter Kaiser Konstantin Oberhaupt der römischen Kirche war, soll hier während der letzten diokletianischen Christenverfolgung Zuflucht gefunden haben. Karlmann, Sohn des Karl Martell, legte im Jahre 746 in einem der einstmals berühmten Klöster, die diesen Berg im frühen Mittelalter dem Athos verwandt sein ließen und die freilich längst wieder verschwunden sind, das Mönchsgelübde ab. Und es bedarf keiner besonderen Phantasie, um sich vorzustellen, wie einst die Pilger aus Germanien, während sie die letzte Wegstrecke nach Rom unter ihre schmerzenden Füße nahmen, diesen dunklen Buckel mit scheuem und zugleich ehrfurchtsvoll bewunderndem Blick streiften.

Rauchsäulen markierten meinen Weg nach Süden. Das verdorrte, gelbbraune Gras zu beiden Seiten der Via Flaminia brannte über weite Strecken hinweg. Im Hinterland, dort, wo die bleiche Kontur der Sabinerberge sich an einen verschwimmenden, im glasigen Dunst zitternden Horizont verlor, erhoben sich gleichfalls schwarze Rauchpilze über der Landschaft. Es schien, als ob eine Feuerwand sich über die sommerlich ausgetrocknete Campagna wälzte. Nichts erinnerte mehr an die hübschen, stimmungsvollen Beschreibungen jener empfindsamen Reisenden, die viele Jahrhunderte lang ins Schwärmen gerieten, wenn sie, von Rom nur noch eine schwache Tagesreise weit entfernt, dem vermeintlich zarten Zauber der römischen Campagna erlagen. Nichts mehr vom tiefen, satten Grün der Wiesen und Luzernenfelder; verschwunden das dicke Blaugrün der Kohläcker oder das sanftglänzende Schwarzgrün der Korkeichenhaine. Verbrannt und braun die sommerlichen Eukalyptusalleen, in denen sich nur noch die zimtbraunen Stämme ihre ursprüngliche Farbe bewahrt hatten. Und selbst die großhörnigen, weißgrauen Rinder schienen jetzt ausgebleicht, wirkten wie verwaschen, wie Schatten, die unter der wabernden Hitze stumm hinwegschmolzen.

Mein erstes Ziel an diesem Tag war das antike Ostia, wo einst der Hafen des alten Rom gelegen war und wo, was vielleicht gleichfalls zum besseren Verständnis der Ewigen Stadt erzählt werden soll, am gegenüberliegenden Ufer des Tiber, und zwar in jener Gegend, wo sich heute der neue Flughafen von Fiumicino erstreckt, im Jahre 1900 die ersten Bauern aus der Romagna – in ganz Latium fand sich niemand, der bereit gewesen wäre, diese Sisyphusarbeit auf sich zu nehmen – mit der Entsumpfung und Urbarmachung der Campagna begonnen hatten. König Umberto I. stellte ihnen rund fünfhundert Hektar sogenannter Staatsdomäne zur Verfügung, und zwar vor allem auch auf der Isola Sacra, der Insel an der Tibermündung, wo der erste Teil jenes Experiments stattfinden sollte, an dessen Ende die Umwandlung der Campagna vom fiebergeschwängerten, lebensfeindlichen Sumpf- und Malariagebiet in eine fruchtbare Kulturlandschaft stand. Aber der Preis, den die ersten Kolonisten bezahlen mußten, war grausam. Ein längst vergessener Reiseschriftsteller namens Sebastian Brunner, der diese Gegend Ende der achtziger Jahre des vorigen Jahrhunderts aufsuchte, beschrieb die damalige Wirklichkeit: „Es herrscht da eine Entsetzen erregende Armut. Dazu die Fieberluft, Gestrüpp, teils ausgebrannter Boden, unfruchtbares Land aber überall. Das Regenwasser wird in Gräben gesammelt und in elenden Krügen herbeigeschafft. Die Gesichter der Leute haben eine Farbe wie braungelbes Leder." Brunner zählte in Ostia, wo er sich einen Tag lang aufhielt, um die wenige Jahre zuvor entdeckten Ruinen der antiken Hafenstadt zu besichtigen, kaum mehr als eine Handvoll Bewohner. Im Winter, berichtete er, lebten hier an die hundertfünfzig Personen. Aber „wer nur kann, flüchtet sich aus dieser miasmenerfüllten Fieberluft". Am nachhaltigsten freilich beeindruckte ihn das Kastell des ehemaligen Gregoriopolis, wie Ostia früher einmal hieß – so benannt nach Papst Gregor IV., der nahe den Ruinen des antiken Ostia eine neue Ansiedlung errichten ließ –, an dessen wuchtigen Mauern er die Wappen von sechs Päpsten und einer ganzen Reihe einflußreicher römischer Familien fand, wie etwa jener der Colonna, Rovere und Farnese, deren Bedeutung für die Geschichte Roms groß gewesen war.

Aber den Preis dafür, daß man heute völlig gefahrlos durch das neue Ostia mit seinen hübschen Wohnvierteln und phantasievoll dekorierten Badeanstalten, durch das mittelalterliche Ostia, das ein paar Kilometer weiter landeinwärts liegt, und auch durch die weitläufigen Ruinen der antiken römischen Hafenstadt, die sich am linken Tiberufer erstrecken, als ein aufmerksamer Müßiggänger flanieren kann, der mit beiläufigem Interesse die verschiedenen Entwicklungsstufen in diesem Teil der römischen Campagna betrachtet, bezahlten jene norditalienischen Bauern, die sich, angelockt durch soziale Vergünstigungen, um und nach 1900 hier niederließen und von denen in den ersten Jahren der Neokolonisierung dieses gewaltigen Sumpfgebietes die meisten elend zugrunde gingen. „Es ist eine winzige Truppe, die auszieht, ein gewaltiges Übel zu bekämpfen", schreibt Toni Kienlechner einmal in ihrem Buch über Rom. „Einige junge Mädchen aus adligen Familien halten Sonntagsschulen, Abendunterricht für die halbwilden Kinder, für die Erwachsenen, die alle Analphabeten sind. Manche Priester entschließen sich, das Leben der Leute im Malariagebiet zu teilen ... daß die Pfarrer es meist so eilig haben, daß sie nur sechzehn Minuten zum Lesen der Sonntagsmesse brauchen, erbittert die Landarbeiter zutiefst. Aus Rache gießen sie den eiligen Seelsorgern Essig statt Meßwein ein ..." Einige wenige patriotische Ärzte halfen den bedauernswerten Opfern der Malaria. Chinin wurde kostenlos verteilt. Aber der Fiebertod dezimierte unbarmherzig die Reihen der Kolonisten, und es sollte noch Jahrzehnte dauern, bis der Kampf gegen die Malaria gewonnen und die bedrückendsten Auswüchse sozialer Ungerechtigkeit beseitigt werden konnten. „Noch immer liegen die Schatten der Vergangenheit auf der römischen Erde", schreibt Toni Kienlechner. „Wenn auch ihre uralten Leiden behoben sind, das Sklaventum beendet, die Krankheit ausgerottet, der Boden bestellt ist – ihre Melancholie ist nicht verscheucht. Noch immer ist ihre Weite beherrscht und wie niedergedrückt von dem endlosen Horizont, wo mächtige Wolkengebirge sich türmen und jagen; der Schirokko fegt über sie hinweg, glutend brennt die Sommersonne nieder. Die Gedanken werden auseinandergesprengt, der Mensch kommt sich nichtig und vergänglich vor, und sein Sinn richtet sich schaudernd auf die steinige Stadt, den sicheren Hort und Hafen."

Solchen Gedanken wird der moderne Tourist, der heute das antike Ostia besucht, allerdings kaum zugänglich sein. Fast nichts erinnert hier mehr an das Elend von einst. Schnellstraßen verbinden Rom mit der Küste, wo in den letzten Jahrzehnten ein riesiges Erholungszentrum entstanden ist, das die wild wuchernde, dunkelgrüne Macchia und den hellbraunen, feinkörnigen Dünensand längst unter sich begraben hat. Und über den Ruinen der antiken Hafen- und Handelsstadt, die einst der Hauptumschlagplatz des römischen Imperiums gewesen und deren großer Hafen von Kaiser Claudius angelegt und später unter Trajan ausgebaut worden war, fliegen die dicken Schatten der Flugzeuge hinweg, die zum Landeanflug nach Fiumicino ansetzen. Nur manchmal, wenn man einen eher zufälligen Blick auf die fahlfarbene Ebene wirft, die stumm und wie entrückt vor den ausgegrabenen Ruinen Ostias liegt, ahnt man noch etwas von der düsteren Gewalt dieser Landschaft.

Man nimmt heute an, daß das antike Ostia – das mit dem Niedergang des Römischen Reiches etwa seit dem 4. Jahrhundert zuerst seine ökonomischen und politischen Funktionen einbüßte und dann einfach zu existieren aufhörte, nachdem es zuletzt immer wieder gebrandschatzt und geplündert worden war – während seiner Blütezeit mehr als fünfzigtausend Einwohner gezählt haben muß. Ostia war jener Ort, wo neben den römischen die meisten ausländischen Gottheiten verehrt wurden. Allein dem asiatischen Mithraskult waren hier sechzehn Weihestätten gewidmet. Es war eine kosmopolitische Stadt im umfassendsten Sinn dieses Wortes. Juden, Griechen, Levantiner, aber auch Nubier und Perser lebten hier, gingen ihren einträglichen Geschäften nach, übten sich in kultischen Gewohnheiten, die von der römischen Staatsmacht toleriert und erst seit dem 4. Jahrhundert von den Christen erbittert bekämpft wurden, als das allmählich verarmende und von den verschiedenen Invasoren immer wieder zerstörte Ostia Sitz eines Bischofs wurde. Man mag vielleicht gerade an einem solchen Ort darüber nachdenken, wie verhängnisvoll die gnadenlose Intoleranz der frühen Christen gegenüber anderen Religionen sich auf das kulturelle und öffentliche Leben der Spätantike ausgewirkt hat; und wieviel von dem, was den unnachahmlichen Zauber dieser spätantiken Welt ausgemacht hatte, durch die Bilderstürmerei fanatischer Christen verlorengegangen ist.

Ich wanderte stundenlang unter der höhersteigenden Sonne, die den grau- und fahlfarbenen Ruinen einen zuerst spröden und später, als die Hitze heftig gegen die Steine zu hämmern begann, fast hektischen Glanz schenkte. Hier im antiken Ostia wird man wohl manche altgewohnte Vorstellung von römischer Architektur überprüfen müssen. Denn im Gegensatz zu den einstöckigen Häusern im wesentlich berühmteren Pompeji kann man in Ostia noch genau die einst drei- und vierstöckigen Mietskasernen erkennen, die das antike Stadtbild geprägt haben. Manches davon, auch wenn es nur Skelette sind, die aus der verbrannten Erde wie dünne Schatten auferstehen, wirkt tatsächlich so, als sei es vor kurzem erst aufgegeben worden. Und wenn Gregorovius einmal von Rom meinte, daß „die majestätische Stadt wuchs, alterte und mit dem Römischen Reich sank, und die Auflösung beider ist ein ebenso merkwürdiger Prozeß, als es ihr Wachstum gewesen war", so trifft diese melancholische Feststellung in einem ebensolchen Maße auch auf Ostia zu. Ich erinnere mich an die erst kürzlich freigelegten Mosaikböden hinter dem alten römischen Theater, in denen die Erinnerung an alle jene Städte kunstvoll verewigt ist, mit denen man einst Handel trieb; das wirkt wie ein poetischer Atlas einer Geschichte, die sich unter jeweils anderen Voraussetzungen immer von neuem wiederholt.

Einen reizvollen Kontrapunkt zur untergegangenen antiken Kultur ergeben jeden Sommer die Dekorationen für das Opernfestival, das im hübschen römischen Theater des alten Ostia stattfindet. Der sinnliche Schmelz südländischer Melodien, komponiert von so geschickten musikalischen Verführern wie Rossini, Respighi oder Donizetti; dazu das faszinierende Ambiente eines riesigen Ruinengeländes, in das die zudringlichen Scheinwerfer gleißende Lichtschneißen und schattige Tümpel malen, während vom Nachthimmel sich das Dröhnen der zur Landung ansetzenden Flugzeuge über das farbenprächtige, auch lärmende und immer lebhafte Geschehen auf der Bühne senkt und vom nahen Meer her eine leichte Brise die beklemmende Schwüle des Tages vertreibt: Das mögen jene Augenblicke sein, in denen man erstmals dieser stets ein wenig widerspruchsvollen Verführung durch den Zauber der mediterranen Welt gewahr wird und sich ihr bedingungslos ergibt.

Jeder Reisende, der Rom, die Campagna, Städte wie Tarquinia, Tivoli, Palestrina, mythische Schauplätze wie das Felsenkloster der Benediktiner von Subiaco oder antike Sehenswürdigkeiten wie die Ruinen von Ostia aufsucht und mehr erfahren und begreifen will als bloß die banale Wirklichkeit des Augenblicks, die sich in meist flüchtigen und damit unzulänglichen Begegnungen mit einer vorgeführten, das heißt also mit einer aufgesetzten Wirklichkeit begnügt, wird einen oder mehrere Lieblingsplätze rund um Rom entdecken, an denen er sich sowohl vom Zauber der mediterranen Welt beeindrucken als auch behutsam auf die Labyrinthe, Gegensätze, Merkwürdigkeiten und Widersprüche Roms vorbereiten lassen kann. In Tarquinia zum Beispiel wird es das etruskische Element sein, das den Rombesucher, den auch biografische Details und nicht bloß die sogenannten attraktiven Sehenswürdigkeiten der Ewigen Stadt interessieren, auf eine ganz bestimmte Nuance im Charakter Roms einstimmt. In Tivoli sind es selbstverständlich die Villa des Kaisers Hadrian und die Villa d'Este, die dem Reisenden einen wichtigen Epilog auf Rom erzählen. Städte wie Ronciglione, Civita Castellana, Nepi, Tuscania oder Frascati, Pomezia, Velletri oder das moderne Ostia werden dem, der fähig und bereit ist, zu sehen und zu empfinden, viel von dem mitteilen, was in der Millionenstadt selbst schon vielfach verschwunden oder überdeckt ist; die rustikale Gelassenheit römischer Lebensart; das, was sich hinter den spektakulären Jahresringen der Geschichte an menschlicher Substanz verbirgt; und immer wieder die Wurzeln dessen, woraus Rom wurde.

Einer dieser Orte ist die uralte Papststadt Anagni im Süden Roms, etwas oberhalb der Via Casilina inmitten der Hügellandschaft der Ciociarìa gelegen, die ihren Namen den sogenannten *ciocie* verdankt, einer sandalenartigen Fußbekleidung, wie sie die Bauern und Hirten dieser Gegend bis vor wenigen Jahren noch allgemein verwendeten. Der italienische Schriftsteller Guido Piovene hat freilich vor Jahrzehnten schon beklagt, daß das Lokalkolorit der Ciociarìa allmählich verschwinde. Und er schilderte in diesem Zusammenhang die Landschaft mit der Anteilnahme dessen, der ganz genau weiß, welche Vitalität und welche Fülle an altmodischen Tugenden mit den Menschen dieser Region viele Generationen lang nach Rom einsickerten: „Weit, voller Schweigen und einer feierlichen Leere, von einer Würde, die das Kleine, das bloße Detail nicht zuläßt. Es ist die Landschaft Latiums im reinsten Zustand."

Etwas davon kann man heute noch spüren, wenn man von Anagni auf schmalen, kurvenreichen Landstraßen hinauf nach Paiano und weiter nach Genazzano fährt, wo seit dem 15. Jahrhundert ein wundertätiges Madonnenbild verehrt wird, das auf rätselhafte Weise aus dem albanischen Skutari in die Ciociarìa geflogen kam ... Da ist der rhythmische Schwung grünbekränzter Hügel, auf dessen Höhen diese dunklen süditalienischen Landstädte liegen, in denen heute noch die Zeit wie aufgehoben und das Leben einer Gesetzmäßigkeit zu gehorchen scheint, der man ratlos und vielleicht sogar ein wenig verunsichert gegenübersteht. Und da sind die dichtgestaffelten Reihen der Ölbäume, die scheinbar mühelos hangaufwärts klettern und in denen sich das Licht der Sonne bündelt. Da tanzen, als wäre es eine Armee von dunkelbraunen Schlangen, die dicken, kurzen, gekrümmten Rebstöcke über die rötlichfarbene Erde der Weingärten hinweg, während anderswo die lohfarbene Helligkeit abgeernteter Weizenfelder ein grelles Spiegelbild des sommerlich entflammten Himmels zu sein scheint. Und immer die fast mannshohen Karrees der Maisfelder, die sich im grünen Dickicht der Hügel verlierende Spur einer Schafherde und die gekrümmten Rücken der Menschen. Städte wie Genazzano, das sich mit seinen dichtgedrängten Häuserzeilen, Kirchen und mittelalterlichen Palästen über einen steil emporragenden Felsensporn, der eine grünbewaldete Schlucht zerteilt, wie der glänzende Schuppenpanzer eines Drachens in die Höhle schiebt, oder Anagni, das sich, einen dieser sanftgerundeten Hügel in der Ciociarìa wie ein aschgraues Geschwür bedeckend, hinter den wuchtigen Blöcken seiner römischen Stadtmauer verbirgt ... solche Städte sind der strenge Kontrapunkt in einer strengen Landschaft, darin man manche lebenswichtige Wurzel Roms und manche Voraussetzung für das Überleben der Ewigen Stadt finden kann.

„Ich sehe, wie die französische Lilie in Anagni eindringt und wie Christus in seinem Stellvertreter gefangen genommen wird", schrieb einst Dante in Erinnerung an jenes Geschehen im Jahre 1303, als hier der aus Anagni gebürtige Papst Bonifaz VIII. auf Anordnung des französischen Königs Philipp IV. von der französischen Soldateska, die damals im Kirchenstaat wütete, aus seinem Palast gezerrt und in den Kerker geworfen wurde. Daraus befreiten allerdings wenige Tage später die empörten Bürger von Anagni den hilflosen Papst, die wohl begriffen haben mochten, daß hier auch römische Intriganten – nämlich die mächtige Familie der Colonna – die Hand im schändlichen Spiel hatten. Aber das alles ist heute nur noch verwehte, verstaubte Erinnerung ... wie übrigens auch jene dramatischen Ereignisse, die hier in Anagni zur Wahl des Papstes Innocenz III. führten, des unbarmherzigen Gegenspielers Kaiser Friedrichs II., als ein römischer Senator mit Gewalt und List die Fäden zog, an denen die Mächtigen jenes Zeitalters wie Marionetten hängen sollten. „Von der ehemaligen Bedeutung dieser Stadt zeugen eine Menge verfallener Paläste", schrieb unser Gewährsmann Sebastian Brunner im Jahre 1888, „dazu schöne Säulen, gezierte Torbögen, gotische Fenster, zierliche Galerien in den Fenstern".

Ich begriff Anagni immer als eines dieser halbverstummten römischen Viertel, in denen nur noch die Steine reden und das Leben auf eine Weise reduziert ist, die etwas unendlich Melancholisches und zugleich Rührendes hat. Nichts mehr vom aufgeregten, wichtigtuerischen Lärm vergangener Zeitalter. Nichts mehr von der aufdringlichen Habgier der Menschen nach Ruhm und Macht. Der einst berühmte und in manche mittelalterliche Tragikomödie eingebundene Dom, den in einer Nische an der Außenwand eine weniger schmeichelhafte als pompöse Darstellung des Papstes Bonifaz schmückt, ist heute nichts weiter als eine nutzlos gewordene Kulisse für den bescheidenen Auftritt einer kleinstädtischen Gesellschaft, die ihre einstmals bedeutenden Funktionen längst eingebüßt hat. Die beiden weiträumigen Plätze, welche an die beiden Päpste erinnern, deren politisches Schicksal in und mit Anagni beeinflußt wurde, also die Piazza Innocenz und die Piazza Bonifaz, sind wie eine große, attraktiv gestaltete Schaubühne, auf der keine Vorstellungen mehr stattfinden. Mittelalterliches Mauerwerk, das auf römischen Fundamenten ruht, bedeckt eher nutzlos – und als wäre es von der Zeit vergessen – den Stadthügel. Nichts mehr erinnert an den schönen Verdacht, der von einigen alten Autoren ausgesprochen wurde, daß hier einst Cicero eine Villa besessen haben soll. Kein sichtbarer Hinweis mehr auf jene fünfundzwanzig Päpste, die im Verlauf der Geschichte hier mehr oder weniger bedeutsam in Erscheinung getreten sind, darunter Alexander III., der am Gründonnerstag des Jahres 1160 im Dom den Gegenpapst, den kaiserfreundlichen Viktor III., und sozusagen im gleichen Atemzug auch Kaiser Friedrich Barbarossa exkommuniziert hat; und der dann einige Monate später und wieder im Dom – der bei solchen spektakulären Anlässen gewiß aufs feierlichste geschmückt und von einer atemlos lauschenden Menge dicht besetzt war – Englands frommen König Eduard

„in die Zahl der heiligen Bekenner versetzte", wie das ein Chronist dieser Zeremonie poetisch ausdrückte. Ein Jahr zuvor, 1159, war in Anagni Hadrian IV. Breakspeare gestorben, der einzige Papst, der von der englischen Insel gekommen und, verstrickt in einen heftigen Kampf mit dem römischen Senat um die Wiedererrichtung der alten römischen Republik, welche eine gefährliche Bedrohung des Patrimonium Petri bedeutet hätte, resignierend nach Anagni geflüchtet war, wo ihn der Tod ereilte. Heute huschen nur noch Katzen über den Platz, aus dessen östlichem Abschluß der Dom wie ein gewaltiges Schiff emporsteigt. Aus einer Werkstätte, die unterhalb des hochaufragenden Gebäudes sich in einem der alten Häuser eingenistet hat, die kaum noch Zeugnis abzulegen vermögen von der großen Vergangenheit Anagnis, dringt anachronistischer Arbeitslärm. Und vor einer kleinen Bar, deren winziger Innenraum geschmückt ist mit zahlreichen Zeichnungen eines liebenswürdigen alten Herrn, der in diesem Viertel als Bildhauer und fürsorglicher Cicerone fungiert, heben alte Männer ihre verknitterten Gesichter der Sonne entgegen, die den Dächern und Türmen des Doms und den altersgrauen Fassaden des Bonifazpalastes – der freilich nur so genannt wird und in Wahrheit lediglich an jener Stelle steht, wo sich einst das Haus des Papstes aus Anagni erhoben hatte – einen spröden Glanz verleiht.

„So sieht die Stadt aus, die im Mittelalter einen stolzen und begüterten Adel in ihren Mauern einschloß", schrieb Sebastian Brunner 1888, nachdem er ausführlich „furchtbare Bilder von Schmutz, Elend, Verfall, Ruinen, zerbröckeltem Gestein, Misthaufen" beschrieben hatte. „Nichts als Verfall, wohin man schaut", schloß Brunner enttäuscht seine Abhandlung über Anagni; und nicht einmal die „hohen, mit üppigem Gebüsch überhängten Zyklopenmauern der Römer", welche die Stadt damals wie heute umrundeten, konnten sein Entsetzen über den desolaten Zustand in der dunklen, verwinkelten Altstadt mildern. Die Poesie, die in solch lautlosem Niedergang sich verbirgt, blieb ihm verschlossen; und auch die banale Nutzanwendung, die man daraus gelegentlich ziehen sollte, daß nämlich erst die Existenz sol-

cher Städte wie Anagni und solcher Landschaften wie die der
Ciociaria das unaufhaltsame Werden Roms und dessen Selbstbe-
hauptung auch in schlimmer Zeit, in Augenblicken der Krise und
des Niedergangs, beharrlich ermöglichten. Das sind die Wurzeln,
aus denen Rom seinen Lebenssaft sog, gleichsam Dependancen
der Metropole, die, wenn ihrer nicht mehr bedurft wird, zurück-
fallen in den traumlosen Schlaf der vermeintlichen Bedeutungslosigkeit.

Die Wurzeln Roms . . . als ob man sich entlang einer Naht, welche die Vergangenheit mit der Gegenwart verbindet, entlangbe-
wegte, den Blick auf Eichenhaine, Ulmen, Platanen und das
dunkle Gewölk der Pinien gerichtet, während einem die poeti-
sche Beschreibung einer lateinischen Landschaft durch den Kopf
geht, wie sie zum Beispiel Gregorovius so oft aus der Feder ge-
flossen ist, dem noch die unzerstörte romantische Wildnis der
Ciociaria unters Aug' kam: So fuhr ich von Anagni über Paliano,
das vom gewaltigen Schloß der Colonna fast erdrückt wird, weiter über Genazzano nach Palestrina, zur Rechten begleitet von
der kahlen Schraffur der Penestrinischen Berge, zur Linken die
gewellte, leicht gebuckelte Ebene des Sacco, bis daraus unversehens diese dunkelgraue, auch ockerfarbene und leicht angestaubte Pyramide sich erhob, welche Palestrina ist, das berühmte
Praeneste der Römer, wo in vorrömischer Zeit schon eine Kultstätte diesen Berg bedeckte und vielleicht jener aus dem Olymp
verstoßene Saturn residierte, dem die Römer ihre Saturnalien ver-
dankten, während Historiker darauf bestehen, daß Palestrina
eine Gründung des sagenhaften Caeculus sei, eines Abkömmlings
des Gottes Vulkan, und des Telegonos, der ein Sohn des Odys-
seus war. Jenseits aller Legende weiß man, daß hier schon im
8. vorchristlichen Jahrhundert eine einflußreiche Stadt existierte,
die sich später, nämlich zu Beginn des 5. Jahrhunderts, mit dem
aufstrebenden Rom verbündete. Im Bürgerkrieg zwischen Marius
und Sulla, als Praeneste mit Marius gemeinsame Sache machte,
eroberte Sulla nach langer Belagerung die Stadt, ließ alle männlichen Einwohner massakrieren und siedelte an ihrer Stelle altge-
diente Veteranen an, ein makabrer Vorgang, der sich in der einen

oder anderen Form noch mehrmals wiederholen sollte; denn auch jener Papst Bonifaz, dem wir in Anagni begegnet sind, verwüstete die Stadt, die damals den Colonna gehörte, deren wütender Feind der Papst war, und ließ über die Trümmer Salz streuen und den Pflug führen. Derlei geschah neuerlich um die Mitte des 15. Jahrhunderts und schließlich noch einmal, wenngleich in abgeänderter und sozusagen modernisierter Form im letzten Krieg, als Palestrina durch schwere Bombenangriffe fast gänzlich zerstört wurde. Eckart Peterich, einer der penibelsten Chronisten Italiens, meinte dazu lakonisch: „Das alte Palestrina umschlossen megalithische Mauern, von denen noch bedeutende Reste erhalten sind. Wer sich eine genaue Vorstellung von der Anlage des Tempels verschaffen will, muß dessen Trümmer in der ganzen Stadt suchen, doch ist das nicht mehr so schwierig wie einst, da im Zweiten Weltkrieg Fliegerbomben einen Teil der Stadt zerstört und dabei die antiken Mauern freigelegt haben."

Dieser Tempel, von dem man annehmen mag, daß er einst das Delphi Italiens war, ein Orakel, das den abergläubischen Römern wie den Bewohnern Latiums gleich wichtig war, gründet auf jener vorgeschichtlichen Kultstätte, die am Anfang Palestrinas und in gewisser Hinsicht auch am Beginn Roms stand. Sulla, der nicht nur als männermordender Barbar erscheinen wollte, vergrößerte die Anlage „mit solcher Pracht, daß sie einen Raum einnahm, der dem Umfang der heutigen Stadt gleichkommen mochte; denn Palestrina ist auf den Fundamenten des sullanischen Tempels aufgebaut" (F. Gregorovius). Und dazu muß man sich noch vorstellen, daß hier die Kaiser Augustus und Tiberius prachtvolle Landvillen besaßen, „weil die Lüfte hier rein und heilsam sind", wie einem heute noch ganz ernsthaft versichert wird in Palestrina, das wie ein stumpfgewordener und vielfach zerbrochener Schild am grauen Kalksteinhügel lehnt, den die Sonne unablässig bestürmt.

Eine Naht, welche Vergangenheit und Gegenwart miteinander verbindet; eine uralte Wurzel Roms, zutage gefördert durch den Bombenhagel im Krieg; ein Blick auf die Geschichte, an der Palestrina wie Anagni, Tivoli oder Ostia gescheitert ist, während

Rom aus ihr immer wieder von neuem siegreich hervorging ...
das alles kann Palestrina bedeuten. Und ist zugleich unendlich
viel mehr. Nämlich ein Anschauungsunterricht für das Werden
und Vergehen der Menschen; und für ihr Beharrungsvermögen,
inmitten des Schutts, den alle Geschichte hinterläßt, des Lebens
süße, südländische Sinnlichkeit zu genießen.

Langsam durch die Stadt gehen. Vom Domplatz, der sich wie
eine halbaufgebrochene Schale einer Muschel öffnet und beherrscht wird von der Kathedrale, aus deren Turmgemäuer
Moose und Gräser wachsen, sowie vom altersdunklen Denkmal
des Begründers der Kirchenmusik, Pier Luigi da Palestrina, der
hier um das Jahr 1525 geboren wurde, vom Domplatz erhebt sich,
dem steilen Abhang des kalkigen Hügels wie eine zweite Haut an-
gepaßt, das teilweise freigelegte Trümmerfeld des antiken Tempels. Die Kulthöhle, in halber Höhe in den Berg hineingemeißelt,
beschließt diesen Teil der Anlage, während darüber – wo wahrscheinlich in vorrömischer Zeit schon kultische Handlungen
stattgefunden haben – in einem theatralischen Halbkreis der sogenannte Barberinipalast angelegt ist, vormals eines der vielen
Schlösser der Colonna in diesem Teil Latiums, bis es im 17. Jahrhundert ins Eigentum der Barberini überging, die daraus eine
prunkvolle Dekoration fürstlicher Machtentfaltung schufen. Hier
kann man auch noch das uralte Kultbild der Gottheit Fortuna bewundern, das aus dem 2. vorchristlichen Jahrhundert stammt,
halb zerstört bis verstümmelt zwar, aber doch ein bemerkenswerter Hinweis auf die religiösen Gewohnheiten der antiken Römer.
Zuhöchst auf dem Berg dann auch noch das martialische Kastell,
wo einst der jugendliche Konradin, der letzte Staufer, angekettet
im Burgverlies lag, bevor er nach Neapel gebracht wurde, wo ihn
der Henker der Anjou enthauptete.

Die Zeitalter überlappen sich in solchen alten Städten, in denen Rom, wie es sich der Bildungsreisende erträumt, noch lautlos
atmet, noch lebt unter den schuppigen Panzern einer Geschichte,
die nie bloß eine lokale Bedeutung gehabt hatte, niemals provinziell gewesen war, wie die Millionenstadt es heute manchmal zu
werden droht. Denn dieser von Bomben und Archäologen freige-

legte Tempel des Urschicksals, der den Berg mit der altersgrauen Stadt darauf in seine Umarmung zwingt, und dieses Schloß, das wie eine gelbgetönte Wolkenbank beides, Stadt und Tempel, krönt, sind der Nachweis für eine Kontinuität des Lebens, wie er in dieser Form in Rom selbst nicht mehr oft erbracht werden kann. Ich erinnere mich an eine kleine Szene in einer Trattoria unterhalb des Domplatzes, wo ich gerade ein rustikales und schmackhaftes Mittagessen eingenommen hatte, als eine Reisegesellschaft aus Norditalien eintraf. Es waren Lehrerinnen, die einen anstrengenden Vormittag lang unter der schwülen Sommerhitze durch Palestrina gewandert waren und denen nun die physische Erschöpfung deutlich anzusehen war. Aber größer noch war ihre Ergriffenheit oder die rührende Aufgeregtheit, mit der sie einander immer wieder die Bilder beschrieben, denen sie in den vergangenen Stunden begegnet waren. Das Honigfarbene, Alabasterbleiche, Aschfarbene der antiken Stadtmauern, auf denen schwer und gewichtig die Last Palestrinas ruht, das in einer erstarrten Woge aus dunklem Stein den aufragenden Kalksteinfelsen bedeckt und zugleich, als wäre das eine unlösbare Klammer, von der altrömischen Architektur des Fortunatempels beherrscht wird. In den Stimmen der Lehrerinnen schwang noch die Betroffenheit mit, die sie angesichts dieser Szenen empfunden hatten. Eine Stadt als Bilderbuch römischer Geschichte; und langsam, mit großem Ernst, fällt einem Blatt für Blatt entgegen.

Die Wurzeln Roms. Oder das, woraus Rom als einheitliches Ganzes, die Jahrtausende Überdauerndes begriffen werden kann ... auch in Tivoli, dem alten Tibur, das Horaz mit poetischen Adjektiven überhäuft und nach ihm zahllose bedeutende Männer mit dem Ausdruck höchster Bewegung gerühmt haben, mag man eine Ahnung davon bekommen. Das hat zuerst einmal mit dem berühmten Travertin zu tun, der heute noch in den Steinbrüchen rund um die Stadt, die seit den Tagen der römischen Kaiser ein Zentrum der Marmorindustrie ist, gewonnen wird und der für halb Rom, und zwar sowohl für das antike als später auch für das päpstliche, das Baumaterial lieferte. Das läßt sich, wie manche Autoren meinen, an der Villa d'Este mit ihren Gärten und Wasserspielen ablesen. Und das wird vor allem am Beispiel der sogenannten Villa Hadrian deutlich, die freilich alles andere als eine Villa im landläufigen Sinn, sondern vielmehr eine riesige Palastanlage ist, deren Bau – in den Jahren zwischen 126 und 134 – immer noch viel von der Großartigkeit verrät, „mit der hier ein einzelner Mensch seine architektonischen Neigungen in die Tat umgesetzt hat" (H. V. Morton).

Hadrian, Roms Imperator im 2. nachchristlichen Jahrhundert, war ein Liebhaber der orientalischen Welt; und überdies ein ständig kränkelnder Mensch, allerdings fähig eines hohen Maßes an Sensibilität. Aus diesen Ursachen, die auf den ersten Blick nichts miteinander gemeinsam haben, entwickelte sich das staunenswerte Projekt dieser Palastanlage von Tivoli, wo der Kaiser sowohl seine orientalischen Neigungen sozusagen im travertinischen Marmorstein verewigen als auch jenen Kuraufenthalten sich hingeben konnte, die seine angegriffene Gesundheit benötigte. In der Hauptsache aber wird man sich diesen Palast als ein Denkmal vorstellen dürfen, das sich der mächtigste Mann seines Zeitalters, der zugleich ein nachdenklicher, empfindsamer und allem Schöngeistigen aufgeschlossener Charakter gewesen sein muß, aus dem Bedürfnis heraus setzte, seinen Reiseerinnerungen ein überdimensionales architektonisches Tagebuch zu widmen. Ein Reiseandenken nennt auch Eckart Peterich diese monumentale Kulisse; und man sollte diesen Gedanken fortsetzen und daran erinnern, daß viel Orientalisches, Exotisches in den einzelnen Abschnitten der ausgedehnten Anlage eingebunden war, das den Römern jenes Zeitalters freilich ganz selbstverständlich gewesen sein muß, denn die fernen Provinzen, in denen Hadrian seine Inspirationen empfing, waren legitimer Bestandteil des Imperiums. Daß der Kaiser zudem ein musischer Mensch war, der vertrauten Umgang hatte mit den schönen Künsten, war ein besonderer Glücksfall, welcher der Harmonie und der ästhetischen Schönheit dieser einmaligen Anlage gewiß zugute gekommen sein mag.

Man kann stundenlang unter den Zypressen und Pinien – die ein Graf namens Fede, der das ganze Areal im Jahre 1730 gekauft hatte, wahrscheinlich aus einer Laune heraus hatte anpflanzen lassen – und zwischen den teilweise bizarr gekrümmten Ölbäumen umherwandern, den Blick auf geborstenes und dennoch immer noch hochaufragendes Mauerwerk gerichtet, das voll stummer Grazie aus dem wildwuchernden Buschwerk hervorzutreten scheint. Man kann den hochmütigen Schwänen, den flinken Enten zusehen, die in zwei antiken Teichen ihre Kreise drehen, bewacht von marmornen Krokodilen, deren grimmige Mäuler in gierigem Zugriff geöffnet sind, während die kokette Anmut nackter Grazien einen sinnlichen Akzent setzt. An eine schwarzgrüne Schlange erinnere ich mich, die an einem taubenetzten, noch dunstverhüllten Morgen in der graugefleckten, zerrissenen Rinde eines Ölbaums hing; darunter zog sich die lebhafte Spur eines Ameisenpfades, während ein Dutzend oder mehr Katzen durch das hüfthohe Gestrüpp strich, das den rostroten, schieferfarbenen Ruinen unverdrossen einen Hauch von Leben schenkt. Und im kleinen Museum dann, wo einige wenige Funde ein bescheidenes Zeugnis ablegen von einstiger Prachtentfaltung, die dickbäuchigen Götter und stämmigen, selbstbewußten Marmorschönheiten, über deren Schultern Spinnen ihre glitzernden Netze geworfen haben. Vorstellen muß man sich auch noch, daß damals, als Hadrian hier seine letzten Lebensjahre verbrachte, ringsum auf den reichbewaldeten Anhöhen der Sabinerberge die Landhäuser wohlhabender Römer gestanden sind; und daß auf der alten Via Tiburtina ein lebhaftes Treiben herrschte, denn nicht nur der kaiserliche Hof verlangte eine rasche Verbindung mit dem nahen Rom, sondern auch das nahegelegene Aquae Albulae mit seinen schwefelhaltigen Wassern – wenn man durch das heutige Bagni fährt, steigt einem sogleich der intensive Geruch nach faulen Eiern in die Nase – war bei den Römern ungemein beliebt. Vor allem die Damen der römischen Gesellschaft benützten dieses Bad, weil das Heilwasser unter anderem den Teint verschönte ...

Tivoli ist aber auch durch die Villa d'Este berühmt, die von vielen Autoren als eine kongeniale Ergänzung zur Palastanlage Hadrians angesehen wird, eine Meinung, der ich mich nur zögernd anschließen möchte. Denn wenn man diesem kategorischen Im-

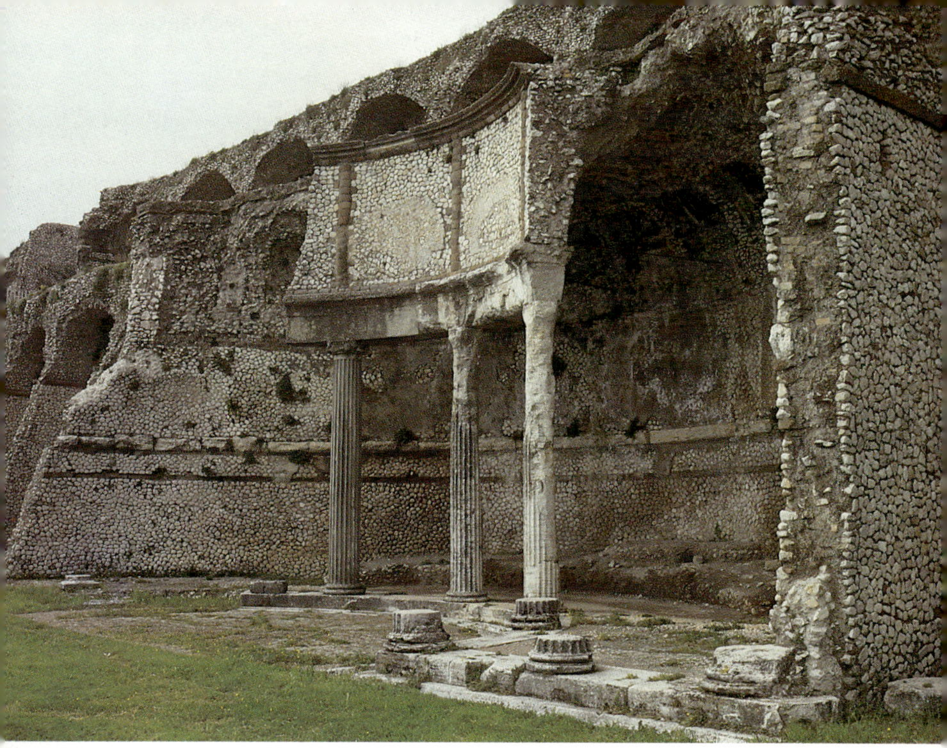

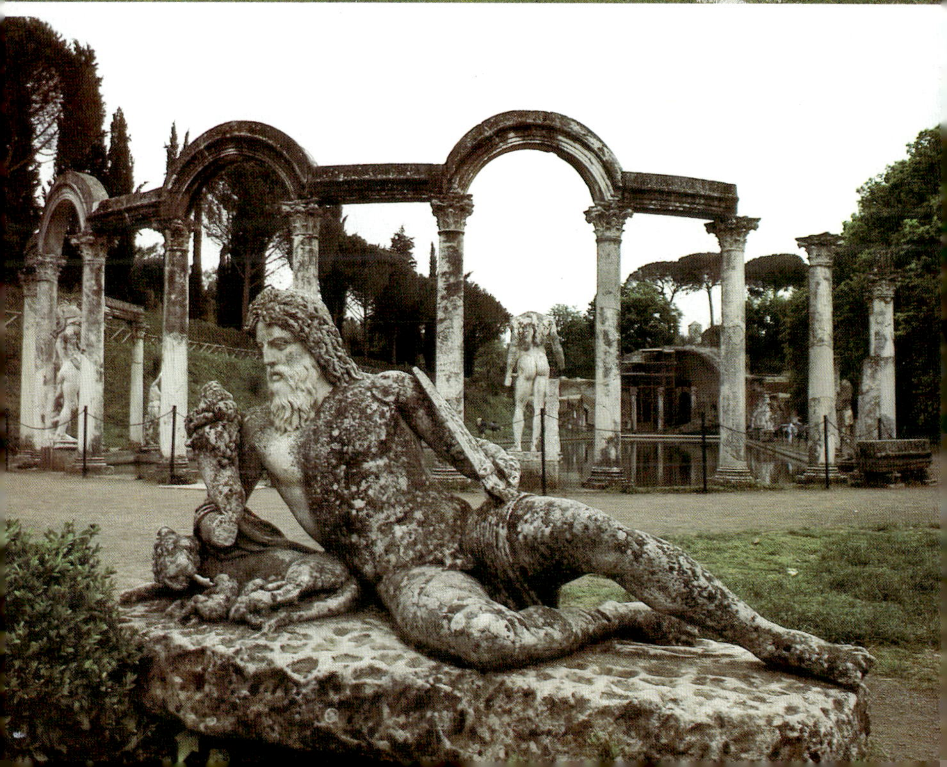

perativ gehorchen will, der besagt, daß man nach Rom nur mit großen, ja ungeheuerlichen Erwartungen kommen dürfe, um dann überrascht zu entdecken, daß die Erwartungen nicht betrogen würden, dann sind die hübschen Wasserspiele und die Kunststücke einfallsreicher Gartenarchitekten der Renaissance in der Villa d'Este nur ein Echo des kategorischen Imperativs über Rom.

Dennoch gehört der Besuch dieses Renaissanceschlosses und der ausgedehnten Parkanlagen zu den sogenannten Pflichtübungen aller Rombesucher, von denen gewiß viele die enthusiastische Meinung Eckart Peterichs vertreten werden, daß die Beschäftigung mit der Villa d'Este ein Fest sei. Entstanden im Cinquecento, und zwar auf Betreiben des kunstsinnigen Kardinals Ippolito d'Este, zuletzt Eigentum des habsburgischen Erzherzogs Franz Ferdinand, bis es vom italienischen Staat übernommen wurde, ist dieses Schloß, das heute einen eher verwahrlosten Eindruck macht, und sind die berühmten Fontänen in der Tiefe des Parks, auf die man von der Höhe eines mosaikbedeckten Balkons oder einer mit Statuen geschmückten Rampe wie auf eine bizarre Kunstlandschaft herabblickt, doch nichts anderes als eine interessante Dekoration, die dem Anlaß, nämlich Rom und der römischen Welt, nur mühsam gerecht wird. Der verdienstvolle englische Reiseschriftsteller H. V. Morton meinte einmal, daß die Villa d'Este vor allem eine Art Denkmal sei für die Wiederentdeckung des Wassers. Und damit man diesen merkwürdigen Satz versteht, muß man wissen, daß Rom viele Jahrhunderte lang unter empfindlichem Wassermangel litt, bis die Päpste und Fürsten der Renaissance endlich, dabei dem Beispiel der antiken Römer folgend, das Wasser von Flüssen und Seen in die Stadt leiteten, was „ein Ereignis ersten Ranges in der Geschichte Roms bedeutete".

Aber wenn man ungeachtet dieser Interpretation der historischen Bedeutung der Villa d'Este darauf besteht, etwas von jener „pilgerhaften Demut, Ehrfurcht und Erschütterbarkeit des Herzens" zu empfinden, wie dies einst Werner Bergengruen von allen Rombesuchern gefordert hat, die zuerst und vor allem anderen einmal Rompilger sein sollten; und wenn man noch das machtvolle Bild der hochaufragenden Ruinen des Hadrianpalastes, über welche mächtige Pinien ihren dunklen Schirm spannen und denen sich die schlanken Speerspitzen der Zypressen entgegenneigen, unverlierbar im Blick hat; und dazu die feierliche, gelassen aus dem Dunst sich schälende Weite der Landschaft, aus der die blassen Hügel der Sabinerberge emporsteigen ... dann ist die Villa d'Este doch nur eine Sehenswürdigkeit wie manche andere. Erschütterung, Nachdenklichkeit, Ehrfurcht, Demut werden sich nicht einstellen. Und Rom, das drüben in der Villa Hadrian noch greifbar war, das aufstand aus den Ruinen der Thermen, Kasernen, Tempel und Paläste, ist wieder weit entfernt. Im Vergleich dazu, schrieb Morton über Hadrians Villa, muteten die Villa d'Este und die Bemühungen kunstliebender Fürsten des 18. Jahrhunderts wie ein Spiel mit Bauklötzen aus der Kinderstube an.

Der biografischen Vollständigkeit wegen sei noch nachgetragen, daß Franz Liszt, der in seinen „Wasserspielen der Villa d'Este", einem eleganten und populären Salonstück des 19. Jahrhunderts, die vielfältigen Geräusche des rinnenden, springenden, herabrauschenden Wassers musikalisch kongenial verarbeitet hat, einige Zeit im Schloß lebte, damals auf der Flucht vor einer Dame, deren einziger Ehrgeiz es gewesen sein dürfte, den Komponisten zu heiraten. Was ihn, sofern man der lokalen Fama Glauben schenkt, nicht daran gehindert haben soll, hier in Tivoli gewisse amouröse Verpflichtungen einzugehen.

In der fast mönchischen Strenge und Einfachheit der Landschaft, die auf Rom und seine desolaten, wie Fransen oder schmutzige Lappen wirkenden Vororte zurollt als eine in der heftigen Bewegung erstarrte Woge, verliert alles Beiläufige, Kokette und Anekdotische seine ohnedies fragwürdige Bedeutung. Es tritt der Mensch gleichsam beschämt hinter die Idee zurück, die man von Rom haben muß, um das ganze Ausmaß seiner einschüchternden Wirkung zu verstehen. Alle falsche Kostümierung fällt ab. Und aus banalen Sehenswürdigkeiten werden wieder jene Schauplätze, in denen sich der Triumph menschlichen Willens und damit der Sieg des Geistes über alles Materielle manifestiert.

Subiaco, hoch oberhalb der tiefeingeschnittenen Schlucht gelegen, welche der auf Rom zueilende Fluß Aniene in den Kalksteinfels der Simbrivinischen Berge gegraben hat, ist ein solcher Ort. Oder eigentlich ist es jenes Kloster, das, außerhalb der Stadt wie ein Adlerhorst in eine felsige Höhlung eingebettet, den Beginn des abendländischen Mönchtums dokumentiert. Denn hier, in dieser wilden Einsiedelei unfruchtbarer Berge, die sich im Osten Roms in immer neuen Wellen aufscheiteln bis zum gewaltigen Schädel des Gran Sasso, hat Benedikt aus Nursia zu einem Zeitpunkt, da der Sturz des Römischen Reiches sich gerade erst vollzogen und das Volk der Ostgoten unter seinem legendären König Theoderich die Herrschaft über Italien an sich gerissen hatte, jener besonderen und auf europäischem Boden bis dahin einmaligen Spiritualität zum Durchbruch verholfen, die in den darauffolgenden Jahrhunderten das geistige und politische Antlitz des Abendlandes vollkommen verändern sollte. Und auch hier war Rom der Anlaß für alles Nachfolgende gewesen. Denn Benedikt, um das Jahr 480 geboren, kam als Vierzehnjähriger aus seiner umbrischen Heimat nach Rom, wo er nach Absolvierung der notwendigen humanistischen Studien die Laufbahn eines Gelehrten einzuschlagen gedachte. Aber er wurde zum Aussteiger, abgestoßen vom kulturellen und moralischen Verfall einer Gesellschaft, die sich voll hysterischer Hektik gegen den Absturz in die vollkommene Bedeutungslosigkeit zu wehren suchte. Benedikt wurde wie viele, die damals so dachten und empfanden wie er, Einsiedler. Und zwar in einer Felsenhöhle der Simbrivinischen Berge oberhalb eines Ortes namens Sublacus, wo einst Kaiser Nero ein Landhaus besessen und künstliche Seen hatte anlegen lassen, „um im goldenen Netz die Forelle zu fangen". Die Stadt Subiaco existierte zu jener Zeit freilich noch nicht; nur auf den Ruinen der neronischen Villa hatten andere Aussteiger ihr bescheidenes Quartier aufgeschlagen, um sich in der Abgeschiedenheit einer wildromantischen Natur Klarheit über den Sinn des Lebens zu verschaffen, der ihnen in den Trümmern der untergehenden römischen Welt längst abhanden gekommen war.

Man wird dieser Situation eine tiefe Symbolik nicht absprechen dürfen. Das abgenützte Wort vom neuen Leben, das aus den

Ruinen wächst, fällt einem ein, wenn man den schmalen Fahrweg benützt, der von der Hauptstraße abzweigt und hinaufführt in die scheinbar unwegsamen Steilwände, die den wildrauschenden Aniene einzwängen. Da liegen noch die eher unscheinbaren Trümmer des neronischen Landhauses im sommerlich verbrannten Gras. Und man hat wenig Mühe, sich vorzustellen, wie hier einst die römischen Aussteiger diskutierend beisammensaßen, in ihrer Mitte Benedikt, der aus seiner hoch oben in den schieferfarbenen Felsen gelegenen Höhle zu ihnen herabgestiegen war, um mit ihnen eine brauchbare Alternative zum sinnentleerten Leben im herabgekommenen und nur noch einem fragwürdigen Genuß hingegebenen Rom zu finden. Das Ergebnis dieser Diskussionen war die benediktinische Ordensregel, war die Aufteilung der römischen Aussteiger in zwölf kleine Gruppen, von denen sich jede nun in diesem Tal ein eigenes Heim errichtete, so daß schließlich zwölf winzige Klöster, die damit zur Keimzelle aller abendländischen Klöster wurden, entlang und oberhalb des Aniene standen, ein sichtbares Zeichen des geistigen Widerstandes und der Kontemplation, wie sie im Wirbel des zusammenbrechenden Römischen Reiches und einer erschlafften, ihr eigenes Seelenheil gleichgültig vernachlässigenden Gesellschaft nicht mehr möglich war.

An diese Ereignisse, die eine wichtige Zäsur sowohl in der Entwicklung des Christentums als auch für die nachmalige Bedeutung Roms als Hauptstadt dieses Christentums darstellten, mag man in jenem Benediktinerkloster denken, das seit der Mitte des 11. Jahrhunderts rund um die Höhle erbaut wurde, in der einst Benedikt gelebt hatte. „Unmittelbar vor der heiligen Grotte tritt man in einen schwarzen, schattigen Eichenhain, der vielleicht schon den Einsiedler Benedikt umfangen hatte und welcher nun wie ein Götterhain der Alten die Nähe eines Mysteriums verkündigt", schrieb Ferdinand Gregorovius im Jahre 1858. Die Eichen stehen noch. Dazu Zypressen, Oleander, Ölbäume. Und etwas unterhalb der Klostergebäude ein kleines Felsengärtchen, darin Rosen blühen. Früher einmal, so will es die Legende, sollen dort nichts als Dornen gewesen sein, in denen sich Benedikt „nackten

Leibes wälzte", um für die Sünden Roms zu büßen. Aber als im Jahre 1223 Franz von Assisi das Kloster besuchte, pfropfte er den Dornen Rosen auf; und seit damals blühen sie, ein Sinnbild des unzerstörbaren Lebens wie auch das Kloster, das eine in Stein gehaune Metapher der Menschlichkeit ist.

Messer und Rosenkranz

Aber nichts wäre verfehlter, als zu glauben, Rom sei allein schon durch frommen Mythos und historische Allegorien zu begreifen. Und nichts wäre törichter, als der Spannung des ständigen Widerspruchs, den Rom in sich birgt, mit der gleichgültigen Geste dessen zu begegnen, der nur die Kulissen erblickt, aber vor dem Schauspiel, das in diesen Kulissen unaufhörlich inszeniert wird, die Augen niederschlägt. Ein gewisser Giuseppe Gioachino Belli, einst Schüler bei den Jesuiten und später untergeordneter Kanzlist in den Schreibstuben des Vatikan, brachte das Lebensgefühl der Römer im 19. Jahrhundert, als sich die Entscheidung über das weitere Schicksal Roms bereits abzeichnete, auf einen banalen Nenner. „Trag' zwei Dinge stets im Hosensack", ließ Belli in einem seiner Gedichte einen Vater den Sohn raten, „den Rosenkranz und das geschliffne Messer." Direkter und knapper hat kein anderer Poet den Charakter der Römer dargestellt. Eine Art Fußnote dazu gab Belli selbst, indem er sich der Worte des Ausonius bediente, eines lateinischen Dichters aus Gallien, der zum Erzieher Gratians, des Sohnes Kaiser Valentinians, avancierte: „Nicht keusch, oft auch nicht fromm, wenn auch gottergeben und abergläubisch, das ist das Material und auch die Form. Aber so ist das Volk! Diese armen Dummköpfe wissen nichts oder fast nichts; und das wenige, das sie durch die Überlieferung lernen, dient nur dazu, ihre Unwissenheit bloßzustellen. Da unser Volk die Neigung zum Sarkasmus hat, zum Epigramm, zum Sprichwort und zur kurzangebundenen Rede, zum Resoluten und Handgreiflichen, läuft ihre Rede nicht regelmäßig und logisch. Ihr Dialog ist knapp, scharf und schlagfertig. Es häufen sich der Doppelsinn und die Anzüglichkeit, und diese entsprechen ihren Bedürfnissen und Gewohnheiten, ihren Neigungen und Möglichkeiten."

Rosenkranz und geschliffnes Messer also als die beiden Grundvoraussetzungen römischer Existenz! Das verträgt sich schlecht mit der gebräuchlichen Demutshaltung, die alle Welt beinahe automatisch einnimmt, wenn sie eintaucht in das Abenteuer Rom, worunter man in der Regel freilich nicht die Menschen, sondern den eher abstrakten Begriff versteht, den die Stadt vermittelt. Denn immer noch blicken Pilger und Bildungsreisende wie gebannt auf jene Anfänge, aus denen sich nach der Meinung von Poeten und Enthusiasten alles andere ableitete und das der deutsche Schriftsteller Werner Bergengruen in die schönen Worte gekleidet hat: „Vom Ursprung her war es ein Hirtenort, der später zur Stadt des lämmerweidenden Oberhirten werden sollte. Latinische Hirten saßen auf dem Palatin, aus den Sabinerbergen gekommene auf dem Quirinal." Das ist ungemein poetisch und auf eine durchaus angebrachte Weise vereinfachend. Aber es sagt im Grunde gar nichts aus über den Charakter der Menschen, die den Mythos überwunden, die Barbarenstürme überlebt, die päpstliche Tyrannei überlistet haben und die nach jedem katastrophalen Zusammenbruch unverdrossen einen Neubeginn wagten, jedem Weltuntergang, der ihre Stadt betraf, eine sarkastische Alternative lieferten. Vielleicht ist der Franzose Edmond About, ein Intellektueller des 19. Jahrhunderts, der Wahrheit am nächsten gekommen, als er über den Charakter der Römer meinte: „Unwissend und neugierig, einfältig und schlau, übermäßig empfindlich und ohne höhere Würde, meist überaus vorsichtig und doch zu blutigen Ausfälligkeiten fähig, fanatisch in der Hingabe und im Haß, leicht zu rühren und schwer zu überzeugen, zugänglicher den Gefühlen als den Ideen, immer in der Hoffnung auf eine bessere Welt, hin und her gerissen zwischen realistischer Erkenntnis und Illusion ... in einer zornigen Gottergebenheit leben sie in diesem Tränental."

Rosenkranz und geschliffenes Messer: Mit diesen beiden Instrumenten der Anpassung und Verteidigung überdauert und bewältigt man alles. Selbst die Erhöhung Roms zur Hauptstadt der jungen italienischen Nation im Jahre 1870 – in Wahrheit eine bittere Komödie in dieser an Tragikomödien so reichen Geschichte der Ewigen Stadt – geriet letztlich, wenn auch im übertragenen Sinne, erst unter Zuhilfenahme von intriganter List und nachdrücklicher Gewalt zum Erfolg.

Der Kirchenstaat war seit der Mitte des 19. Jahrhunderts zu einer Bedeutungslosigkeit herabgesunken, die ihn von seiner schrumpfenden Ausdehnung und dem schwindenden politischen Einfluß her tatsächlich zu jener Mumie werden ließ, der Italiens Patrioten nur noch mit wütender Verachtung begegneten. Rom in das erstmals vereinigte, durch Männer wie Cavour, Garibaldi und Viktor Emanuel II. zu einem souveränen Staat geformte Italien einzubinden, schien im übrigen über lange Jahre hinweg nichts anderes als eine pathetische Illusion zu bleiben. Denn seit dem historischen Augenblick, da die Einigung Italiens 1861 endgültig realisiert worden war, trat Frankreich als Schutzmacht des Kirchenstaates auf, gegen die mit militärischen Mitteln allein kaum ein Erfolg erhofft werden durfte. Und die Römer selbst, weitgehend unberührt von der schönen Erregung ihrer italienischen Landsleute, den jahrhundertealten Traum von der italienischen Nationswerdung endlich verwirklicht zu sehen, „rührten bis zum letzten Augenblick keinen Finger, um sich mit dem italienischen Königreich zu vereinigen" (T. Kienlechner). Man erfand die absurdesten Einwände, um Rom als Hauptstadt des neuerrichteten Königreiches, das zuerst von Turin und dann von Florenz aus regiert wurde, zu verhindern. Es sei für die Schultern der Italiener eine zu schwere Last, behauptete man allen Ernstes. Es werde sie an eine Vergangenheit binden, deren düstere Schatten den jungen Staat gefährden könnten. Und überhaupt könne und dürfe Italien nicht das Erbe der Antike oder seiner mittelalterlichen, von päpstlicher Tyrannei und fremden Einflüssen beherrschten Erfahrungen übernehmen, was zweifellos der Fall wäre, würde man die Regierung nach Rom verlegen.

Es war eine zugleich groteske und tragische Situation. Die vernünftigsten Männer des damaligen Zeitalters zerbrachen sich in ganz Europa den Kopf darüber, ob es überhaupt vertretbar sei, eine so korrupte, von den Narben ihrer geschichtlichen Erfahrungen gezeichnete Stadt zum politischen und gesellschaftlichen Zentrum einer jungen Nation zu machen. Dem rücksichtslosen Patriotismus eines Garibaldi, der immer wieder von neuem versuchte, Rom durch einen Handstreich zu nehmen, hielten kühl

Viktor-Emanuel-Denkmal

kalkulierende Politiker entgegen, daß Rom über so gut wie keine der wesentlichen Voraussetzungen verfüge, die eine Stadt benötige, um auf überzeugende Weise zum Mittelpunkt eines Staates aufzusteigen. Es liege geografisch ungünstig; und es sei weder strukturell noch moralisch auch nur im mindesten auf die Erfordernisse vorbereitet, die eine Hauptstadt nun einmal benötige. Ein politisch selbstbewußtes und wirtschaftlich unabhängiges Bürgertum existiere nicht. Industrie und Handel, die beiden motorischen Hauptkräfte eines emporstrebenden, sich emanzipierenden Landes, waren in der Stadt am Tiber tatsächlich kaum vorhanden. Und was die patriotische Stimmung in Rom selbst betraf, so genügte manchmal schon ein heftiger Gewitterregen, um eine von Garibaldi und seinen radikalen Anhängern mühsam genug inszenierte Volkserhebung auseinanderzutreiben. Rom sei, meinte einmal ein deutscher Schriftsteller, in allen seinen Ausstrahlungen immer eine Realität und ein Mythos zugleich gewesen. Der zähe, nüchterne Sinn des Römertums sowie seine Begabung für das ebenso unerschütterliche wie gläubige Festhalten am einmal Ergriffenen hätten dafür gesorgt, daß keine dieser beiden. Möglichkeiten die andere aufzehrte ... Wendet man diese Meinung auf die Ereignisse an, die Roms Erhöhung zur Hauptstadt Italiens begleiteten, so mag man die Unfähigkeit oder eigentlich die Unlust der Römer, ihr eigenes Schicksal in die Hand zu nehmen, vielleicht besser verstehen. Ein so altes und so erfahrenes Volk hatte allen Grund, jeder glanzvollen Veränderung gründlich zu mißtrauen. Und der mörderische Ring, den Malaria, Sümpfe, unfruchtbare Steppenlandschaften und verzweifelte Desperados um die Ewige Stadt geschlossen hatten, war dem Rom des 19. Jahrhunderts fast so etwas wie eine brauchbare Garantie dafür, daß es seinen Erinnerungen und Träumen auch weiterhin ungestört nachhängen könne.

Da veränderte der Deutsch-Französische Krieg von 1870 die Situation gleichsam über Nacht vollkommen. Frankreich war gezwungen, seine Truppen aus Rom abzuziehen, was die italienische Regierung und – nach der Niederlage von Sedan am 4. September 1870 – auch König Viktor Emanuel II. nach langem Zögern schließlich ermutigte, sich der Stadt am Tiber endgültig zu bemächtigen, wobei freilich eine Reihe von Winkelzügen notwendig war, die aus der patriotischen Heimholung Roms in den jungen italienischen Staat fast eine Farce machten. Denn die überwältigende Mehrheit der Römer dachte nicht im mindesten daran, durch eigene Initiativen den Bruch der Verträge, welche die italienische Regierung mit dem Vatikan geschlossen hatte, zumindest moralisch zu rechtfertigen. Lediglich einige nationalistisch gesinnte Bürger konnten vermittels eines gewissen materiellen Nachdrucks dazu gebracht werden, eine Petition an den König zu richten, sie und die Stadt „vor den zweifelhaften Umtrieben anarchistischer Kräfte zu schützen", was gewiß die dümmste aller Rechtfertigungen für einen Überfall italienischer Streitkräfte auf das päpstliche Rom war. Dessen ungeachtet drangen am 20. September 1870 italienische Truppen bei der Porta Pia, deren Plan einst Michelangelo gezeichnet hatte, in die Stadt ein. Es kam zu einem kurzen Kampf, bei welchem die zahlenmäßig weit unterlegene päpstliche Garde neunzehn, die italienischen Soldaten neunundvierzig Tote zu beklagen hatten. Der Papst, Pius IX., verließ den Quirinal und zog sich als freiwilliger Gefangener in den Vatikan zurück, von wo aus er den König, der ein zwar derber, jedoch frommer und zutiefst gläubiger Charakter war, und dessen „Usurpatoren" mit dem Bannfluch belegte, was aber, wenn man wiederum vom König absieht, weder die italienischen Eroberer noch die römischen Bürger sonderlich bewegte. Eine Volksabstimmung, die man bald nach den Ereignissen vom September abhielt, um dem ganzen Abenteuer wenigstens im nachhinein einen Anschein von Legalität zu verleihen, erbrachte eine überwältigende Mehrheit zugunsten der Vereinigung Roms mit dem italienischen Königreich; lediglich rund 1 500 Römer von mehr als 165 000 Wahlberechtigten stimmten gegen die neue Ordnung.

Wirklich glücklich mit der neuen Situation war allerdings vorerst einmal niemand. Der König hätte sich, wie ein Zeitgenosse das treffend ausdrückte, dem Papst am liebsten vor die Füße geworfen, um „dessen Verzeihung zu erheischen". Sein erstmaliges

Erscheinen in Rom, das von ihm selbst und der Regierung bewußt hinausgezögert worden war, fiel mit der verhängnisvollen Überschwemmung im Dezember 1870 zusammen, als angesichts der katastrophalen Verheerungen, die das Hochwasser des Tiber damals in Rom anrichtete, viele Römer und nicht wenige Italiener darin ein Zeichen des Himmels sahen. Immerhin war dem Papst, dem Stellvertreter Christi, unerhörte Schmach angetan worden … und überdies war, was die Römer teils sarkastisch, teils mürrisch vermerkten, durch die Verschmelzung Roms mit Italien nicht jener wirtschaftliche Aufschwung eingetreten, den man sich allgemein erhofft hatte. La Marmora, des Königs Statthalter in Rom, ein nüchterner Piemontese, drückte einmal unmißverständlich aus, was viele liberale Politiker in jenen Wochen und Monaten über Rom und die Römer dachten: „Die Römer haben keine andere Vorstellung von einem zivilisierten, liberalen und weltlichen Staat als die, daß jeder beliebige Haufen von Leuten, die auf den Plätzen Radau machen, Volk zu nennen sei, daß die Regierung jedem beliebigen Druck, Schrei oder Wunsch dieses sogenannten Volkes nachgeben müsse." La Marmora hatte freilich wie alle anderen Politiker Italiens, die nun nach Rom übersiedelten, keine rechte Vorstellung von der schweren historischen Last, die auf den Schultern der Römer ruhte. Denn diese, durchdrungen von jahrhundertelanger Erfahrung im Umgang mit Päpsten, Kaisern und Fürsten, konnten nicht anders, als „hochmütig auf die jungen Plebejer herabblicken, die da glauben, es genüge schon, einige Ministerien einzurichten, um den Geist Roms für sich zu erobern", wie der liberale Abgeordnete Marselli selbstkritisch in einem Brief schrieb.

Eine Normalisierung der angespannten Situation brachte merkwürdigerweise der Tod des Königs. Viktor Emanuel II., der alles andere als ein Politiker gewesen war, dessen Hofhaltung in Rom weder glanzvoll noch eindrucksvoll und dessen späte Verehelichung mit der Tochter eines Sergeanten seiner Armee ein Skandal gewesen war, der nur mühevoll unterdrückt werden konnte, Viktor Emanuel II., der Rom nie geliebt hatte, starb 1878 an der Malaria. Drei Wochen später folgte ihm sein großer

Widersacher, Pius Nono, ins Grab. Und damit war der Weg frei für jene Kräfte, die eine allgemeine Liberalisierung anstrebten, Reformen einleiteten und Rom nun ernsthaft zur Hauptstadt Italiens machten. Nur einmal noch kam es zu wüsten Ausschreitungen, als der Leichnam des Papstes – das war einige Jahre nach seinem Tod – in die Kirche von San Lorenzo überführt wurde. Leidenschaftliche Republikaner versuchten auf der Engelsbrücke, den Wagen mit dem Sarg gegen das Brückengeländer zu drücken; und es gab Politiker, die während dieses Tumults tatsächlich forderten, den toten Papst ganz einfach in den Tiber zu werfen. Später, als einige Unruhestifter sich vor Gericht verantworten mußten – der Vorfall hatte in ganz Europa ungeheures Aufsehen erregt und war der römischen Regierung unendlich peinlich –, stifteten die Freimaurer Italiens eine Gedenkmünze, die sie den „Opfern eines schändlichen Klerikalismus" verliehen. Aber das waren nur noch kleine Nachbeben, welche die sich nun anbahnende politische Stabilität nicht zu erschüttern vermochten.

An alle diese Ereignisse, die am Beginn der vorerst letzten Karriere Roms stehen, nämlich jener, die legitime Hauptstadt des jüngsten europäischen Staates zu sein, ohne daß das Neue von den Schatten der Vergangenheit erdrückt worden ist, mag man sich vor dem Viktor-Emanuel-Denkmal an der Piazza Venezia erinnern, das im Jahre 1885 errichtet wurde und das die Römer eher respektlos mit einer Schreibmaschine vergleichen, an die es in der Tat auch erinnert. „Bei meiner Wanderung über diese Anhäufung eines allegorischen Allerleis machte mich das Übermaß an Nationalgefühl, das hier zum Ausdruck kommt, regelrecht betroffen", schrieb H. V. Morton über dieses Denkmal. „Hier liegt ein Beispiel für die Art Übertreibung vor, die den Angelsachsen ebenso abstößt wie anzieht. Alles wirkt, als sei der Triumphmarsch aus ‚Aida' in Marmor entstanden."

Man entgeht diesem Denkmal, das man beinahe den achten Hügel Roms nennen könnte, ohnedies nicht, wenn man zwischen Quirinal und Palatin, Pantheon und Kolosseum umherwandert. Wie eine riesige, im Überschlag plötzlich erstarrte Woge aus weißem Marmor – der im Gegensatz zu allen anderen historischen

Bauten Roms nicht diese feierliche Patina aus Schmutz und schicksalsträchtiger Geschichtlichkeit annehmen will – hebt sich einem das Denkmal entgegen, wenn man beispielsweise den Corso in Richtung Piazza Venezia geht. Man hat Mühe, die beiden Soldaten, die hier am Grabmal des Unbekannten Soldaten eher gelangweilt Wache stehen, zwischen den Marmorwülsten zu erkennen. Davor, oder eigentlich etwas unterhalb dieses Kolosses, das verwischte Weinrot, das angeschwärzte Ocker, das blasse Gelbbraun, die die Piazza Venezia umrahmen, diesen verhältnismäßig kleinen, fast quadratischen Platz vor dem Kapitolinischen Hügel, wo sieben oder acht Straßen einander kreuzen und über den der römische Straßenverkehr hinwegtobt, der das schwere vaterländische Pathos etwas mildert, das dieses Viktor-Emanuel-Denkmal verströmt. Wer entsinnt sich heute noch des psychologischen Dramas, das dem schwierigen Geburtsakt der Hauptstadtwerdung Roms folgte und dessen Protagonisten der ehemalige Graf Giovanni Mastai-Ferretti, der nachmalige Pius Nono, dessen Frömmigkeit grenzenlos gewesen war, und der ebenso biedere wie barbarische Soldat Viktor Emanuel waren, der „letzte europäische König, der noch höchstselbst in Begleitung seiner Söhne eine Attacke gegen den Feind geritten hatte"? Wer denkt heute noch daran, daß dieser Feind, gegen den der König aus dem Piemont mutig den Säbel schwang, die Österreicher waren, die nach den Päpsten und den Venezianern seit dem Frieden von Campoformio im Jahre 1797 im Palazzo Venezia residierten, der über viele Jahrzehnte hinweg Sitz der österreichischen Botschafter beim Vatikan war? Und daß später, nachdem der Palast im Ersten Weltkrieg von den Italienern beschlagnahmt wurde, hier Mussolini einzog, der sich im ersten Stockwerk, und zwar in der sogenannten Sala di Mappamondo, einen prunkvollen Arbeitsraum einrichtete? Von hier aus, von einem kleinen Balkon, der die Glätte der braunen Fassade unterbricht, hielt er seine berüchtigten Reden, darunter jene im Juni 1940, in der er den Kriegseintritt Italiens an der Seite Hitlerdeutschlands erklärte. Und im Palazzo Venezia beschloß der Große Faschistische Rat am 24. Juli 1943 den Sturz Mussolinis.

Über all das erhebt sich das monströse Denkmal jenes Königs, der Rom zur Hauptstadt Italiens gemacht hat; sehr gegen seinen Willen, wie man vermuten darf; und zutiefst unglücklich darüber, daß er dadurch einen Mann, den er verehrte und vielleicht sogar liebte, Papst Pius IX., kränkte und demütigte. Einige allmählich absterbende Pinien, eine zerzauste Zypresse, ein unter der Gluthitze des römischen Spätsommers hinwegschmelzender Himmel mildern kaum die Wucht, mit der diese weiße Marmorwoge auf Rom hereinbricht. Selbst die altersschwarzen Fassaden der Paläste, die den Corso umsäumen, der in gerader Linie die Piazza Venezia mit der Piazza del Popolo verbindet, vermögen sich nicht gegen diese steingewordene Orgie aus Gewalt und Pathos zu behaupten. Dazu kommt der schrille Lärm der Sirenen, mit denen sich Polizeiautos immer wieder einen Weg über die scheinbar hoffnungslos vom Verkehr überflutete Piazza Venezia bahnen, kommt dieses merkwürdige Nebeneinander von roher Gewalt und frommer Einkehr, was vielleicht auch damit zu tun hat, daß nur wenige Schritte von der Piazza Venezia entfernt die schöne und stille Piazza Santi Apostoli mit dem riesigen Familienpalast der Colonna und der aus dem 6. Jahrhundert stammenden Kirche Santi Apostoli liegt, die einst als Dank für die Vernichtung der verhaßten Ostgoten errichtet worden war. Dieser Platz – der wie ein großes, hellerleuchtetes und ungemein adrettes Zimmer wirkt, in das der Lärm der Welt, wie er über die nahe Piazza Venezia tobt, nicht einzudringen vermag – ist der vollkommene Gegensatz zu den Tiraden eines Mussolini, wie sie einst vom Balkon des Palazzo Venezia auf die Köpfe der Römer herabprasselten, zur martialischen Pose Viktor Emanuels, der auf seinem Reiterstandbild mit gesträubtem Schnurrbart, gezogenem Schwert und federbuschverziertem Helm über die Piazza Venezia und den Corso hinabzustürmen scheint, und zu den vielen blutigen, tragischen Erinnerungen, die mit den Namen der Straßen verknüpft sind, die in die Piazza Venezia münden. Messer und Rosenkranz: Das hier ist, wenn Gewalttätigkeit den einen Teil des römischen Charakters ausmacht, das vollendete Beispiel für Devotion. Priester, Mönche, Nonnen wandern gelassenen

Schritts über den langgezogenen Platz, als wären sie aus dem Nichts aufgetaucht; und still, unauffällig verschwinden sie wieder im Schatten einer schmalen Gasse, einer Toreinfahrt, dahinter ein Streifen hellen Grüns liegt oder ein dünner Wasserstrahl mit sanftem Plätschern in eine Marmorschale fällt. Katzen streifen die Hauswände entlang. Ein livrierter Portier betrachtet mit träger Aufmerksamkeit die kleine, ruhige Welt der Kirchen und Paläste, die rund um diese Piazza Santi Apostoli ein architektonisches Ensemble von dezenter Schönheit ergeben.

Messer und Rosenkranz ... Nichts beschreibt besser die Wirklichkeit dieser wahrlich phänomenalen Stadt als dieses Zitat aus dem Werk eines längst vergessenen vatikanischen Kanzlisten und Poeten. Von der unheilvollen und anrüchigen Luft in der Hauptstadt schrieb Toni Kienlechner und meinte damit die geistige, politische Atmosphäre Roms, das freilich „niemanden mehr loslasse". Man habe im heutigen Rom zuweilen den Eindruck, meinte Guido Piovene einmal, eine sehr alte Stadt und eine brasilianische Metropole von einem Strudel erfaßt zu sehen, in dem das menschliche Auge die einzelnen Bilder nicht mehr zu unterscheiden vermag. Rom ist und war niemals sicher, erklärte der französische Kulturhistoriker Hippolyte Taine um die Mitte des vorigen Jahrhunderts. Von pilgerhafter Demut, Ehrfurcht und Erschütterbarkeit des Herzens sprach der Deutsche Werner Bergengruen, wenn er den Romfahrern die Gefühle erklärte, die sie angesichts der Ewigen Stadt haben müßten. Und alle haben sie recht, alle erzählen sie die Wahrheit über Rom, das freilich so viele Wahrheiten in sich birgt, daß man niemals genau weiß, welche die richtige und einzig wahre sei.

Rund um den Quirinal

Von jenem kleinen Hotel in der Via degli Avignonesi, wo ich des öfteren abgestiegen war, brauchte ich jeweils nur wenige Minuten zur Piazza di Spagna, zur Piazza Venezia oder auf den Quirinal; und die Fontana di Trevi lag überhaupt nur zwei Straßenkreuzungen weit entfernt, wobei ich es mir zur angenehmen Gewohnheit machte, entweder im Kaffeehaus, das in der Galleria Colonna untergebracht ist, oder an einem winzigen, nervös wakkelnden Tischchen auf der Piazza Accademia di Santa Luca ein zweites, ausgiebiges und dementsprechend lang andauerndes Frühstück einzunehmen. Das Tischchen mit seinem blaufarbigen Plastiküberzug und seinen Spinnenbeinen war Bestandteil einer sogenannten Touristenbar, die sich einen Teil des Platzes gewissermaßen angeeignet hatte und von wo man nur noch ein paar Schritte brauchte, um das überwältigende Barocktheater der Fontana di Trevi zu genießen. Dickbäuchige, dickschenkelige Gassenbuben droschen hier auf der Piazza der Accademia di Santa Luca einen halbaufgepumpten Fußball haarscharf an meinem Kopf vorbei gegen die altehrwürdigen Mauern der Akademie, welche die älteste, angeblich bereits im 14. Jahrhundert gegründete Malerakademie Europas ist, wie mir eines Tages der Portier versicherte, ein vierschrötiger Mann mit fast strohgelbem Haar. Katzen hatten sich einer leeren Schachtel bemächtigt, die wie zufällig auf der Piazza lag; mit spielerischen und dennoch gefährlich anmutenden Bewegungen verteidigten sie ihr Quartier vor den Annäherungsversuchen fremder Katzen, die manchmal aus dem schattigen Halbdunkel der umliegenden Gassen auftauchten. Dazu die bedächtigen Bewegungen eines Straßenkehrers, der jeden Vormittag um die gleiche Stunde mit seinem Handwagen, seinem Besen und seiner Schaufel die Piazza gleichsam inspizierte, als wäre er ein Feldherr, der den Schauplatz seiner nächsten Unternehmung in Augenschein nimmt, ohne den Abfällen, die den Platz in malerischer Unordnung bedeckten, eine besondere Aufmerksamkeit zu widmen. Nach dieser Tätigkeit pflegte

Quirinalpalast, Wachablöse

er an einem Nebentischchen, das genauso nervös wackelte wie meines, ein Glas Bier zu trinken und aus zerknittertem, ölverschmiertem Zeitungspapier ein *panino* oder ein Stück Käse hervorzukramen, in das er mit strenger und zugleich aufmerksamer Miene hineinbiß. Irgendwann ergab es sich auch, daß er, nachdem er einige Bissen mit einem Schluck Bier hinabgespült hatte, von mir eine Zigarette entgegennahm. Und er war es auch, der mich auf die verblichene Schönheit der Fassade des gegenüberliegenden Palastes aufmerksam machte, auf das fleckige Rostbraun und verwischte Ocker, über die sich der staubige Schmutz der Riesenstadt als eine Art feierlicher Patina gelegt hatte; und einmal wies er mit entzückter Gebärde auf einige Bienen, die auf rätselhafte Weise vom Himmel herabgesunken sein mochten, der in jenen spätsommerlichen Tagen immer wie eine heiße Woge war, die über die Dächer hereinschwappte auf die Gassen und kleinen Plätze in diesem alten Viertel zwischen Quirinal, Fontana di Trevi und dem mächtigen Palast der Colonna an der Piazza Santi Apostoli. Das seien des Papstes Bienen, erklärte der Straßenkehrer und wies vorsichtig auf die pelzigen, gemächlich über das Plastiktuch, das die Tischchen bedeckte, krabbelnden Tierchen, wobei er großzügig offenließ, welchen Papst er meinte. Wahrscheinlich jenen Urban VIII., der im Jahre 1623 den apostolischen Stuhl bestiegen hatte; das war ein Barberini, der freilich zu den erstaunlichsten Verschwendern, Despoten und Mäzenen gehörte, die je den Papstthron in ihren Besitz gebracht hatten. Er war Förderer und zugleich erbarmungsloser Gegner eines Galilei; er war ein leidenschaftlicher Imker, von dem eine unbewiesene Legende behauptet, daß er Rom mit mehr als zwanzigtausend Bienen „gesegnet" habe; und er soll eines Tages zu einem Mann namens Gianlorenzo Bernini gesagt haben: „Es mag ein großes Glück für den Künstler sein, daß Maffeo Barberini Papst geworden; aber es ist ein noch größeres für Barberini, daß Gianlorenzo Bernini während seines Pontifikats lebt."

Und das wiederum – wenn man von den römischen Bienen absieht, die über unsere unaufhörlich wackelnden Tischchen krochen – hat in gewisser Weise mit der Piazza zu tun, auf der ich so oft ein zweites Frühstück einnahm und wo ich mich regelmäßig mit dem Portier der Akademie von Santa Luca und dem Straßenkehrer dieses Viertels über päpstliche Bienen, Malermodelle, steigende Preise und andere mehr oder minder bemerkenswerte Dinge unterhielt, während im Hintergrund die nur wenige Schritte entfernte Fontana di Trevi ein sanftes Rauschen hören ließ und von der nahen Via del Tritone der aufdringliche Straßenlärm herüberdrang; denn der Vater Berninis, ein Florentiner von Geburt, der über den Umweg von Neapel in Rom eine gewisse Karriere als Bildhauer machte, ohne freilich im mindesten an die Genialität seines Sohnes Gianlorenzo heranzukommen, wurde 1605 zum Präsidenten der Akademie von Santa Luca gewählt. Und irgendwo in den weitläufigen Räumen des dunklen Palastes, der so viele Generationen von Malern hatte kommen und gehen sehen und gegen dessen Mauern nun ein paar römische Lausbuben einen Fußball droschen, soll es noch sein Bildnis geben, das Porträt eines braven, durchschnittlich begabten Mannes, der ein Genie gezeugt hatte, ohne sich dessen wirklich jemals bewußt zu werden.

Gianlorenzo Bernini, der noch in Neapel (4. Dezember 1598) zur Welt gekommen war, und der Barberinipapst Urban VIII., der, als ihm das Geld fehlte für die Geschütze, die er gegen seine Feinde benötigte, und für die Paläste, die er zugunsten seiner Nepoten baute, kurzerhand das Pantheon ausplündern ließ – ihnen beiden, dem schöpferischen Künstler und dem tyrannischen Mäzen auf dem Papstthron, begegnete ich täglich mehrmals auf meinen Wanderungen, die stets in der schmalen Via degli Avignonesi ihren Ausgang nahmen. Da war die 1640 auf der Piazza Barberini errichtete Anlage der Fontana del Tritone, heute eine Art lärmerfüllte Drehscheibe für den Verkehr zwischen der Via del Tritone und der Via Veneto einerseits und der Via Barberini und der Via Quattro Fontane andererseits; damals freilich, als Bernini die große Marmormuschel schuf, darin ein musizierender Triton kauert, umgeben von drei Delphinen, aus deren Schwänzen silbrigfarbene Wasserfontänen springen, gewiß eines der großartigsten und beeindruckendsten Beispiele des römischen Barock.

Übrigens kann man, sofern man sich durch den Verkehr bis zum Brunnen vorzuarbeiten imstande ist, hier auch die legendären Bienen der Barberini sehen. Sie kriechen, nahezu unsichtbar, über eine Platte, die zwischen den wasserspeienden Delphinen angebracht ist. Oben auf dem Quirinal wiederum mag man sich daran erinnern, daß der großartige Palast der Barberini, mit dessen Bau 1627 unter Urban VIII. begonnen wurde, zwei der besten italienischen Barockbaumeister benötigte, nämlich den Lombarden Maderna und den unglücklichen Borromini, bis schließlich Urban, unzufrieden mit den Leistungen dieser Architekten, seinen bevorzugten Schützling Bernini mit der Fertigstellung beauftragte. Was Borromini betrifft, der ein Verwandter Carlo Madernas gewesen war und nach dessen Tod in der Werkstatt Berninis seine Ausbildung zum Bildhauer und Architekten fortsetzte, so wird diese Demütigung – wie er es wohl empfunden haben mochte, nachdem der Papst die Fertigstellung des Palastes Bernini übertragen hatte – seine tragische Selbstzerstörung beschleunigt haben. Borromini, der unter anderem die Kirche San Carlo alle Quattro Fontane und Santa Agnese an der Piazza Navona baute, war ein überaus gewalttätiger und von Widersprüchen zerrissener Charakter. Er war ehrgeizig in einem Maße, das ihn schließlich zugrunde richten sollte. Der Erfolg Berninis, den er im übrigen ungeachtet seines Neides auf den glücklicheren und auch fähigeren Konkurrenten aufrichtig bewunderte, machte ihn letztlich rasend. Als der Brunnen auf der Piazza Navona, der von den Römern sogleich als Meisterwerk Berninis gepriesen wurde, vollendet war, mochte Borromini diese neuerliche Niederlage nicht mehr ertragen. „Er machte sein Testament", schilderte ein Zeitgenosse das erbarmungswürdige Ende dieses unglücklichen Künstlers und Menschen, „legte sich zu Bett, schlief die ganze Nacht und stieß sich am Morgen einen Dolch, der unter geweihten Kerzen an der Wand hing, mit solcher Wucht in die Seite, daß das Eisen tief in den Körper drang."

Etwas von dieser wüsten Gewalttätigkeit, die Borromini gegen sich selbst anwandte, weil er dem Genie seines älteren und genialen Konkurrenten nicht gewachsen war, und die mir überhaupt ein Bestandteil des römischen Charakters zu sein scheint, weil Rom nicht nur eine prachtvolle, von Kulturschätzen überquellende Metropole, sondern auch ein allerdings glänzend dekorierter Schauplatz immerwährender Barbarei ist, etwas von dieser Gewalttätigkeit also vermeinte ich immer auch am berühmtesten Brunnen der Stadt zu empfinden, an der Fontana di Trevi, die, obgleich ein Architekt namens Salvi ihr Baumeister war, gleichfalls auf Pläne Berninis zurückführt. Vielleicht hängt dieser Eindruck einer besonderen Gewalttätigkeit damit zusammen, daß die dem Brunnen gegenüberliegende Kirche von San Vincenzo ed Anastasio – die einst vom berühmten Kardinal Mazarin in Auftrag gegeben worden war und die, was kaum bekannt sein dürfte, die Gemeindekirche des Quirinal ist – die Herzen und die Eingeweide von zweiundzwanzig Päpsten enthält. Denn von Sixtus V. bis in das 19. Jahrhundert vermachten alle Päpste, die im Quirinalpalast starben, diese makabre Hinterlassenschaft der kleinen, eher unscheinbaren Kirche, vor deren altersdunkler Fassade sich heute die Touristen drängen, allerdings mit dem Rükken zur Kirche, weil sie von der Treppe, die zum Kirchenportal emporführt, den besten Ausblick auf das beeindruckende Schauspiel der Fontana di Trevi genießen können. In diesem Zusammenhang sollte man vielleicht daran erinnern, daß Mazarin, der Stifter und Bauherr der Kirche, Sohn eines gewissen Mazzarino war, der ursprünglich Bediensteter bei der Colonna gewesen war und es später bis zum Verwalter brachte. Er, der Vater, heiratete eine illegitime Tochter der fürstlichen Familie und vermählte sich, nachdem er Witwer geworden war, mit Porzia Orsini und wurde auf diese Weise „der einzige Mann in der Geschichte, der eine Angehörige aus jeder der beiden rivalisierenden Familien zur Frau hatte" (H. V. Morton). Dieser erstaunliche Mann erlebte es auch noch, wie sein Sohn zum Kardinal und Beherrscher Frankreichs emporstieg und seine Enkeltochter einen Prinzen Colonna ehelichte.

Etwas Gewalttätiges also ist es, das man zu spüren vermeint, während man auf die barocke Theaterlandschaft dieses Brunnens hinabblickt. Eine rohe Kraft, gebändigt freilich durch die Kunst, die hier auf schwankendem Boden steht, umgeben von den Zeichen des Verfalls, aber noch einmal sich aufbäumend im Spiel des Wassers, noch einmal des Lebens ganze Sinnlichkeit herausfordernd, während die Sonne den hellen Marmor – über den das Wasser in vielfacher Form hinweggleitet, hinwegspringt und hinwegrauscht – aufschimmern läßt, bis er beinah zu blenden scheint und zum heftig bewegten Spiegelbild römischer Vergangenheit wird. Urban VIII. habe, so wird erzählt, eine empfindliche Steuer auf den Wein verhängt, um die Geldmittel hereinzubekommen, mit deren Hilfe Bernini den Brunnen besonders prunkvoll und spektakulär hätte ausstatten sollen. Und Roms Satiriker, allen voran der unerbittliche Pasquino, sollen gelästert haben, daß des Papstes Verschwendungssucht die Römer zwinge, sich anstatt mit Wein jetzt nur noch mit Wasser zu laben. Aber das sind Legenden und Gerüchte, die der tatsächlichen Geschichte dieses Brunnenpalais', dieser „Residenz eines königlichen Wassergottes" (W. Bergengruen) nicht ganz entsprechen. Denn was sich hier triumphierend an einer Seitenfassade des Palazzo Poli aus der Beengtheit eines kleinen, eher ärmlich anmutenden Platzes erhebt, der von herabgewohnten alten Häusern umstanden wird, die einen kleinbürgerlichen oder eigentlich volkstümlichen Kontrast bilden zu diesem Barocktheater, wo sich Neptun in triumphierender Pose aufgebaut hat, während seine Pferde sich ins Wasser zu stürzen scheinen, beobachtet von den Tritonen, die mit wollüstigem Gesichtsausdruck an ihren Musikinstrumenten hängen ... das alles, was von den meisten Autoren immer wieder als barocke Opernszene, als prachtvolle Theaterdekoration, als Sinnbild unbändiger römischer Lebenslust und ungebrochener Kraft begriffen und beschrieben wird, bedurfte eines mühsamen Prozesses, bis es verwirklicht werden konnte. Annehmen darf man, daß tatsächlich der Barberinipapst Urban, „dessen Bienen in ganz Rom umherschwärmen", wie einer seiner Kardinäle einmal mißbilligend feststellte, einen Entwurf Berninis zu verwirklichen gedachte. Aber es dauerte dann noch zehn Päpste lang, bis der uralte und doch so erstaunliche Klemens XII. den Architekten Niccolò Salvi damit beauftragte, den Trevibrunnen, der an sich damals – man schrieb das Jahr 1723 – in einer bescheidenen Form schon existierte, auszubauen und in seiner heutigen Form zu vollenden. Gleichzeitig wurden auch die Arbeiten an der Spanischen Treppe aufgenommen; aber während dieses berühmte Wahrzeichen Roms nach einer Bauzeit von nur drei Jahren fertiggestellt war, benötigte man für die Fontana di Trevi rund vier Jahrzehnte. Salvi selbst starb an den chronischen Verkühlungen, die er sich regelmäßig in den feuchten unterirdischen Wasserleitungsanlagen holte. Und erst unter Benedikt XIV. und schließlich 1762 unter dem Pontifikat Klemens' XIII. war man so weit, daß man den Brunnen der Öffentlichkeit übergeben konnte.

Was übrigens die Gewohnheit angeht, Münzen in den Brunnen zu werfen, um eines Wiedersehens mit der Ewigen Stadt gewiß zu sein, so rührt das keinesfalls, wie manche Autoren hartnäckig meinen, von uraltem Brauchtum her, das bis in heidnische Zeit zurückreicht. Diese nützliche Tätigkeit der Fremden ist vielmehr im 19. Jahrhundert aufgekommen, und es dürften romantische Angelsachsen gewesen sein, die erstmals Münzen in das klare Wasser des Brunnens warfen. Heute wird das wöchentlich eingesammelte Geld Krankenhäusern und Waisenhäusern übergeben; sofern, wie man vorsichtig hinzufügen sollte, die städtischen Brunnenarbeiter und die flinken Lausbuben des Viertels genügend Münzen im Brunnenbecken zurücklassen, um solche Mildtätigkeit zu erlauben.

Messer und Rosenkranz, diese beiden unerläßlichen Begleiter oder Amulette römischen Daseins, derer man sich stets entsinnen sollte, wenn man Rom besser begreifen will ... Selbst in diesen alten Quartieren, die von bemerkenswerten Anekdoten, erlauchten Namen und prachtvollen Bauwerken überzuquellen scheinen, entgeht man diesem Widerspruch nicht. In jener Galleria vor der Piazza Colonna, wo ich an manchem Vormittag inmitten älterer römischer Damen saß, die mich immer ein wenig an blasse, rosenkranzbehängte, mit Schmuck überladene Ruinen erinnerten, deren Hautfarbe freilich auf frappierende Weise jener ähnelte, wie sie auch manche römische Häuser haben, nämlich eine Mischung aus bleichem Ocker und verwischtem, staubbedecktem

54

Zinnober, in jener Galleria also, nur ein paar Schritte von der Fontana di Trevi oder der Piazza Venezia entfernt, beobachtete ich die Auftritte einer jungen, hochschwangeren Bettlerin, die mit ihrem derben, olivfarbenen Gesicht und dem verschlagenen Blick ihrer Augen etwas Herausforderndes und sogar Zynisches besaß, das Unbehagen erzeugte. Vielleicht trug zu diesem Eindruck auch ihr Liebhaber oder Ehemann bei, der wie seine Genossin in den Passagen der Galleria und, zwischen den Tischen des Kaffeehauses arbeitete, wobei er sich zwischendurch immer eine kleine Ruhepause an der Theke gönnte, um mit lautem Behagen ein Glas Milch zu schlürfen. Dann kam die Frau, die sich durch die barschen Zurufe der Kellner nicht im mindesten beirren ließ, zu ihm, umarmte ihn auf eine besitzergreifende Weise, indem sie ihren geschwollenen Bauch an seiner Hüfte rieb und ihm das halbvolle Glas aus der Hand nahm. Er hatte das Gesicht eines Lumpen und handelte mit Kugelschreibern, die er den Passanten mit der Bemerkung aufdrängte, daß er für zwei Kinder zu sorgen habe. Sie streckte, wenn sie arbeitete, einfach ihre Hand aus und ließ sie schweigend, bedrohlich so lange in der Luft hängen, bis eine Münze hineinfiel. An manchen Tagen gebärdeten sich die beiden wie Diktatoren. Und mehr als einmal habe ich miterlebt, wie die Frau eingeschüchterte Touristen, die zu wenig oder gar nichts gespendet hatten, mit einem Schwall obszöner Worte bedachte, während ihr hinzueilender Galan eine Miene machte, als wollte er sich sogleich auf die Unglücklichen stürzen. Die römischen Damen rührten indessen abwesenden Blickes in ihren Kaffeeschalen und klimperten gleichgültig mit den Rosenkränzen.

Die pfeifenden Sirenentöne dahinrasender Polizeiautos bildeten dazu häufig die passende Geräuschkulisse. Und gleichzeitig mochte man sich daran erinnern, daß sich beispielsweise im Rom des ausgehenden 18. Jahrhunderts mehr als zehntausend Bettler in der Stadt herumtrieben, wozu noch an die fünftausend weltliche Geistliche, mehr als dreitausend Mönche, anderthalbtausend Nonnen und immerhin dreißig bis vierzig Bischöfe kamen, während der Dichter Alfieri, Italiens großer Poet dieses Zeitalters, anläßlich seines Aufenthaltes in Rom jeden Morgen zur Fontana di

Trevi ging, sich dort auf irgendeinen Stein setzte und sein Frühstück verzehrte, das in der Regel aus Brot und Käse bestand. Alfieri, damals schon längst der Geliebte jener Gräfin von Albany,
welche den Stuart Karl Eduard, einen notorischen Alkoholiker,
geehelicht hatte, mit dem sie im Palazzo Muti an der Piazza Santi
Apostoli ein feudales Quartier bezogen hatte, Alfieri hatte hier in
Rom einige erfolgreiche Auftritte in den Salons der Aristokratie,
bis ihm die allzu enge Beziehung zur Frau des schottischen
Thronprätendenten jene üble Nachrede einbrachte, die seinen
Aufenthalt im päpstlichen Rom unmöglich machte ... Geschichten, über die man in Rom an jeder Straßenecke stolpert und die
gewissermaßen die Alltagsbiografie dieser Stadt ausmachen ...
Für den Heimweg in mein Hotel wählte ich manchmal, wenn
ich mich in der Gegend des Corso oder zwischen Kapitol und Palatin umgesehen hatte, den unbedeutenden Umweg über den Quirinal, schlenderte durch den schönen Garten, den einst Urban VIII. hatte anlegen lassen und von dem Hippolyte Taine
einmal gesagt hat, daß er die kalte Regelmäßigkeit und schwerfäl-
lige Korrektheit jenes Jahrhunderts besitze, das mit der „Herstellung gut gegründeter Monarchien und der sittsamen Verwaltung
über alle Künste Europas" beschäftigt gewesen sei. „Für einen
Papst und für kirchliche Würdenträger, welche alt und ernst sind
und in langen Gewändern einherwandeln, bilden diese regelmä-
ßigen Wege, bildet diese ganze monumentale Dekoration gerade
das, was zu ihnen paßt."
Dann – hinabtauchend in das Gassengewirr unterhalb des Quirinalhügels, das auf mich immer den Eindruck eines verfilzten
Gestrüpps macht, wie verwildertes, üppig wucherndes Unterholz,
durch das man sich erst mühsam einen Weg bahnen muß – die
gassenseitig geöffneten Läden der Handwerker mit ihren unverwechselbaren Bildern, Gerüchen und Geräuschen. Oben auf dem
Quirinal, also sozusagen in meinem Rücken, die inhaltsschweren
Erinnerungen an die Geschichte Roms. Konstantin der Große
hat hier seine Thermen errichten lassen. Daran erinnern heute
noch die beiden prachtvollen Dioskuren, die den Quirinalplatz
beherrschen und die einst das dekorative Prunkstück der kon-

stantinischen Bäder gewesen sind; nach ihnen wurde der Hügel, welcher der höchstgelegene unter den sieben klassischen Erhebungen des antiken Rom war, Monte Cavallo benannt, was freilich auch nicht verhindern konnte, daß mit dem Untergang des Imperiums auch dieser Hügel gänzlich verwilderte und gleichsam aus dem Blickfeld der dezimierten und inmitten erbarmungswürdiger Ruinen hoffnungslos dahinlebenden Bevölkerung Roms entschwand. Erst im 16. Jahrhundert entsann man sich wieder des Monte Cavallo. Einige Villen entstanden oberhalb des Torre delle Milizie, eines altrömischen Geschlechterturms aus dem 13. Jahrhundert, der allerdings auf einem antiken Unterbau ruht, von dem eine Legende behauptet, daß von hier einst Nero das Schauspiel des brennenden Rom genossen haben soll. Und als dann Gregor XIII. – jener Papst, welcher die nach ihm benannte Kalenderreform durchführte – auf der Anhöhe des Monte Cavallo einen Sommerpalast erbauen ließ, war der Grundstein für die nachmalige Bedeutung des Quirinalhügels gelegt. Im Jahre 1592 zog Klemens VIII., ein Papst aus dem Geschlecht der Aldobrandini, als erster Pontifex in den Palast ein, an dem aber noch in den folgenden Jahrhunderten weitergebaut wurde. 1870 wurde er zur Residenz der italienischen Könige und 1947 zum Sitz der Präsidenten der italienischen Republik umfunktioniert. Übrigens wurde von hier aus am 24. Mai 1915 der österreichisch-ungarischen Monarchie der Krieg erklärt.

Oben auf dem Hügel also die Erinnerungen an die Geschichte Roms. Und unten im unübersichtlichen, verfilzten Gassengewirr die Geschäftigkeit der Sargmacher, Tapezierer, Gemüsehändler, Kunstschmiede, Schneider, Perückenmacher, jener Handwerker und kleinen Geschäftsleute also, von denen ein bösartiges Gerücht behauptet, sie seien zwar die fähigsten Handwerker Italiens, aber von fast krankhafter Faulheit und nur dann willens, etwas zu leisten, wenn sie tatsächlich keinen anderen Ausweg mehr wüßten, um ihre Schulden zu bezahlen. Ich halte das in der Tat für eine üble Nachrede, auch wenn man sich ohne weiteres vorstellen kann, daß es sich früher einmal so zugetragen haben mag, als Rom von ebenso tyrannischen wie korrupten Päpsten und de-

ren Nepoten beherrscht wurde. „Rom, ja der gesamte Kirchenstaat gehörten im 18. Jahrhundert zu den schlechtest regierten
Ländern Europas", schreibt Casimir Chledowski in seinem Monumentalwerk über Italiens Kultur und Gesellschaft. „Roms gesamte Bevölkerung lebte von den Brosamen: von den Tischen
der Kardinäle, vom päpstlichen Hofstaat, von den römischen
Fürsten und von den fünfzehn- oder zwanzigtausend Fremden,
die den Winter in der Ewigen Stadt verbrachten."
Was mich freilich immer ein wenig nachdenklich macht, ist der
Umstand, daß ich – durch Roms alte und ungeachtet ihres altehrwürdigen Zustands von pulsierendem Leben bewegte Quartiere
wandernd – zwar die literarischen Jeremiaden über die unaufhaltsame Verlotterung und das wachsende Elend Roms
unauslöschlich im Ohr habe, aber gleichzeitig stets den Gegenbe-
weis dafür sehe, was besorgte, skeptische, von Mitleid und kriti-
scher Zuneigung erfüllte Autoren feststellen. Stendhal, der mehrmals in Rom war und sich stets für längere Zeit an den Ufern des
Tiber aufhielt, schrieb zum Beispiel über den römischen Handwerker, daß man sich von ihm alles erwarten dürfe, bloß keine
Arbeit. „Er ist daran gewöhnt, von Almosen zu leben, und er
sieht, wie man durch Intrigen reich wird. Die Hauptsache ist für
ihn nicht, eine nützliche Werkstatt zu gründen und sie vorwärts
zu bringen, sondern der Vetter eines Lakaien des Papstes oder
eines Kardinals zu sein ... Alle Handwerker, die in Rom vorwärts kommen, sind Fremde." Das war im Jahre 1813. Fünfzig
Jahre später notierte Hippolyte Taine: „Man hält die Arbeit in
Unehren und will etwas vorstellen, man speist Kohlrüben zu Mittag und putzt sich mit einem Spitzenkragen, man borgt überall
aus und hält die Gläubiger mit Bitten und Lügen hin." Wiederum
ein halbes Jahrhundert nach dieser vernichtenden Meinung war
man sich ganz allgemein darin einig, daß Rom durch seine Erhöhung zur Hauptstadt der jungen italienischen Nation so viel an
Substanz eingebüßt habe, daß sein Untergang nur noch eine
Frage der Zeit sei. Und was die Handwerker, die kleinen Geschäftsleute und Händler betraf, so sprach man verachtungsvoll
von einer „Rasse von notorischen Faulpelzen, die mitschuldig ist

58

am desolaten Zustand der römischen Gesellschaft, weil sie, die Faulpelze, nicht mehr den soliden Untergrund bilden, den jede Gesellschaft braucht, um sich entwickeln zu können". Und im Jahre 1970 schließlich schrieb Toni Kienlechner besorgt von einer bedrohlichen Entwicklung, deren hauptsächliches Opfer die kleinen Läden und Handwerkerstätten seien, in denen das echte, unverwechselbare Rom, das nunmehr zum Aussterben verurteilt sei, eine letzte Bastion gehabt habe. „Die Kunsttischler, Tapezierer, Kunstschmiede, Vergolder, die auf pseudobarocke Serienarbeit umgestellt haben, können sich noch halten, profitieren und leben von der gesamten Aufmöbelungsprozedur der Innenstadt. Echte Werkarbeit, schöpferisches Handwerk aber verschwinden. Es verschwinden auch die Schuster, Spengler, Flickschneider, Büglerinnen und Stickerinnen. Ihre kleinen Arbeitshöhlen werden bald blitzen von echten und unechten Antiquitäten und Raritäten oder verwandeln sich in Modeboutiquen."

Das alles mag schon stimmen. Das alles findet auch in anderen Städten – und nicht nur in Italien – auf diese selbstverständliche, lautlose Weise statt, die einen den Verlust alteingesessenen Handwerks kaum oder zu spät bemerken läßt. Das alles ist ein Teil jener tiefgreifenden strukturellen Veränderungen, denen die Menschen überall in Europa ausgesetzt sind. Aber die römischen Handwerker, deren Indolenz, Faulheit und deren unaufhaltsames Aussterben seit nunmehr bald zweihundert Jahren heftig beklagt wird, existieren nach wie vor, liefern immer noch die schönsten, überraschendsten Beweise ihrer schöpferischen Fähigkeiten und bilden wie vor zweihundert oder fünfhundert Jahren das Rückgrat der römischen Gesellschaft. Allein in der Via degli Avignonesi und in einigen Parallelgassen kenne ich ein halbes Dutzend Schneiderläden, wo man durch halbgeöffnete Türen oder hinter spiegelndem Fensterglas Meister und Gesellen im sogenannten Schneidersitz auf breiten Tischen kauern sehen kann. Mehr als einmal habe ich unterhalb des Quirinalhügels fasziniert einer Miedermacherin bei ihrer kunstfertigen und, wie ich hoffe, nützlichen Arbeit zugesehen. Und die Tischlermeister, denen ich in den Gassen der Innenstadt begegnet bin, leben nicht nur von der An fertigung neobarocken Kitsches. Es mag schon sein, daß auch die römischen Handwerker sich an die jeweils neuen Gegebenheiten anpassen müssen, und daß manches alte Gewerbe einfach ausstirbt. Aber daraus auf eine allgemeine Verlotterung und Verelendung Roms schließen zu wollen, halte ich für töricht. Wer derlei behauptet oder wer an solche Untergangsgeschichten glaubt, unterschätzt die Vitalität und den Erfindungsreichtum dieses Menschenschlags, der durchaus auch unfreundlich, allzu bequem, selbstzufrieden sein mag, der aber vor allem realistisch und gutmütig, auf eine gesunde Art skeptisch und durchaus lebensklug ist. Und der, wie ich meine, ungemein geschickt die uralte psychologische Kunst römischer Lebensart pflegt, die gewiß ein Erbe mittelalterlicher Lebensform ist und unter anderem darin besteht, daß man, Tür an Tür und Wand an Wand in den engen und dunklen Gassen der Innenstadt lebend, zwar „alles vom Nachbarn weiß, ohne es ihn merken zu lassen, weil sonst das Gemeinschaftsleben unerträglich wäre" (T. Kienlechner), aber dieses aus einer selbstverständlichen Intimität entstandene Wissen nicht ausnützt zu mißgünstiger Tyrannei und sozialer Eifersucht. Man respektiert einander. Man betrachtet den Nachbarn nicht als Gegner oder lästigen Konkurrenten. Man ist bei allem nüchternen Realismus der Uneigennützigkeit fähig, wie man das in kaum einer anderen europäischen Großstadt erleben kann. Darauf beruhen heute noch die Kraft, der Lebensmut, der sanguinische Optimismus vieler Römer; und daraus resultiert diese ungeheure, mitreißende Lebendigkeit des römischen Volkslebens, das sich bei aller notwendigen Anpassung an vorgegebene Verhältnisse doch nie wirklich in irgendwelche Schablonen pressen läßt. Ein einziger gemächlicher Spaziergang durch die alten Stadtviertel zwischen Tiber und Quirinal oder in Trastevere erlaubt es jedem aufmerksamen Beobachter römischer Verhältnisse, zugunsten dieser Meinung die Probe aufs Exempel zu machen.

Im Gegensatz dazu die düsteren, belastenden Erinnerungen an eine Geschichte, die zwar eine unglaubliche Fülle an bedeutenden Kunstwerken sowie an religiösen und politischen Erfahrungen hinterlassen hat, deren Grundton aber fast immer ein verzweifelter und tragischer ist. Oben auf dem Quirinal, den der ehemalige Hirtensohn Peretti (Papst Sixtus V.) den Päpsten als Sommerresidenz zugänglich gemacht hat und wo, wie wir wissen, zweiundzwanzig Päpste gestorben sind und drei Jahrhunderte lang zahlreiche Konklaven stattgefunden haben, oben auf diesem beinah idyllischen, windumfächelten Hügel, den jeden Tag von neuem zahllose Touristen erstürmen, um von hier aus einen prachtvollen Blick auf Rom zu genießen, begann freilich auch der bittere und in manchem Detail obskure Niedergang des Papsttums mit jenem Auftritt zweier französischer Offiziere, die in der Nacht zum 20. Februar 1798 in die Privatgemächer des damals 82jährigen Pius VI. eindrangen, um ihn zum Verzicht auf die weltliche Macht über den Kirchenstaat zu bewegen. Als sich Pius weigerte, zogen ihm die Offiziere den Fischerring vom Finger, drängten den halbbekleideten, kränklichen Mann in einen bereitgestellten Wagen und entführten ihn nach Frankreich, wo er im darauffolgenden Jahr starb. Sein Nachfolger, Pius VII., wurde fünf Jahre später von Napoleon Bonaparte gezwungen, nach Paris zu kommen, um dort seine Kaiserkrönung zu inszenieren, was insofern auf gewisse Schwierigkeiten stieß, als der Papst erst einige Tage vor dieser Krönung in Erfahrung brachte, daß Napoleon nicht kirchlich getraut war. Also mußte der Papst zuerst in aller Eile und in aller Heimlichkeit diese ebenso wichtige wie fromme Zeremonie nachholen, bevor er dann in der Kathedrale von Notre-Dame die Krönung selbst vornehmen konnte.

Das alles verhinderte allerdings nicht, daß Napoleon wiederum fünf Jahre später den Kirchenstaat zu einem Teil des französischen Kaiserreichs, Rom zur freien Stadt und den Papst zum gewöhnlichen Bischof umfunktionierte, was Pius VII. umgehend mit dem Kirchenbann beantwortete. Am frühen Morgen des 6. Juni 1809 drangen daraufhin französische Soldaten in den Quirinalpalast ein, überwältigten nach einem kurzen Handgemenge die päpstlichen Gardisten, zerrten den Papst wie einst seinen unglücklichen Vorgänger in eine Kutsche und verschwanden mit ihm in der Dunkelheit. Pius konnte erst wieder in den Quirinalpalast zurückkehren, als Frankreichs besiegter Kaiser unterwegs nach St. Helena war. Übrigens wollte es eine Laune der Geschichte, daß die Mutter Napoleons – die ihren Lebensabend in Rom verbrachte und von der zeitgenössische Chronisten meinten, daß sie Mitleid und Bewunderung verdiene – dem Vatikan zu einem niedrigeren Zinssatz Geld verschaffte, als dies Roms berühmteste Bankiers zu tun vermochten.

Die dritte tragische Episode, in die ein Papst auf dem Quirinal verwickelt war, begann an einem nebelverhangenen Abend im November des Jahres 1848. Wieder bestieg ein Pontifex, diesmal war es Pius IX., eine wartende Droschke. Wieder verschwand das Gefährt in rasender Fahrt in der Dunkelheit der römischen Nacht, während vor der Engelsburg und an einigen zentralen Plätzen der Stadt Revolutionäre, die am Tag zuvor den Ministerpräsidenten des Papstes ermordet hatten, und des Papstes Gardisten einander beschossen, ohne daß dies die vorübergehende Umwandlung des Kirchenstaates in eine Art Volksrepublik hätte verhindern können. Es war dann das Frankreich Napoleons III., das die Sicherheit der päpstlichen Monarchie wieder garantierte und Pius IX. als deren weltliches Oberhaupt einsetzte. Rund zwanzig Jahre noch konnte der Papst auf dem Quirinal residieren, bis schließlich einige zielsichere Kanoniere Viktor Emanuels an der Porta Pia eine Bresche in die Barrikaden der päpstlichen Truppen schossen und Pius IX. zum „Gefangenen im Vatikan" wurde. Gegen die Auflösung des Kirchenstaates und dessen Einverleibung in das junge italienische Königreich protestierte damals als einzige Regierung jene von Ekuador . . .

Rom und seine Päpste: Fast hat es den Anschein, als ob so gut wie nichts in dieser Stadt ohne die Mitwirkung dieser in der Regel weniger frommen als machtbewußten Männer entstanden wäre. Und als ob selbst die Hinterlassenschaften der Antike sich unter ihrem fordernden Zugriff so radikal verändert hätten, daß sie heute vielfach nur noch verstümmelte Torsi sind; und zwar nicht bloß ihrer äußeren Form, sondern auch ihrem Charakter nach. Eines Tages wanderte ich durch jenes alte Viertel unweit des Tiber, von dem man mit einiger Berechtigung behaupten mag, daß es einst das Zentrum der römischen Hochrenaissance war. Da war die dunkle, eindrucksvolle Fassade der Cancelleria, da gab es den gebieterischen Bau des Palazzo Farnese; und halbwegs in der Mitte zwischen diesen beiden prachtvollen Beispielen des typisch römischen Renaissancestils lag der Campo de' Fiori mit seiner farbenprächtigen Dekoration, die ein wenig über die herabgewohnte Ärmlichkeit dieses Quartiers hinwegtäuscht. Und worauf hier auch der Blick fällt oder welche Geschichten einem zu den verschiedenen Bauwerken und Standorten einfallen ... immer wird im Hintergrund die Figur eines Papstes sichtbar, überlagert und verdeckt sie die eigentliche Biografie, verwischt sie die Spuren, die uns zurückführen sollten bis in die römische Antike. Denn der Palazzo Farnese zum Beispiel – der wie ein gewaltiger Block hinter dem lebhaften Campo de' Fiori liegt und der mit seinen „drei übereinander liegenden Reihen mathematisch abgezirkelter Fenster und seinem Kranzgesims von Michelangelo" tatsächlich an einen überdimensionalen Würfel erinnert, was ihm bei den Römern den Spitznamen „il dado", der Würfel, eingebracht hat – ist unter der Bauherrschaft jenes Alexander Farnese entstanden, der als Papst Paul III. einige geradezu klassische Möglichkeiten für jenes verhängnisvolle Nepotentum entdeckte, das den Ruf der päpstlichen Monarchie seit dem Mittelalter unaufhaltsam ruinierte. Seinen charakterschwachen Sohn Pier Luigi bedachte er mit den Herzogtümern Parma und Piacenza, während er es für drei seiner Enkelkinder ermöglichte, daß sie bereits im zarten Knabenalter zu Kardinälen ernannt wurden. In diesem Zusammenhang ist es beinahe schon müßig, daran zu erinnern, daß Paul III. eine Geliebte hatte, der er seine Anhänglichkeit dadurch bewies, daß er im Verlauf der Jahre mit ihr vier Kinder zeugte. Was aber den Palast selbst angeht, so würde er sich, wie Morton einmal ausgeführt hat, sozusagen in Luft auflösen, wenn das Baumaterial, woraus er einst entstanden ist, an seine ursprünglichen Standorte zurückkehrte. Denn sowohl das Kolosseum als auch der ehemalige Sonnentempel Aurelians auf dem Quirinal, aber auch das Trajansforum und die Thermen des Diokletian sowie jene des Caracalla lieferten den Stein, aus dem dieses hochberühmte Beispiel der römischen Renaissance zusammengefügt wurde, das im übrigen auf jenem Platz ruht, wo in der Antike die Quartiere der Wagenlenker untergebracht waren.

Ähnlich verhält es sich auch mit dem Palazzo der Cancelleria, der gleichfalls auf den Überresten einer ehemaligen Kaserne der Wagenlenker steht, die einst im sogenannten Trigarium, der antiken römischen Pferderennbahn nahe dem Tiber, ihre verwegenen Kunststücke zeigten. Und selbstverständlich hatte auch hier ein Papst gleichsam zufällig die Hand mit im Spiel, denn, wie Aretino berichtete, jener Francesco Cibò, der an den nachmaligen Bauherrn dieses Palastes, nämlich an den damals noch jungen Kardinal Rivario, in einer einzigen Nacht beim Kartenspiel jene sechzigtausend Scudi verlor, mit denen der Bau dann finanziert wurde, war ein Sohn Innocenz' VIII.; und der Kardinal wiederum war ein Neffe Sixtus' IV. ...

Übrigens wurde die Cancelleria – in der heute kirchliche Behörden untergebracht sind und die demnach exterritorial ist, also politisch dem Bereich des Vatikan zugehört – in späteren Jahren von Papst Leo X. beschlagnahmt, weil die Rivario in eine Verschwörung gegen ihn verwickelt waren. Und Papst Leo war es dann auch, der den Palazzo in eine kirchliche Kanzlei umwandelte, was den heutigen Namen Palazzo della Cancelleria rechtfertigt.

Einen schönen Gegensatz zu den beiden wuchtigen Blöcken der Cancelleria und des Palazzo Farnese bildet der Campo de' Fiori, obgleich er schon längst kein Blumenmarkt mehr ist, sondern der Versorgung der Bewohner dieser alten Stadtviertel mit frischem Gemüse, mit Obst, Kartoffeln, auch mit Fischen dient, also sozusagen eine Art Allerweltsmarkt ist, ein längliches Viereck, erfüllt vom Lärm der Händler und Bauern, die hier mit rauher Stimme ihre Ware anpreisen, während ihre kritische Kundschaft mit prüfenden Blicken und derb zupackenden Händen die Qualität der Paprikaschoten, Bohnen, Salate oder Pilze eher mißtrauisch begutachtet. Es ist ein Markt der kleinen Leute und bescheidenen Verhältnisse; und niemand würde auf den Gedanken kommen, daß der Campo de' Fiori einst der Schauplatz war für

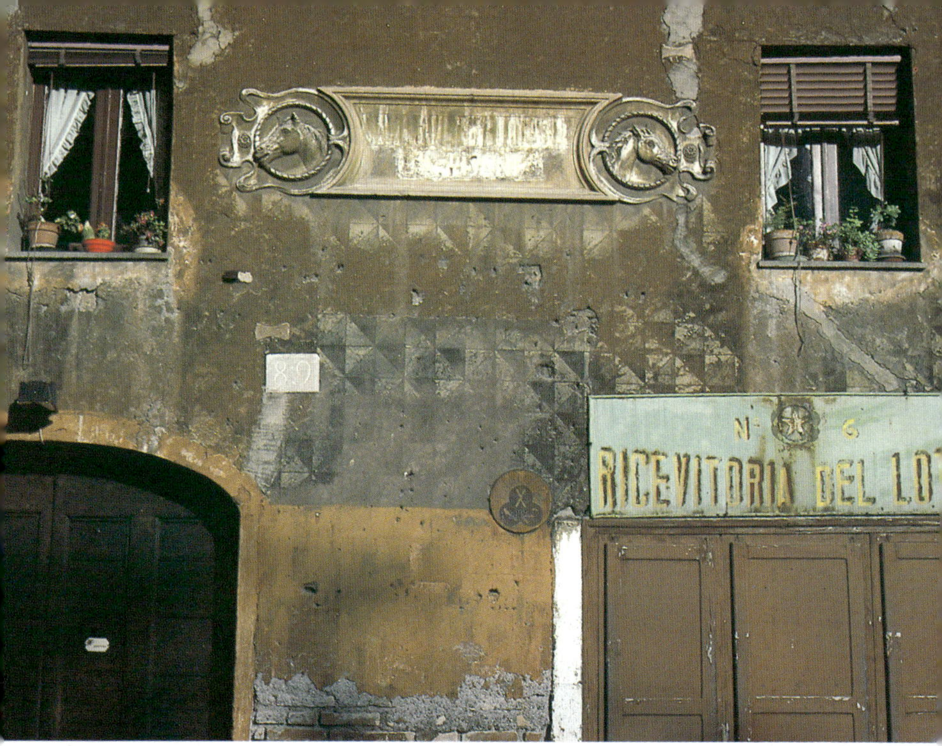
RICEVITORIA DEL

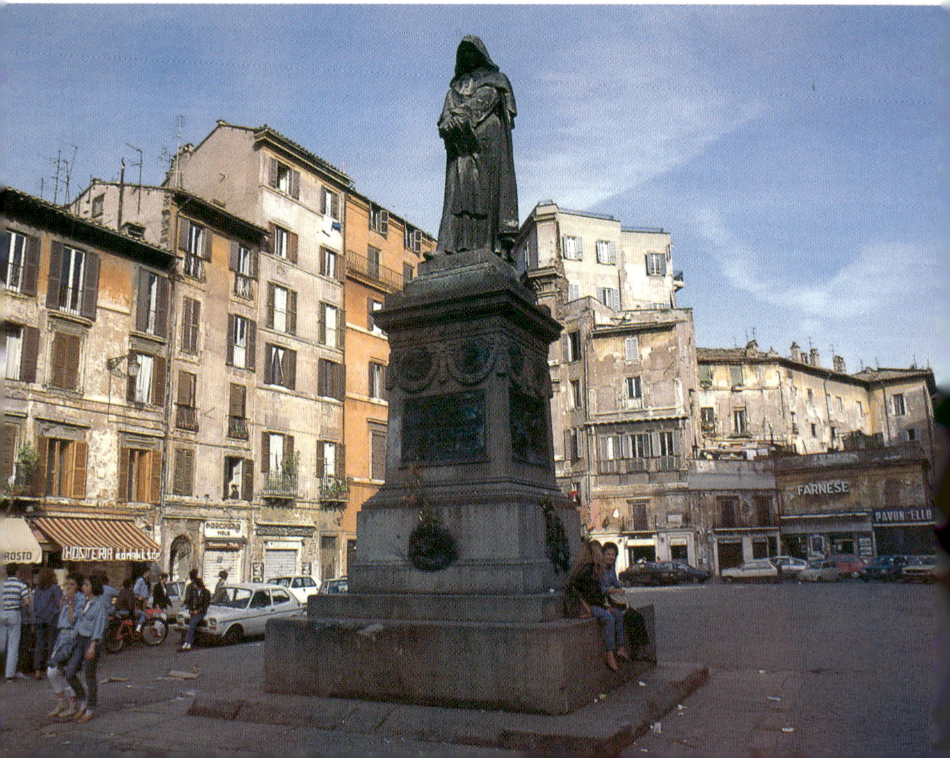
FARNESE
HOSTERIA

ein ebenso barbarisches wie würdeloses Schauspiel, dessen Regisseure tyrannische Päpste und eine allmächtige Inquisition waren.

Denn hier, wo vor rund zwei Jahrtausenden das Theater des Pompeius gestanden ist und heute Hausfrauen und Rentner ihre Einkaufstaschen mit preiswertem Obst und frischem Gemüse füllen, umgeben von eher schäbig anmutenden Fassaden, deren verwaschenes Weinrot, staubbedecktes Ocker und gleichsam ermattetes, wie hinter Spinnweben verborgenes Zinnober einen zwar pittoresken, aber doch schwächlichen Kontrast bilden zu den kräftigen und intensiv leuchtenden Farben, mit denen sich der Markt allmorgendlich von neuem schmückt, hier also, wo man ganz in der Nähe einst die Statue eines riesigen Herkules entdeckte – sie befindet sich jetzt im Vatikan –, der den antiken Römern als Orakel gedient hatte, hier wurden über viele Jahre hinweg die sogenannten Ketzer öffentlich verbrannt. Darunter auch Giordano Bruno, der, von einer umbarmherzigen Inquisition zum Tode verurteilt, auf dem Campo de' Fiori am 17. Februar des Jahres 1600 „von den emporzüngelnden Flammen rasch erfaßt und ganz und gar entstellt wurde", wie ein Augenzeuge dieser Hinrichtung nüchtern feststellte. Im Jahre 1887, als Rom seine Funktion als Hauptstadt einer päpstlichen Monarchie endgültig eingebüßt hatte, wurde an der Stelle, wo einst die Scheiterhaufen aufgeschichtet worden waren, ein Denkmal enthüllt, das einen Mönch zeigt, „der mit über den Kopf gezogener Kapuze aus den Pfirsichen und Melonen ringsum aufragt". Es ist das ein eher banales Epitaph auf den großen Häretiker, der freilich um nichts weniger gläubig war als seine Zeitgenossen und der lediglich das Pech hatte, nicht nur vernunftbegabt, sondern auch vorausblickend zu sein, ein Ärgernis den Päpsten, die er verachtete, und den selbstgefälligen Richtern der Inquisition, denen er bis zuletzt mit ironischer Distanz begegnete.

Was aber den eigenartigen Reiz dieses Platzes und dieses ganzen Viertels ausmacht, sind nicht nur die Erinnerungen an die sonderbaren Geschichten und Schicksale, die sich hier ereigneten oder die hier ihre Spuren hinterlassen haben, sondern es ist auch das, was Casimir Chledowski einmal das an geologische Schichtungen erinnernde Nebeneinander der verschiedenen Epochen und Baustile genannt hat. Kirchen mit vorkragenden Gesimsen, auf denen pausbäckige Engelchen sitzen; Kapellen mit schnekkenförmigen Ornamenten und seltsam phantastischen Kartuschen; Paläste mit gigantischen Karyatiden, die als Stützen dienen; an Stelle feingliedriger Rankenornamente Vasen, die mit Platten und Laubwerk übersponnen sind, Drachen, Löwen, Bienen, Sterne und Sonnen. Es sind das ebenso kühne wie faszinierende Einfälle, die weit über das Gebundene und Strenge der römischen Renaissancearchitektur hinausgehen. „Was jenen Gebäuden eignet", urteilte Chledowski, „ist nicht schöpferische Kraft, sondern überströmende Phantasie, es ist das Überquellende ihrer eigentümlichen Gestaltung. Immer wieder finden wir an diesen Gebäuden etwas, das über die bekannten Architekturstile hinausgeht."

Und dazu als dekorativer Gegensatz oder auch als eine Art poetischer Ergänzung die verblichene, abgenutzte, merkwürdig verschwiegene oder eigentlich verschämte Schönheit dieser alten Miethäuser rund um den Campo de' Fiori, deren architektonische Diskretion und verwischte, verhuschte Farbigkeit etwas ungemein Rührendes und zugleich Romantisches vermitteln. Römisches Volksleben, umgeben von den steinernen Zeugen einer großen Vergangenheit, findet hier in seiner ganzen prallen und heftigen Unbekümmertheit statt. Aber sowohl die Schatten dieser Vergangenheit als auch das Verhuschte der farbigen Fassaden dämpfen alles Grelle und Übertriebene. In den Marmorschalen der Brunnen rauscht es leise und stetig. Fiebrig glühende Paradeiser und giftgrüne Paprikaschoten wetteifern gegeneinander. Auf den erbleichenden Fischleibern schmilzt das zerhackte Eis. Und inmitten dieses Schauspiels, das wie eine Idylle anmutet, die freilich auf trügerischem Boden inszeniert wird, der bronzene Mönch unter seiner Kapuze, in stummer Qual einherschreitend über diesen Platz, den einst die Todesschreie der verbrennenden Ketzer erfüllten.

Das Kapitol

Man geht durch die Via delle Botteghe Oscure, im Rücken das dunkle Ocker, die schwere Patina des rostigen Brauns der alten Stadtviertel, die sich wie ein gekrümmter Handrücken gegen den Tiber schieben, und die ganze Zeit, die man braucht, um vom Largo Torre Argentina über die breite Via delle Botteghe Oscure bis zur Piazza Ara Coeli zu kommen, wo erstmals, wenn es ein spätsommerlicher oder frühherbstlicher Morgen ist, die Sonne ihr gleißendes Licht auf die Straßen und Plätze schüttet, und die ganze Zeit ahnt man den Koloß des Vittoriano, diese bedeutungsschwere Metapher für Patriotismus und Nationalismus oberhalb der Piazza Venezia, die jetzt, wenn man auf die Via Ara Coeli und den gleichnamigen Platz stößt, wie eine blendend weiße Woge aussieht, sich ins Blickfeld schiebt, sichtbar wird auf eine Weise, die irritierend wirkte, wenn nicht zur gleichen Zeit die Treppenaufgänge aufs Kapitol ins Bild rückten. Darauf Menschen wie kleine Tierchen. Darüber Statuen. Dahinter die in diesem Augenblick noch etwas verwischten Konturen des Konservatorenpalastes und des Kapitolinischen Museums, unterstützt von der breiten Fassade des Campidoglio, des sogenannten Senatorenpalastes, der den Kapitolsplatz gegen das Forum abschirmt, das auf der anderen Seite des Kapitolinischen Hügels in einer Talsenke liegt, die dann – aber das kann man von hier aus nicht sehen – in einer sanften Bewegung zum Palatin hin ansteigt. Das, was man sieht, nunmehr längst unbeeindruckt von der kalten, weißen Steinschulter des Vittoriano, hat etwas von einer Erscheinung an sich. Es wirkt gebieterisch und majestätisch, und zur gleichen Zeit scheint es sich vor dem immer rascher erblauenden und von der Sonne völlig durchdrungenen Himmel leichtfüßig abzuheben, scheint eine Wolke oder eher ein pergamentfarbenes Blatt zu sein, darauf Zeichnungen von großer Schönheit und Klarheit eingetragen sind. Das alles ist eine Geste, die verwirrt. Näherkommend dann erste Einzelheiten. Dunkles Gemäuer, das wie Wurzelwerk aus dem Hügel hervordringt. Wuchtig jetzt und in seiner eitlen Pose auch schon ein wenig lächerlich – das Vittoriano. Zur Rechten die beiden Treppen, stetig und steil hügelanstrebend; in einem merkwürdig spitzen Winkel laufen sie dabei auseinander: hinauf zur rostbraunen Kirche Santa Maria in Aracoeli die eine, ältere, steilere, aus dem Jahre 1348 stammende, die von den verzweifelten Römern als frommer Zauber gegen die Pest versprochen wurde; die andere, breitere, von Michelangelo entworfene, die sogenannte Cordonata, über die einst sogar Reiter auf ihren schnaubenden Pferden emporkamen, führt zum Kapitolsplatz.

Aber noch zögert man, eine der beiden Treppen oder die in Windungen den Hügel erklimmende Via delle Tre Pile zu benützen. Noch ist der Eindruck zu bewegend, den dieses Panorama, diese rasche Abfolge von Bildern bietet. Zur Linken der Steinwulst des Vittorio-Emanuele-Denkmals. Daran anschließend, in leichter Neigung hinüber zum Corso, die Piazza Venezia mit dem verschmutzten, unter der Einwirkung des heftig einbrechenden Sonnenlichtes fast violettfarbenen Hintergrund des Palazzo Venezia. Im Vordergrund an der Piazza Ara Coeli ein gelblicher Palast wie ein riesiger Backenzahn; davor einige verkrüppelte, verstaubte Pinien, um die der Großstadtverkehr saust. Und im Hintergrund dann der bräunlichfarbene Torre delle Milizie mit der vielfach unterbrochenen Schraffur des Quirinalhügels, dessen Buckel diesen Teil des Bildes kategorisch abschließt.

Später, schon oben auf dem Kapitol und vor Santa Maria in Aracoeli oder dem Kapitolsplatz stehend, das Gesicht der Stadt zuwendend, die von hier oben aus wie eine machtvoll bewegte Landschaft aussieht, später erst wird man begreifen, daß der aufwärts gewandte Blick das Bild entscheidend prägt, das man sich dann vom Kapitol aus machen kann. Der Blick über Rom hinweg – vielleicht von der Plattform vor der uralten Kirche aus, die fast übergangslos abfällt, hinabstürzt zur Pesttreppe, die übrigens Roms unglücklicher Volkstribun Cola di Rienzo als erster beschritten haben soll – sei berauschend; man stürze in ein Meer von Weite, Freiheit, Licht, Grenzenlosigkeit; und man fühle sich von den Jahrhunderten umbrandet, in denen Rom wurde und verging, wieder auferstand aus den Ruinen und ausuferte zur Weltstadt, die zu sein es nie aufhörte, nicht einmal in jenen tragischen Augenblicken, als das Forum eine Viehweide und der Kapitolshügel nichts anderes war als eine Schutthalde, darin die Ziegen stöberten.

So sehen es die Dichter und Schwärmer. So begreifen sie es immer schon. Einen stolzen Hügel und die höchste Glorie von Menschenherzen nannte der Deutsche Wilhelm Heinse Ende des 18. Jahrhunderts das Kapitol, ein „Ziel des Edlen, unter hundert Völkern und Nationen für den größten anerkannt zu werden. Stolzer kleiner Hügel. Wogegen die höchsten Gebirge des Erdbodens plattes Land sind." Tatsächlich ist der Hügel, was seine Höhe angeht, kaum beachtenswert. Vielleicht an die fünfzig Meter hoch über dem römischen Terrain liegend, aber doch eine Akropolis bildend, auf welcher wahrscheinlich schon im 6. vorchristlichen Jahrhundert einer der größten, eindrucksvollsten Tempel der römischen Welt stand, nämlich jener des Jupiter Capitolinus. Auf seinen Fundamenten erhebt sich heute eines der schönsten, beeindruckendsten Beispiele europäischer Baukultur, das dem Zentrum des heutigen Rom zugewandt ist, der Kuppel des Petersdoms, aber auch dem Pantheon und der Engelsburg, während damals, als der Tempel des Kapitolinischen Jupiter sich noch in seiner unversehrten Pracht erhob, das Kapitol sein Gesicht dem Forum zuwandte. „Von hier aus überschaute der Römer die heiligsten Tempel seiner Stadt, sah er die Paläste seiner Imperatoren in den Himmel ragen, überblickte er das wimmelnde Leben nicht nur des eigentlichen Forums, sondern auch der sich daran anschließenden Kaiserfora." (E. Peterich) Und hier ist dem Engländer Edward Gibbon erstmals die Idee gekommen, sein Monumentalwerk über den Untergang des Imperiums zu schreiben, das dann Schule machen sollte für die Bemühungen einer Unzahl von Autoren, das Eigenständige, Unverwechselbare des antiken Rom in ihren Arbeiten nachzuvollziehen. „Der erste Gedanke", notierte Gibbon in seiner Autobiografie, „das Sinken und den Fall der Stadt Rom zu schreiben, durchfuhr meinen Geist, als ich sinnend zwischen den Ruinen des Kapitols saß und

Barfüßermönche im Tempel des Jupiter die Vesper sangen." Selbstverständlich stattete auch Goethe diesem Hügel seinen Pflichtbesuch ab. Das war am 22. April 1788; und in sein Tagebuch notierte er den Vergleich, daß ihn das Kapitol an einen Feenpalast in der Wüste erinnere.

Und hier erhebt sich auch über den längst verschwundenen, gleichsam in die Erde zurückgesunkenen Trümmern eines im 4. vorchristlichen Jahrhundert – möglicherweise von einem etruskischen Baumeister – errichteten Tempels, welcher der Juno Moneta geweiht war, die vielleicht älteste aller Madonnenkirchen: Santa Maria in Aracoeli, eine Institution des Aberglaubens und der reinsten Frömmigkeit, ein Lesebuch der Geschichte und ein Bilderbuch der Religion, wie es in dieser Form kein anderes gibt. Denn weder der gewaltige Petersdom noch die ruhmreichen Kirchen in Jerusalem und Bethlehem reichen an diese Kirche heran, was die spontane, direkte Aussagekraft über die Möglichkeiten des christlichen Kultes betrifft.

Erbaut wurde sie, deren Name – *ara coeli:* Altar des Himmels – ihre spirituelle Funktion verrät, in der Frühzeit des Christentums. Im 6. Jahrhundert, als hier griechische Mönche die Messe lasen, galt sie schon als eine der ältesten Kirchen Roms. Und sie war damals bereits dem Madonnenkult gewidmet, was gewiß damit zu tun gehabt haben dürfte, daß ihre Vorgängerin, die heidnische Kultanlage zugunsten der Juno Moneta, einer weiblichen Gottheit geweiht gewesen war. Wahrscheinlich befand sich in unmittelbarer Nähe dieses Tempels die römische Münze. Die Römer bezeichneten das geprägte Geld mit dem Ausdruck *moneta,* woraus sich in späterer Zeit alle Ausdrücke für Münzgeld entwickeln sollten. Die frühen Christen, die einer Legende nach davon überzeugt waren, daß Maria, die Mutter des Heilands, an dem Tag, als Jesus geboren wurde, vom damals regierenden Caesar mit göttlichen Ehren bedacht worden sei, wobei auch eine römische Sibylle eine nicht unbedeutende Rolle gespielt haben soll, die frühen Christen also fühlten sich durch den weltlichen Beigeschmack, der diesem Platz doch wohl innewohnte, nicht im mindesten belastet. Sie waren noch reinen Herzens. Geld bedeutete ihnen nichts.

Ich wählte einen wenig benützten Zugang, nämlich jenen über die Scala Arce Capitolina, eine breite Treppenanlage, die zwischen dem Senatorenpalast und dem Kapitolinischen Museum noch einmal hügelaufwärts führt und dann unvermutet in der Kirche Aracoeli mündet, nachdem man einige Augenblicke lang verunsichert auf die grünspanfarbenen Siegesengel geblickt hat, die das monströse Vittoriano krönen. Eine Zwergin, erinnere ich mich, stolperte plötzlich über diese Treppe herab und mir entgegen, während ich im Hintergrund schon den rötlichbraunen, ziegelfarbenen und ziemlich langgestreckten Hallenbau sah, darin einst nach den griechischen Mönchen die Benediktiner und später, seit dem Jahre 1250, die Franziskaner dem katholischen Ritus gehorchten und wo zweiundzwanzig antike Säulen, die das breite Hauptschiff von den Seitenschiffen trennen, die Erinnerung wachhalten an jenen Tempel der Juno Moneta, die, obgleich sie von der Muttergottes längst verdrängt worden ist, immer noch als eine Art nachsichtig geduldeter und zudem brauchbarer Gottheit über dieser Kirche zu schweben scheint.

Dann die ersten Bilder. Der Altar umkränzt von Lichtergirlanden, die etwas Spinnenförmiges haben, byzantinisch wirken und sich fortsetzen durch das langgezogene Kirchenschiff, so daß ein fremdartiger und fast bedrohlicher Eindruck entsteht. Darüber an der Decke, die mit kostbaren Kassetten ausgeschlagen ist, Schiffsszenen, die wohl an die Seeschlacht von Lepanto erinnern sollen, in welcher eine katholische Armada unter dem Kommando Don Juan d'Austrias die Türken vernichtend besiegt hatte und wo auch Marcantonio Colonna, welcher der Admiral der päpstlichen Galeeren war und dem, nachdem er heimgekehrt war, auf dem Kapitol ein Schauspiel des Triumphes gegönnt wurde, und wo also auch er, der einem ruhmreichen Geschlecht entstammte, ein wenig von jener Unsterblichkeit erringen durfte, der freilich nur noch in dieser Kirche gedacht wird.

Aber was empfindet man wirklich, während die Auftritte der unentwegt durch das Eingangsportal strömenden und das Hauptschiff gleichsam erstürmenden Touristen eine unaufhörliche Wellenbewegung verursachen, ein plätscherndes, raschelndes Ge-

71

räusch, ein irritierendes Durcheinander von scharf akzentuiertem
Flüstern und Hüsteln und bewundernden Ausrufen und sonoren
Erklärungen, was empfindet man unter diesem ungemein kunstvoll dekorierten Kassettendach, das schwer auf meinen Schultern
lastete und mich nur zögernd, nur in verschämten Ansätzen die
Medaillons betrachten ließ, welche die antiken Säulen schmük-
ken und auf denen Damen dargestellt sind, die zwar wie Nonnen
aussehen, aber wie Nonnen, die versehentlich in ein Ordenskleid
geschlüpft sind, weil ihre Gesichter, ihre geschürzten Lippen, ihre
koketten Augen, weil all dies Geschmackvolle, Adrette, spiele-
risch Anmutige, das sie ausstrahlen, nicht im mindesten an die
katholischen Übungen erinnert, nichts mit diesem ernsten und
strengen Kult zu tun hat, dem diese Kirche doch verpflichtet sein
sollte. Was also empfand ich wirklich?

Im linken Seitenschiff eine kleine achtsäulige Kuppelkapelle;
darin eine Urne aus Porphyr, in welcher die Asche der heiligen
Kaiserinmutter Helena enthalten ist. Vorne am Altar jene Stelle,
wo einst Cola di Rienzo das römische Volk·zum Aufruhr anstif-
tete. Das allzu Weltliche mit dem Mystischen also auf engem
Raum vereint. Und dazu die mitleidloseste, gewinnsüchtigste, un-
barmherzigste Form des Aberglaubens, wie er in diesem Ausmaß
vielleicht wirklich nur dem mediterranen Menschen möglich ist:
In der Sakristei wird eine angeblich wundertätige Statue des
Christkindes verehrt. Das wirkt wie ein in Gold verpackter, mit
Edelsteinen unsäglich geschmückter, dicker Pharao, auf dessen
wulstigen Lippen ein undefinierbares Lächeln liegt. Darüber eine
schwere Krone, die alles erdrückt, was menschlich sein könnte an
diesem erschreckenden Kind. Zuerst, wenn man diese Statue erblickt und durch den Glanz, den sie verströmt, irritiert wird, ist
Verunsicherung spürbar. Dann rührt sich Ablehnung. Das Lächeln dieses goldbehängten Kindes, das wie ein gemästeter Er-
wachsener aussieht, sei, glaubt man, herausfordernd und fast ein
wenig obszön. Aber den Römern gefällt es. Sie können sich damit
identifizieren. Und seit dem 17. Jahrhundert, als ein unbekannter
Mönch die Statue – sie ist ungefähr sechzig Zentimeter hoch – angeblich aus dem Holz von Ölbäumen schnitzte, die im Garten

von Gethsemane wuchsen, verehren sie es mit einer abergläubischen Inbrunst, die man als Fremder nur schwer versteht. Santo Bambino nennen sie liebevoll das kleine Monstrum, von dem sie fast blindwütig überzeugt sind, daß es in jeder Situation und für jede, auch die unglaublichste Schwierigkeit ein unermüdlicher Helfer sei. Dem Vernehmen nach wird der Santo Bambino auch heute noch bei besonderen Anlässen an ein Krankenbett gebracht, um ein Wunder zu ermöglichen. Alljährlich zur Weihnachtszeit wird die Statue in eine Krippe gebettet und in einem feierlichen Umzug bis zur Plattform getragen, von der aus die Pesttreppe in die Tiefe führt. Der Santo Bambino, heißt es, segne dann Rom. Und ganz Rom, so scheint es, nimmt dankbar und gerührt diesen sonderbaren und im Grunde zutiefst heidnischen Segen entgegen.

In diesem Zusammenhang fällt einem beinah zwangsläufig ein, was Stendhal über die Religiosität der Römer schrieb: „Die Perle wächst in kranker Muschel. Ich verzweifle an der Kunst, seit wir der Herrschaft der öffentlichen Meinung entgegengehen. Denn unter allen Umständen wird es stets absurd bleiben, eine Kirche zu bauen. Kann man die Millionen nicht auf eine nützlichere Weise ausgeben? War nicht zweihunderttausend Unglücklichen zu helfen, die halbe Campagna zu kultivieren? Konnte man nicht acht oder zehn großen römischen Familien ihre Majorate abkaufen und sie an zweihunderttausend Bauern verkaufen, die nur ein Stück Ackerland verlangten, um nicht mehr vom Räuberhandwerk leben zu müssen?"

Was Stendhal hier kritisierte, hatte freilich mit den sozialen Verhältnissen des 19. Jahrhunderts zu tun. Aber manches von dem, was er anprangerte, trifft auch auf die gegenwärtige Situation zu, auch wenn die Campagna inzwischen kultiviert, die Bauern befriedet, die Malaria ausgerottet und Rom selbst zu einer fast normalen Stadt wurde, wobei man dieser Normalität allerdings an gewissen Schauplätzen und in bestimmten Augenblicken nachdrücklich mißtrauen sollte. Denn gerade in der Kirche von Aracoeli, die gleichsam ein perfektes Gefäß für die religiösen, irrationalen und politischen Neigungen der Römer ist, gerade vor diesem erschreckenden, die banale Wirklichkeit des römischen Lebens verhöhnenden Santo Bambino in seiner goldstrotzenden Verkleidung beginnt man sich verunsichert zu fragen, ob alles das, was man in der Kirche selbst an feierlichem Eindruck und draußen auf der Plattform mit dem Blick auf Rom an bestürzender und erregender Schönheit erfährt, in Wahrheit nicht bloß Symbole seien, Requisiten eines kunstvoll arrangierten Schauspiels, das die Römer selbst dringend benötigen, um die bitteren Erfahrungen, die sie aus ihrer eigenen Geschichte gewonnen haben, zu verdrängen. „Wer Italien, italienische Geschichte, Sitten, Kultur und italienische Gewohnheiten verstehen und in die Zukunft sehen will, wird das Vertrauen auf Symbol und Schauspiel klar begreifen müssen", schreibt Luigi Barzini einmal. „Niemand darf hier die Augen schließen, wenn er sich nicht selbst etwas vormachen will, denn hierin liegt der wesentliche Zug des nationalen Charakters."

Heißt das also, daß die Römer sozusagen offenen Aug's in jede Falle tappen, die sie überdies eigenhändig errichtet haben? Hier auf dem Kapitol und in dieser altehrwürdigen, prunkvollen, hochberühmten Kirche, die in der Tat eine ebenso schöne wie verführerische und daher irreführende Dekoration für ein religiöses Schauspiel ist, hat der selbsternannte Volkstribun Cola di Rienzo das Volk gegen die herrschende Klasse aufgehetzt, hat er sich jener rhetorischen Kunststücke bedient, deren dröhnendes Echo ein halbes Jahrtausend später aus dem Mund eines Mussolini kam und die Masse begeisterte, die dichtgedrängt die Piazza Venezia füllte und nicht begriff, daß das, was sie so leidenschaftlich bewegte, nur die Fortsetzung einer Verführung war, die ihren Anfang oben auf dem Hügel des Kapitols genommen hatte. „Die Geschichte Italiens kennt eine ganze Reihe von Menschen, die dieses für die Nation charakteristische Vertrauen auf das Trugbild der Hoffnung als politisches Mittel verkörpert haben", begann Luigi Barzini seinen berühmten Essay über Cola di Rienzo. Aber mit der gleichen Berechtigung hätte er diesen Satz auch Mussolini oder dem Santo Bambino widmen können, die beide gleichfalls nichts anderes als ein Trugbild der Hoffnung waren und sind und dennoch – oder vielleicht gerade deshalb – die Römer immer wieder von neuem zu verführen imstande waren. Ein anderer italienischer Schriftsteller, Guido Piovene, schrieb einmal: „Die Neigung zur Bewunderung paart sich im allgemeinen mit dem Glauben an die Tugend. So ist das römische Volk, das so wenig zur Bewunderung bereit ist, zwar gut, aber nicht tugendhaft; jedes Moralisieren ist ihm fremd. Sein tiefster Instinkt ist, alles Menschliche hinzunehmen oder sich in jedem Fall einer Verurteilung zu enthalten."

Bedeutet das wiederum, daß alles falsch sei, was man im Zusammenhang mit dem Santo Bambino, mit Cola di Rienzo und Mussolini in und vor dieser Kirche auf dem Kapitol empfindet? Und daß man nicht in diesen Fehler verfallen dürfe, den alle begehen, die nach Rom kommen und sich nicht mit der schönen Hülle begnügen wollen, unter der sich das verbirgt, was man als Fremder für die Wahrheit hält? Daß man sich also des Moralisierens und der Verteilung von Zensuren entledigen müsse und Rom stets nur als das nehmen dürfe, als was es sich tatsächlich anbietet: nämlich als bewundernswertes Schauspiel, das vor einer hinreißenden Dekoration stattfindet und einer Unzahl von originellen Figuren Gelegenheit gibt, sich hemmungslos zu produzieren?

An jener Stelle, wo heute zwischen den beiden Treppen, die auf den Kapitolshügel führen, sein – ungeachtet der pathetischen Gebärde, mit welcher er auf Rom hinabweist – eher bescheidenes Denkmal steht, soll Cola di Rienzo die Römer einst gegen den ohnedies besiegten Papst aufgehetzt haben. Dieser Sohn einer römischen Wäscherin, der 1313 oder 1314 unweit des Gettos geboren wurde und sich mit ungewöhnlicher Energie zum ebenso gebildeten wie rücksichtslosen Intellektuellen und Politiker emporarbeitete, scheint stets eine besondere Vorliebe für das Kapitol gehabt zu haben. Immerhin begriff er, der sich in seiner Jugend für Archäologie und auch für die Texte der klassischen Autoren interessiert hatte, besser als alle seine Zeitgenossen die mythische Bedeutung dieses Hügels, der einst das religiöse Zentrum Roms bildete. Und auch Rienzo, dessen politischer Instinkt ein außerordentlicher und dessen Begabungen von vielfältiger Natur

waren, benützte für seinen fast beispiellosen Aufstieg zum Volkstribun den nützlichen Umweg über die Religion. Im Jahre 1342,
als er in diplomatischer Mission nach Avignon kam, machte er
sich Papst Klemens VI. gegenüber zum wortgewaltigen Fürspre-
cher von Gesetz und Ordnung, die beide, solange die Päpste nicht
wieder in Rom residierten, weder von schwächlichen Senatoren
noch von zügellosen Fürsten gewährleistet wären. Für einige Zeit
war er dann sogar als apostolischer Notar in Rom tätig, was ihm
– der ungemein geschickt die Gefühle der zwischen obskurem
Aberglauben, religiöser Skepsis oder Gleichgültigkeit und leidenschaftlicher Frömmigkeit schwankenden Römer für seine hoch-
fliegenden Pläne ausnützte – reichlich Gelegenheit gab, das Volk
mit seinen revolutionären Ideen vertraut zu machen. Die Gefolgschaft, derer er sich in diesen Jahren versicherte, in denen er als
apostolischer Notar nicht nur Akten erledigte, sondern auch
einen völlig neuen Stil der politischen Propaganda kreierte, indem er symbolträchtige Bilder an die Mauern malen ließ und auf
den Straßen und Plätzen Roms – und hier wiederum vor allem
auf dem Kapitol – als mitreißender politischer Agitator und Redner in Erscheinung trat, diese Gefolgschaft also, auf deren rabiate
Anhänglichkeit er sich blindlings verlassen durfte, bestand vornehmlich aus dem Kleinbürgertum, dem niederen Klerus, den
unzufriedenen Armen und den Intellektuellen.

Am Abend des 9. Mai 1347 inszenierte er seine von langer
Hand vorbereitete, sorgfältig geplante Revolution, die ihn in den
Besitz der von den Fürsten gepeinigten und von den Päpsten ver-
lassenen Stadt bringen sollte. Nach einem Gottesdienst, der wie
ein politisches Ritual abgehalten wurde, marschierte Cola di
Rienzo an der Spitze eines merkwürdigen Haufens von Bettlern,
Soldaten, Kleinbürgern, Studenten und Priestern zum Kapitol,
wo sich damals wie heute der Amtssitz der Stadtverwaltung befand. Innerhalb weniger Augenblicke wechselte die Macht ihren
Besitzer. Roms Fürsten, die durchaus über die Absichten Rienzos
unterrichtet waren, diese aber für die Phantastereien eines harmlosen Narren gehalten hatten, wurden von den Ereignissen vollkommen überrascht. Das Familienoberhaupt der Colonna soll

bloß verächtlich gesagt haben, daß er, wenn ihn dieser Irre weiterhin belästige, Rienzo aus den Fenstern des Kapitolspalastes werfen werde lassen.

Aber das rote Banner der Aufrührer – manche Autoren meinen, daß dies die erste rote Revolutionsfahne der Geschichte gewesen sei – beherrschte bald ganz Rom. Und Cola di Rienzo hielt vom Balkon des Kapitolspalastes herab seine denkwürdige Rede an die Römer, mit welcher er die Massen geschickt mobilisierte und sich selbst gleichsam im Handstreich zum Oberhaupt des neuen Staates machte. Diesen bedachte er übrigens mit dem pompösen Ausdruck „Heilige Römische Republik", was den Römern, die zu viele chaotische Jahre hinter sich hatten, durchaus zusagte.

Es bedarf keiner besonderen Einbildung, sich heute – während man vom Kapitolsplatz hinüberblickt zur Piazza Venezia – des dröhnenden Echos zu entsinnen, das Rienzos Stimme über die Jahrhunderte hinweg hinterlassen hat. Denn niemand verstand diesen selbsternannten Volkstribun besser zu imitieren und geschickter nachzuahmen als Benito Mussolini, der nur wenige Schritte von hier entfernt mit seinen dramatischen Ansprachen an die Römer genau an jenem Punkt fortsetzte, an dem Rienzo einst kläglich gescheitert war. Diesem bescheinigte Edward Gibbon immerhin: „Niemals zuvor ist die Energie und die Wirkung eines einzigen spürbarer gewesen als während der plötzlichen und freilich auch nur vorübergehenden Reformation Roms"; ein Urteil, das zweifellos auch auf Mussolini zutreffen könnte. Denn Cola di Rienzo – und Mussolini war in so gut wie allem sein gelehrigster Schüler – sorgte tatsächlich innerhalb kürzester Zeit für eine Neuordnung der Verhältnisse, die im damaligen Rom zweifellos beklagenswert gewesen sein müssen. „Eine Räuberhöhle wurde zu der Disziplin eines militärischen Lagers oder eines Klosters bekehrt: Geduldig im Anhören, rasch bei einer Wiedergutmachung und unerbittlich beim Verhängen von Strafen, stand sein Tribunal doch jederzeit den Armen und Fremden offen, und weder Herkunft, äußere Würden noch kirchliche Immunität schützten den Täter und seine Komplizen", beschreibt Gibbon zustimmend diese erste Phase der Revolution.

Ihr Ende und damit Rienzos erbarmungswürdiger Untergang – seine Biografie war abwechslungsreich, wies viele tragikomische und auch geheimnisvolle Züge auf, sein Leben verlief in einer unaufhörlichen, stürmischen Wellenbewegung, und zuletzt scheiterte er weniger an Rom als an seinem eigenen widerspruchsvollen Charakter –, dieses Ende fand wiederum auf dem Kapitolshügel statt, der damit zum eigentlichen Schauplatz von Rienzos Aufstieg und Untergang wurde. Denn nachdem er nach etlichen selbstverschuldeten Mißerfolgen Rom hatte verlassen und rund sieben Jahre lang als geächteter Flüchtling unter Eremiten in den Abruzzen leben müssen, um sich dann, von den Römern stürmisch herbeigerufen, nach einem spektakulären Marsch auf Rom der Stadt wieder zu bemächtigen, ohne allerdings die Masse der Bürger von seinen Fähigkeiten wirklich überzeugen zu können, endete sein Schicksal im Herbst des Jahres 1354 schließlich auf bezeichnende Weise. Die Römer, überdrüssig seiner Verschwendungssucht und seiner Unfähigkeit, ihnen das zu geben, was sie mehr als alles andere forderten, nämlich Brot und Spiele, während er immer neue und kostspielige Feldzüge gegen den römischen Adel führte, der sein hartnäckigster und gefährlichster Gegner war, die Römer stürmten an einem Oktobermorgen zum Hügel des Kapitols, wo Rienzo residierte, und forderten voll enthemmter Wut seinen Kopf. Rienzo, der die Dramatik des Augenblicks wohl falsch eingeschätzt haben mochte, trat auf den Balkon des Palastes – an dessen Stelle im antiken Rom der Senat sich einst versammelt hatte und wo heute der prächtige Renaissancebau des Campidoglio den Kapitolsplatz abschließt – und suchte die aufgebrachte Menge zu beruhigen. Aber es war zu spät. Schon flogen die ersten Steine. Schon war der Kapitolsplatz übersät von Bewaffneten, die sich anschickten, in den Palast einzudringen. Und schon traf ein erster Pfeil den nunmehr verhaßten Volkstribun, während Flammen an der hölzernen Treppe nagten, die zum Palast emporführte. Rienzo floh. Er schnitt sich den Bart ab, schwärzte sein Gesicht, verkleidete sich und verließ den Palast, dessen Vorderfront in Flammen stand, durch einen Hinterausgang. Auf dem Kapitolsplatz mischte er sich unter die erregte Menge, schrie mit den anderen, forderte wie sie alle den Tod des Verräters ... und wäre wahrscheinlich unbehelligt entkommen, wenn ihn nicht die goldenen Armspangen und kostbaren Ringe verraten hätten, auf die er bei seiner überstürzten Flucht vergessen hatte. Aber so wurde Rienzo an seinem Schmuck erkannt. Und mitten auf dem Kapitolsplatz machte sich das aufgebrachte Volk zum Henker an seinem einst vergötterten Tribun. Den von zahllosen Lanzenstichen durchbohrten Leichnam warf man den Abhang hinab, den heute Michelangelos Prachttreppe schmückt. Dann schleppte man ihn zum antiken Theater des Marcello, wo der geschundene Körper des Toten an den Füßen aufgehängt wurde. Zuletzt wurde er inmitten der Ruinen des augusteischen Mausoleums auf einem aus getrockneten Disteln rasch errichteten Scheiterhaufen verbrannt.

Der wüste Lärm jener Ereignisse ist längst verstummt. Nur noch das gänzlich von Grünspan überzogene Denkmal des Cola di Rienzo zwischen den beiden Treppen oberhalb der zwei ägyptischen Löwen, welche Michelangelos Cordonata flankieren, erinnert an die Existenz dieses ungewöhnlichen Mannes. Die fanatische Gebärde, mit der er seine rechte Hand gegen Rom ausstreckt, wirkt heute unendlich lächerlich.

Oben auf dem Kapitolsplatz bietet sich jeden Tag von neuem das gewohnte Bild. Die geduldige Heerschar der Touristen zwischen Konservatorenpalast und dem Palast des Kapitolinischen Museums, das übrigens, gegründet von Papst Sixtus IV. im Jahre 1471, dann von Papst Klemens XII. in den dreißiger Jahren des 18. Jahrhunderts der Öffentlichkeit zugänglich gemacht wurde. Klemens kaufte damals dem leidenschaftlichen Antikensammler Kardinal Alessandro Albani, der seiner kostspieligen Frauenaffären wegen stets hochverschuldet war, einen Großteil seiner römischen Büsten und Inschriften um den horrenden Preis von 66 000 Skudi ab, eine bizarre Nuance in der Geschichte Roms, die heute längst vergessen ist. Eines Tages folgte ich einer ungemein disziplinierten Hundertschaft strengblickender Nonnen durch dieses Museum; und amüsiert lauschte ich den Erklärungen der Oberin, die darin gipfelten, daß sie ein Hohelied auf die vorausblickende

Klugheit Klemens XII. anstimmte, ohne freilich die näheren Hintergründe der Entstehung dieser Kunstsammlung zu erläutern. Denn hätte sich jener Kardinal Albani, der ein ebenso eifriger wie geschmackssicherer Sammler antiker Kunst gewesen war, nicht immer wieder gewisser exzentrischer Damen wegen finanziell völlig verausgabt, wäre der halbblinde und eher einfältige Papst kaum in die Versuchung gekommen, jene Sammlung aufzukaufen, die heute den Grundstock des Museums bildet.

Im Hof des gegenüberliegenden Konservatorenpalastes dann ein riesiges Antlitz mit ausdrucksstarkem Blick, das buchstäblich aus der gelblich getönten Wand herauszuwachsen scheint, in der es wie eine zeitlose Metapher über das Kommen und Gehen eines Geschlechtes von Giganten steckt. Es ist das der Kopf Konstantins des Großen. Er ist wie die im Innenhof eher zwanglos verstreuten, gleichfalls riesigen Gliedmaßen Teil einer Statue, die den Kaiser einst in siebenfacher Größe darstellte. Das überlebensgroße Denkmal schmückte einst die Maxentiusbasilika auf dem Forum und stellt mit seinen Überresten heute so etwas wie einen Wegweiser in die Innenräume dieses Palastes dar, dessen Höfe, Treppen, Gänge und weiträumigen Säle so vollkommen mit römischen Denkmälern verkleidet oder überladen sind, daß man sich des ein wenig beklemmenden Gefühls nicht erwehren kann, durch eine gänzlich verkrustete Dekoration zu wandern, der etwas Unwirkliches und mitunter sogar Gespenstisches anhaftet.

Draußen auf dem Platz, den die meisten Autoren, die sich der Stadt beschreibend zu bemächtigen suchen, als einen der schönsten Plätze Europas bezeichnen und von dem Werner Bergengruen einmal gesagt hat, daß dies ein Ort sei, an welchem Geschichte nicht nur geschehen, sondern auch bewirkt worden ist, draußen auf dem Platz also die summende Menschentraube unter der schweren und zugleich süßen Last der römischen Sonne. Immer wieder entsteht Ratlosigkeit, weil Touristen derzeit die vielleicht berühmteste Statue der Welt, das Reiterdenkmal Mark Aurels, nicht finden können. Diese Statue, die zu lange den aggressiven Abgasen der Weltstadt ausgesetzt gewesen war und nun

Konservatorenpalast, Fragmente der Statue Konstantins des Großen
Unten: Kapitol, Senatorenpalast

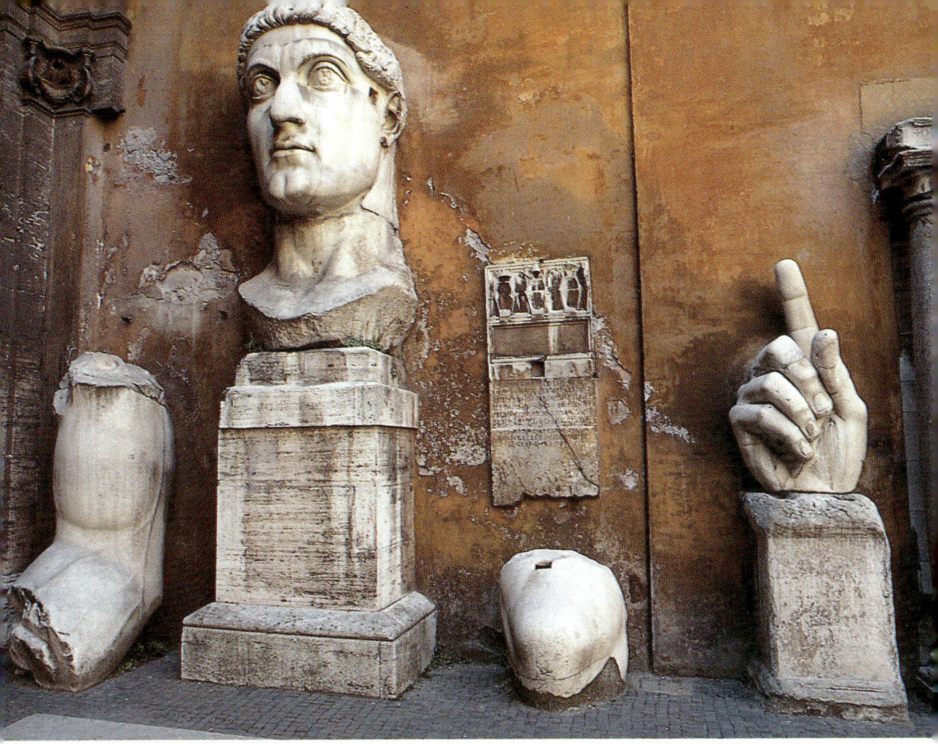

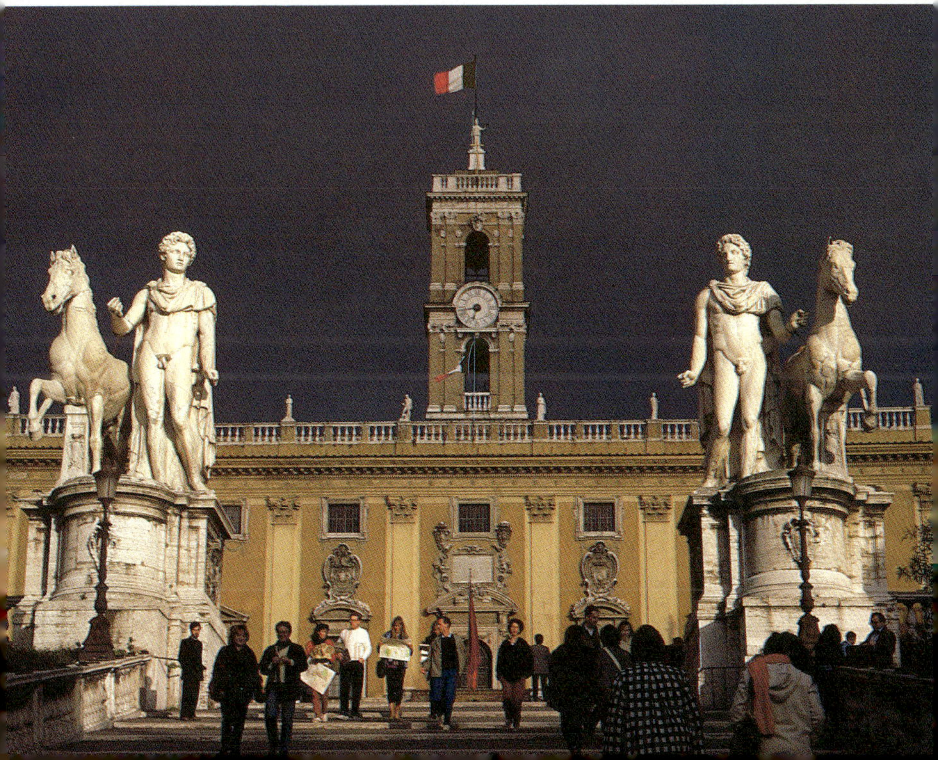

wohl für einige Zeit einer gründlichen Renovierung unterzogen werden muß, befand sich viele Jahrhunderte lang im Lateran, wo sie gleichsam mit devoter Ehrerbietung bedacht worden war, weil man der irrigen Meinung war, sie stelle Kaiser Konstantin dar, den ersten Christen auf dem römischen Kaiserthron. Als man dann entdeckte, daß es sich dabei nicht um ein Denkmal Konstantins, sondern Mark Aurels handelte, des Stoikers, der mehr Philosoph als Diktator zu sein wünschte, rettete Michelangelo diese prachtvolle Erinnerung an den aus Spanien stammenden Caesar. Anläßlich des Besuchs, den Kaiser Karl V. dem kunstsinnigen Farnesepapst Paul III. abstattete, sollte ihn, den großen Caesar, in dessen Reich die Sonne nicht unterging, ein Gleichrangiger und Ebenbürtiger empfangen. Diese Idee Michelangelos wurde dann aufs glücklichste verwirklicht, wobei Michelangelo den Sockel schuf, der Mark Aurels Statue tragen sollte und der jetzt verwaist und nutzlos die Mitte des Platzes einnimmt.

Und doch kann man sich auf diesem Hügel – den sozusagen die feierliche Patina der Geschichte umhüllt und den zudem einige der erlesensten Beispiele der europäischen Kultur schmücken – des Gefühls eines Unbehagens, einer leisen, jedoch hartnäckigen Unruhe nicht erwehren. Das hat gewiß nicht nur mit dem Spektakel zu tun, das hier jeden Tag von neuem stattfindet. Dieses Schauspiel, das die unentwegt herbeiströmenden Massen aus aller Herren Länder liefern, hat mitunter sogar etwas Tröstliches und Wärmendes. Es beweist, daß die Geschichte, wie sie sich auf dem Kapitolshügel mit seinen Ausblicken auf das heutige Rom und das Forum darbietet, nichts Unwiderrufliches ist, solange der Mensch in seiner naiven Unbekümmertheit nicht jene Lehre daraus zieht, welche die einzig wahrhafte ist: daß alles Sträuben gegen das unentwegt herabsausende Fallbeil dieser Geschichte völlig nutzlos ist. Aber das Unbehagen, die Melancholie oder vielleicht sogar die bittere Resignation, die man inmitten dieser prachtvollen Dekoration und angesichts so vieler bedrückender Erinnerungen empfindet, die sich einem hier schärfer, akzentuierter als anderswo in Rom mitteilen, diese Resignation leitet sich weniger aus den pathetischen historischen Erzählungen ab, die

Innenhof des Konservatorenpalastes   81

man gerade auf dem Kapitol unverlierbar im Ohr hat, als aus den vielen kleinen Nebensächlichkeiten, die man fast unbewußt wahrnimmt. Das Beten falle einem nicht leicht, sagte Luigi Barzini einmal, als er seine Gefühle im Petersdom zu analysieren versuchte. „Stets wird man abgelenkt vom Schimmer des kostbaren Marmors, der komplizierten architektonischen Komposition, den minuziösen Details der Skulptur, von der Gestik der Statuen, von himmlischen Musikklängen und dem Kommen und Gehen der Touristenscharen."

Nicht anders verhält es sich in der Kirche von Aracoeli, wo nach wenigen Augenblicken schon ein beinah obszöner Prozeß einer ständigen Ablenkung zu wirken beginnt und die überwältigende Fülle der Details jede kontemplative Konzentration unmöglich macht. Ich erinnere mich an eine winzige Szene ein paar Schritte unterhalb der Kirche, und zwar am oberen Ende jener breiten Treppe, die vom Kapitolsplatz in einem scharfen Knick zur Kirche hinaufführt. Dort befindet sich in einem kleinen, langgestreckten Gebäude eine Art Sozialbüro der Franziskaner; ein abgerissen aussehender älterer Mann mit einem wildwuchernden Stoppelbart versuchte vergeblich, Einlaß in dieses Büro zu finden. Ich machte ihn auf ein Schild aufmerksam, auf welchem die Amtsstunden angeschlagen waren. Aber er zuckte nur mürrisch die Schultern. Das habe nichts zu bedeuten. Man müsse hartnäckig sein, um einen der Patres auf sich aufmerksam zu machen. Warum er es dann nicht in der Kirche versuche, fragte ich ihn. Jetzt lachte der Mann. Es war ein freudloses, böses Lachen. Die Aracoeli, sagte er, sei nicht für die Christen und nicht für die Bedürftigen. Das sei der Reichtum, der nichts anderes brauche als Bewunderung. Er, und er klopfte sich gegen die Brust, benötige aber eine Unterstützung. Und das setze Bescheidenheit und Hartnäckigkeit voraus. Und mit einer abrupten Gebärde wandte er sich wieder dem Tor zu, das er mit heftigen Klopfzeichen bearbeitete.

Manchmal, wenn mich das Klicken und Surren der Fotoapparate und Filmkameras auf dem Kapitolsplatz allzusehr beunruhigte, weil ich mir nicht vorstellen konnte, daß die Blicke, die durch die Objektive auf diese großartige Dekoration fielen, etwas anderes als bloß ein oberflächliches Schauspiel entdeckten, etwas anderes als diese irreführenden Halbwahrheiten zu sehen bekamen, die nichts mehr von der Idee vermitteln, die den Kapitolinischen Hügel über die Jahrtausende hinweg zu einem Mittelpunkt menschlicher Leidenschaften und Hoffnungen gemacht hat, manchmal also flüchtete ich in ein winziges, gebüschumstandenes Rondeau neben dem Senatorenpalast, wo es ein paar Steinbänke gibt, dazu eine steinerne Balustrade, auf die man sich stützen kann, während der Blick auf das darunterliegende Forum fällt. Es war dies, auch wenn dieses Wort abgegriffen erscheint, für mich stets eine Oase der Besinnung angesichts des fröhlichen Wirbels auf dem Kapitolsplatz oder in der Aracoeli oder auch in einem der Paläste, durch die sich unentwegt ein Strom von Besuchern wälzt. Hier, wohin sich nur selten eine Reisegruppe verirrt, war fast vollkommene Stille. Der Wind spielte mit den braunverbrannten Sträuchern. Die weiße Steinschulter des Vittoriano mit den grünverfärbten Siegesengeln hing wie eine Wolke, die in der nächsten Sekunde zerplatzen würde, über dem schattigen Rondeau. Aus der Tiefe des darunterliegenden Forums wehte es kühl und erinnerungsträchtig empor. Und im Hintergrund der Campidoglio, der sein dunkles Gemäuer gegen den Kapitolsplatz stemmt. Ein Gefühl der Sicherheit und Ruhe überkam mich stets, wenn ich – auf einer der Steinbänke sitzend und mit den Füßen im Kies knirschend – mich der Dinge zu erinnern versuchte, die wirklich wichtig waren.

Die dunklen Tuffsteinblöcke des im Jahre 78 vor Christi Geburt vom Konsul Quintus Lutatius Catulus errichteten Tabulariums, des römischen Staatsarchivs, darüber sich heute der Senatorenpalast und damit die römische Stadtverwaltung erhebt und wo einst alle wesentlichen historischen Ereignisse Roms auf Bronzetafeln verewigt waren; wie dickes, geschwollenes Natterngezücht kriecht der uralte Stein immer noch aus der Erde und erinnert daran, welcher Vergangenheit sich der Platz auf dem Kapitol und dieser ganze Hügel rühmen können. Ein halbverwehtes Schnattern flog über mich hinweg. Den Blick emporhebend zur

Aracoeli, wo einst der Tempel der Juno Moneta gestanden war, bildete ich mir für einen winzigen Augenblick lang ein, weißes Gefieder und wachsame Gänseköpfe zu sehen. Denn dort oben, auf dieser allerletzten, allerhöchsten Erhebung des Hügels, hielten einst die Kapitolinischen Gänse ihre Wache; und sorgten überdies mit ihren tolldreisten, eigenwilligen Bewegungen für jene Vorzeichen, aus denen die Römer die Zukunft herauslasen. Retter des Vaterlandes waren sie, unbezahlbar ob ihrer Wachsamkeit, und nützliche Propheten. Und einmal jährlich wurde eine kostbar geschmückte Gans in einer Sänfte rund um das Forum getragen, während dahinter auf einem gewöhnlichen Holunderholz ein gekreuzigter Hund daran erinnerte, daß es Gänse und nicht die Wachhunde gewesen waren, die den bedrohlichen Ansturm der Gallier rechtzeitig entdeckt hatten.

Aber wer denkt heute noch daran, daß eines Tages auch der britische Union Jack das Kapitol beherrschte? Das ereignete sich im Jahre 1799, als der legendäre Admiral Nelson mit einer Armada vor der tyrrhenischen Küste lag und Napoleons Soldaten sich in Eilmärschen aus Italien zurückzogen. Ein junger Offizier, der später als Admiral Sir Thomas Louis einigen Ruhm erwerben sollte, fuhr mit einer kleinen Flotille den Tiber aufwärts, ließ seine Soldaten unweit der Engelsburg an Land gehen und spazierte mit ihnen vollkommen unbehelligt bis zum Kapitol, wo er die britische Flagge hissen ließ. Entsinnen sollte man sich auch des sogenannten tarpejischen Felsens, der hinter dem Konservatorenpalast steil abfällt und der nach einer Vestalin namens Tarpeia benannt ist, die einst den feindlichen Sabinern den Zugang zum Kapitol verraten hatte und dafür über diesen Felsen in die Tiefe gestürzt wurde. Wahrscheinlich hat man dann im antiken Rom diese Todesart für brauchbar befunden, denn einer Überlieferung zufolge wurden noch zahlreiche abgeurteilte Verbrecher auf diese eher umständliche Weise in den Tod befördert. Und schließlich kann man von diesem Rondeau aus, wenn man bis zur steinernen Balustrade vorgeht und auf das Forum hinabblickt, auch die Kirche San Giuseppe dei Falegnami erkennen, die zwar erst im Jahre 1538 erbaut wurde, aber dafür genau über jener Stelle, wo die beiden Apostel Petrus und Paulus sieben Monate lang gefangengehalten worden waren. Unter dem Namen Carcer Mamertinus sollte dieses Gefängnis jedem Christen ein Begriff sein, obgleich es an überzeugenden Dokumenten fehlt, welche den unfreiwilligen Aufenthalt der beiden Apostel in diesem römischen Staatsgefängnis und ihre wundersame Errettung daraus bestätigen könnten.

Derlei Legenden vertiefen freilich den Zauber, den dieser alte Hügel ausübt. Der Mensch sei ein winziger Teil des Kosmos, und seine vordringlichste Aufgabe sei es, der Kraft des Schicksals im Sinne einer ordnenden Weltvernunft zu gehorchen, notierte Mark Aurel, dessen säurezerfressenes Denkmal so viele Jahrhunderte das Kapitol geschmückt hat, in sein berühmt gewordenes Tagebuch. Und selbst wenn Luigi Barzini wie viele andere italienische Autoren mit der skeptischen Meinung recht behalten sollte, daß „in Italien letzten Endes doch alles nur Theater" sei, so wird man gerade auf dem Kapitol stärker als anderswo in Rom begreifen, daß selbst der komödiantische Mensch nichts anderes zu tun vermag, als der unablässig wirkenden Kraft des Schicksals zu gehorchen; und daß jedes Schauspiel, das in Rom inszeniert wird, eine tiefere und zudem vielschichtigere Bedeutung hat als manche banale Wahrheit anderswo.

Zwischen Forum und Palatin

Durch antike Torbögen und über Oleander, über dünnen, strähnigen Grünwuchs der Blick aufs Kolosseum. Die Hände auf bleichen, stumpffarbenen Marmor gelegt, daraus es kühl emporströmt ins Gedächtnis, das sich mit Erinnerungen füllt, mit Geschichten, Anekdoten und Bildern. Hier, wo das Erdreich aschfarben bis schwärzlich ist, wo es schmutzig wirkt, weil zuviel Gestein, als wäre es Unrat, diese längliche, tiefeingeschnittene Mulde bedeckt, von der die Dichter und Globetrotter seit Jahrhunderten sagen, daß dies die Piazza Roms und damit eines Weltreiches gewesen sei, hier, wo zwischen Senatorenpalast und Kolosseum, zwischen Palatin und Quirinal die Steine manchmal zu raunen beginnen, war am Anfang nichts anderes als ein Sumpf, darin das Fieber nistete und die Menschen, die auf den umliegenden Hügeln ihre Hütten hatten, die Toten bestatteten. So zumindest war es im 8. vorchristlichen Jahrhundert. Und auf dem Palatin – wo die Erde heute noch rostfarben ist und wie von innen heraus zu glühen scheint – hausten Hirten, die eine Gottheit namens Pales verehrten, was wohl auch mit der Bezeichnung für Sumpf, also mit *palus,* zu tun gehabt haben mag und woraus sich dann im Verlauf der Zeit der Name dieses Hügels entwickelte, aber auch alles, was im weitesten Sinne des Wortes mit dem Begriff Palast in einem Zusammenhang steht.

Hier auf dem Palatin also die Römer mit ihrem König Romulus. Drüben auf dem gegenüberliegenden Quirinal die Sabiner, deren Stammeshäuptling oder König Titus Tatius war. In der Mitte die Mulde, der Sumpf, die Begräbnisstätte, wo dann, als die römischen Hirten ihren legendären Raub der Sabinerinnen inszenierten, jene bedeutende Schlacht stattfand, die alles Nachfolgende entscheiden sollte. Auf dem Kapitol entstanden eine erste Festung und ein erstes Heiligtum für beide Stämme, die nun zu einem einzigen verschmolzen, dessen Zentrum jenes Tal wurde, auf dem heute die Trümmer des Forum Romanum liegen. Romulus und Titus Tatius errichteten erste Tempel. Numa, der zweite

Römerkönig, baute das Heiligtum der Vestalinnen, Tullius, der nächstfolgende, die sogenannte Kurie, jenen Ort, darin sich in den nachfolgenden Jahrhunderten Roms Senat versammelte. Es entstand die Cloaca maxima, die endlich eine Verbindung zum nahen Tiber herstellte und damit den Abfluß des sumpfigen, brackigen Wassers ermöglichte. Das Forum wurde trockengelegt, wurde jetzt wirklich zur Piazza einer Hauptstadt und damit zum legendären Zentrum eines Weltreichs. Und als die ersten Barbaren über Palatin, Kapitol und Quirinal in dieses längliche, tiefeingeschnittene Tal vordrangen, war das, was sie, die Gallier, zu plündern und zu zerstören vermochten, von solcher Pracht und von solchem Reichtum, daß man sich nicht vorstellen konnte, wie das jemals auch nur annähernd wiederhergestellt werden sollte. Das war im Jahre 390 vor Christus. Aber das Forum wurde innerhalb weniger Jahrzehnte prächtiger als zuvor wiederaufgebaut. Achthundert Jahre später kamen die Westgoten, die Vandalen, raubten, zerstörten, brandschatzten; noch später – da schrieb man schon das Jahr 500 – bemächtigten sich die Ostgoten unter ihrem großen König Theoderich Roms, und immer war das Forum Romanum der Mittelpunkt aller Ereignisse, der Triumphe wie der Niederlagen, bis im Mittelalter eifernde Christen die schönen Tempel in Kirchen umwandelten und aus den antiken Gebäuden Festungen wurden, in denen sich die miteinander in unentwegter Fehde verbissenen altrömischen Familien verschanzten, so daß damals aus dem Forum der Campo Torrechiano wurde, das Turmfeld, auf dem nur noch wenig an die große Vergangenheit erinnerte. Und das Wenige verschwand im lang anhaltenden, für Rom mitunter so verhängnisvollen Zeitalter der päpstlichen Monarchie. Die Macchia eroberte das Forum. Gras wuchs auf der Via Sacra. Der Marmor sank in die Erde zurück. Des Abendlandes berühmteste Mulde veränderte ihr Aussehen. Breite Straßen wurden zwischen den antiken Triumphbögen errichtet. Was dabei an antikem Bauwerk hinderlich war, fiel der Spitzhacke zum Opfer. Die Tempel dienten als Steinbruch für die Bauherren der Renaissance und des Barock. Das Vieh wurde hier, wo Rom einst groß geworden war, auf die Weide getrieben.

Und das Forum Romanum, der Campo Torrechiano verwandelte sich nun in den Campo Vaccino, Roms vergessenen Schauplatz seiner unvergleichlichen Biografie.

All das Rostbraungefleckte, Marmorfarbene, Ausgewaschene und Verwischte inmitten des dunklen Grüns der Büsche und des etwas helleren, spröderen Grüns des Grases, das an manchen Stellen stoppelig, strähnig und dann wieder üppig wuchernd aus der braunen, teilweise wie mit Asche bedeckten Erde wächst, alle diese Bilder, die man unaufhörlich wie einen Film aufnimmt, dessen Inhalte man nur ansatzweise begreift, während man langsam durch das ruinenbedeckte Gelände wandert ... Chiffren für eine untergegangene Welt, deren Wirkung noch immer nicht erloschen ist, Zeichen für etwas, das unzerstörbar scheint. Das alles macht insgesamt eine Einheit aus, in deren Nachwirkungen die Welt heute noch ruht. „Gebäude von stattlicher und Gebäude von kultischer Bedeutsamkeit stehen eng beisammen. Die altrömischen Welten, die von ihnen verkörpert werden, sind nicht trennbar; gleichwie auch das noch Aufrechtstehende, das am Boden Liegende, das halb Erhaltengebliebene und das nur noch im Geiste Wiederaufrichtbare sich nicht trennen lassen und wie auch die Entstehungszeiten der einzelnen Bauwerke sich für das Auge ineinanderschieben." (W. Bergengruen)

Es ist unmöglich – oder nur im Rahmen eines umfangreichen Reisehandbuches nachvollziehbar –, Geschichte und Bedeutung der einzelnen Bauwerke so erschöpfend darzustellen, daß daraus tatsächlich ein repräsentatives Bild altrömischer Wirklichkeit entstehen könnte. Die Kurie zum Beispiel, der Versammlungsort des römischen Senats, mit dem davorgelegenen sogenannten Comitium, einem ursprünglich rechteckigen Platz, auf dem sich Roms Bürger einfanden, um den berühmten Rednern zu lauschen oder in offener Wahl über Fähigkeiten und Leistungen der Beamten abzustimmen, die Kurie, eines der ältesten und immer noch imponierendsten Bauwerke, wurde erst 1937 entdeckt, als man eine Kirche niederriß, welche viele Jahrhunderte lang das von Tullius und seinen Nachfolgern errichtete, erweiterte, häufig umgebaute Parlament der Römer verbarg. Auch Sulla, später Caesar und zuletzt Diokletian haben an diesem kahlen, mächtigen Ziegelbau Veränderungen vornehmen lassen, der in der Antike eine heilige Stätte war, von dessen Stufen aus einst ein Herold den Römern die Mittagszeit verkündete, was gewiß zumindest so lange notwendig gewesen sein muß, als auf den öffentlichen Plätzen des Forums noch keine Sonnenuhren angebracht waren. Diese wurden übrigens in späterer Zeit von praktischeren, auch präziseren Wasserchronometern abgelöst. Was den Senat, also Roms antike Politiker, angeht, so durfte dieser weder vor Sonnenaufgang noch nach Sonnenuntergang in Aktion treten. Jeder einzelne Senator mußte, bevor er sich zu seinem Sitz begeben durfte, einige Körnchen Weihrauch auf ein Kohlenbecken werfen, das vor dem sogenannten Siegesaltar angebracht war. Wie wenig dieses Kohlenbecken allerdings vor der manchmal grimmigen Winterkälte schützte, verrät ein Brief Ciceros aus dem Jahre 62 vor Christus, darin dieser mitteilte, daß eine wichtige Sitzung des Senats der herrschenden Kälte wegen vertagt werden mußte.

Eines der schönsten Bauwerke des Forum Romanum muß zweifellos der Tempel der Vesta gewesen sein. Ich erinnere mich, wie ich an einem sommerlich warmen Vormittag im November vor den Statuen stand, die einst den Innenhof dieses Heiligtums schmückten, manche kopflos, andere wohlerhalten, aber alle von schöner, sanfter Harmonie. Zwei wassergefüllte Bassins mit Goldfischen darin. Immer wieder Marmorsäulen und Mosaikböden. Seitab inmitten des wuchernden Grases Reste des antiken Fußbodens mit farbigen Flächen. Alles wirkte wie eine halbfertige Dekoration für ein heiteres Sommernachtsspiel und ließ kokette – und wahrscheinlich irreführende – Erinnerungen wach werden an jene Frauen, die als Vestalinnen priesterliches Ansehen und überdies besondere Rechte genossen, was freilich auch mit besonderen Pflichten verbunden war. In kindlichem Alter wurden die Anwärterinnen auf dieses hohe Amt gleichsam als Novizinnen aufgenommen, was bedeutete, daß sie sich für mindestens dreißig Jahre verpflichten mußten, diesem Priesterorden anzugehören. Ihre wichtigste Aufgabe war die Bewahrung des heiligen Feuers. Erlosch dieses einmal, so wurde die dafür verantwortliche Vestalin gegeißelt. Und konnte einer Priesterin nachgewiesen werden, daß sie, die ein absolutes Keuschheitsgelübde abgelegt hatte, ihre Jungfräulichkeit und damit ihre Ehre eingebüßt hatte, dann wurde die Unglückliche lebendig begraben.

Aber an so düstere Möglichkeiten denkt man heute beim Anblick der Überreste des Vestatempels kaum. Da ist saftiges Novembergrün, winken Pinien und Zypressen von den Anhöhen des Palatin mit tröstender Gebärde herab, tummeln sich tschilpende Spatzen um den hellfarbenen Marmor der Säulen und Statuen, streifen getigerte Katzen mit lauerndem Schritt durch das Gestrüpp, während durch die leeren Fensterhöhlen antiker Hausruinen geduldig der Efeu klettert. Unwillkürlich entsinnt man sich der Beschreibung, die einst Charles Dickens dem Forum gewidmet hat, als er, zutiefst beeindruckt von der „schaurigen Einsamkeit" eines nächtlichen Besuches, von den gespenstisch wirkenden Säulen des Forums schrieb und einen Zusammenhang herzustellen suchte zwischen dem Einst und Jetzt. „Die Triumphbogen der alten Caesaren, die ungeheuren Trümmermassen, die einst deren Paläste waren, die grasüberwachsenen Hügel, die die Gräber versunkener Tempel bezeichnen, die Steine der Via Sacra, geglättet von den Füßen alter Römer, all diese Zeugen vergangener Zeit wurden in ihrer überirdischen Melancholie von dem finsteren Gespenst der so blutigen und grausamen Feste von ehedem überschattet, das auf seinem alten Schauplatz umgeht. Beraubt von habgierigen Päpsten und kriegerischen Fürsten, fiel die Antike dennoch nicht völlig der Vernichtung anheim. Hände aus Gras, Unkraut und Brombeergestrüpp ringend und mit jeder zerborstenen Säule, mit jedem zerfallenen Bogen in der Nacht wehklagend, verharrt der Geist dieser schauerlichen Vergangenheit weiterhin an alter Stätte."

Aber was hier mit der sprachlichen Leidenschaft des 19. Jahrhunderts an düsterer Vergangenheit beschworen wird, findet, wenngleich auf anderer Ebene, doch auch seine Entsprechung im Heute. Denn immer wieder, während man zwischen den Triumphbögen des Titus und des Septimius Severus auf und ab geht in dieser scheinbar chaotischen und doch von einer fast zärtlichen Poesie durchtränkten Unordnung aus Erinnerung und Beschwörung, umgeben von den kleinen Geräuschen, die selbst in dieser Ruinenlandschaft von der unzerstörbaren Heftigkeit des Lebens künden, vom Murmeln und Plätschern rinnenden Wassers, vom leisen Blasen des Windes, vom halbverschluckten Klirren eines Spatens, den die Arbeiter ansetzen, die sich wie Maulwürfe in die Abhänge des Palatin und des Kapitols vorarbeiten ... währenddem schrillt, heult unentwegt aus der lärmenden Tiefe der Großstadt, in deren innerster Mitte man sich befindet, der infernalische Ton einer Polizeisirene, die sogleich von einer zweiten, einer dritten und vierten unterstützt wird, bis dieses hysterische Crescendo allmählich wieder abnimmt, sich in der Ferne verliert, um nach wenigen Augenblicken trügerischer Ruhe von neuem anzuschwellen. Ganz Rom, so scheint es, wird von diesen Polizeisirenen tyrannisiert. Ganz Rom, so scheint es, wird von einer ständig von neuem anrollenden Welle der Gewalt überschwemmt. Und die Erinnerungen an eine blutbesudelte, gewalttätige Vergangenheit, denen man auch auf dem Forum nicht entgeht, beweisen nur die schreckliche Kontinuität der Geschichte.

Eines Tages gegen Mittag, es war im Spätherbst, die Sonne lag schwer und herausfordernd auf den Ruinen, saß ich vor der backsteinfarbenen Rostra, den antiken Rednertribünen neben der Kurie und vor dem Triumphbogen des Septimius Severus und stellte mir vor, wie das damals gewesen sein mag, als von dieser Stelle aus die Römer ihrer Leidenschaft für die Rhetorik hemmungslos nachgeben durften, und plötzlich drang vom Kapitol herab wüster Lärm. Trompeten, Autohupen und andere Instrumente unterstützten ihn. Und dann, als von allen Seiten schon wieder diese schrecklichen, wohlvertrauten Polizeisirenen ertönten und den Lärm auf dem Kapitol unter sich zu begraben schienen, erscholl von der Anhöhe herab der Gefangenenchor aus „Nabucco". Es war eine Demonstration vor dem Campidoglio, wie ich später erfuhr; und die Demonstranten hatten, als zu Füßen des Kapitolshügels die Polizeisirenen heulten, mit beherztem Ingrimm Verdis berühmt gewordenes Lied angestimmt.

Nichts ändert sich über die Jahrtausende hinweg. Das ist die eigentliche Lehre, die dieser Schauplatz wie beiläufig und dabei doch unmißverständlich verdeutlicht. Damals vor den Rostra, den altrömischen Rednertribünen, einst mit den Schiffsschnäbeln erbeuteter Galeeren geschmückt, heute eine langgestreckte, verwitterte Backsteinbalustrade, welche das Comitium gegen den hochaufragenden Triumphbogen des Septimius Severus abschließt, damals der skandierende Gesang der Demonstranten oben auf dem Kapitol; das wogte machtvoll und besitzergreifend herab in diese geschichtsbefrachtete Mulde, daraus sich, wenn man nur genau hinzuhören verstand, ähnlicher Gesang, gleiches Stimmengewirr, derselbe Aufruhr anderer, unsichtbarer, von der Geschichte längst heimgeholter Demonstranten erhoben. Und wandte ich mich um, den Blick hinauf zum Triumphbogen des Titus gerichtet, dann streifte mein Blick die Überreste heidnischer Kultanlagen und zugleich die frommen Statuen auf dem Dach der Kirche von San Francesca, dahinter sich ein schöner, schlanker Glockenturm erhebt, dessen Fundamente sozusagen tief in heidnischem Wurzelwerk stecken. Immer beherrscht der strenge Kult die Menschen. Immer gibt es eine Ideologie, der sie leidenschaftlich gehorchen. Und immer dieser Aufruhr der Gefühle, der Weltreiche ermöglicht und zugrunde richtet.

Nimmt man Forum und Palatin einfach als Inhalte eines zwar anstrengenden, aber abwechslungsreichen touristischen Programms, dann mag man, gestützt auf Reisehandbuch und die wortreichen Erklärungen eines tüchtigen Cicerone, auf eine recht oberflächliche Weise Unterhaltung und Belehrung empfangen. Aber wenn man Zusammenhänge herzustellen versucht zwischen diesem Schauplatz und den Ereignissen, die er bewirkt hat, dann entsteht eine fast unbehagliche Verwirrung. Man begreift plötzlich nicht mehr, weshalb gerade dieser chaotisch und zugleich idyllisch anmutende Trümmerhaufen inmitten einer Großstadt soviel Elend und soviel an glanzvoller Kultur, soviel Zerstörung und soviel an beispielhafter Zivilisation hervorgerufen haben soll. Denn man identifiziert, weil die Menschen, die das alles einst verursacht haben, längst verschwunden sind, diese toten Steine nur zögernd mit lebendiger Geschichte. Man steht vor dem

Lapis Niger, dem legendären Schwarzen Stein, der als das Grab des Romulus bezeichnet wird, und entsinnt sich verhängnisvollen Brudermords und des Totschlags zwischen Römern und Sabinern. Man möchte den Triumphbogen des Septimius Severus bewundern, der wie eine gewaltige steingewordene Metapher römischen Ruhms aus dem Ruinengelände emporragt; aber was einem einfällt, sind die mit Grausamkeit und Heimtücke erfüllten Biografien zweier brutaler, rücksichtsloser, perfider Charaktere. Denn sowohl Septimius Severus als auch sein Sohn Caracalla waren, wenn auch die Historiker dafür manche Erklärung finden, reißenden Bestien ähnlich, Teufel in Menschengestalt, deren bedeutender Nachruhm nichts anderes beweist, als daß das Böse, wenn es nur nachhaltig genug in Erscheinung tritt, sich stets durchzusetzen vermag. Vor den Trümmern des Caesartempels – den Augustus im Jahre 29 vor Christus an jener Stelle errichten ließ, wo er selbst den Leichnam des Ermordeten hatte verbrennen lassen – umweht einen düstere Erinnerung an das Schicksal jener Politiker, welche die Welt, indem sie diese stets von neuem nach ihrem Geschmack und nach ihrem Ehrgeiz zu ordnen suchten, in äußerste Unruhe stürzten.

Nicht Marmormassen seien wieder aufgerichtet worden, schrieb einst Kasimir Edschmid über den tieferen Sinn der archäologischen Arbeiten auf dem Forum Romanum, „sondern Zusammenhänge wurden gezeigt. Nicht Trümmer wurden freigelegt, sondern der Geist eines Imperiums wurde beschworen." War dieser Geist nicht etwas zutiefst Inhumanes? Ist das, was uns an begreifbarer Botschaft erreicht aus dieser Mulde, daraus Rom wurde, nicht die Ursache für unser Erschrecken über die Wiederholung aller Geschichte?

Eines freilich steht außer Frage: daß nämlich das Forum „nur in Verbindung mit Menschen aus Fleisch und Blut begreiflich oder überhaupt interessant wird. Manchem heutigen Besucher mag dieser wunderschöne Friedhof, in dem das Herz der alten Welt ruht, unverständlich oder gar abstoßend vorkommen; er kann eben nur dann Leben und Zusammenhang gewinnen, wenn man im Geiste die fehlenden Säulen ersetzt, die entschwundenen

Dächer neu vergoldet, die gestürzten Statuen wieder auf ihre Sockel hebt und die engen Straßen mit vorwärtsschiebenden, lärmenden Menschen bevölkert." (H. V. Morton) Und das bedeutet unter anderem auch, daß man sich die Basilica Emilia – von der nur noch wenige Überreste erhalten sind und die im 2. vorchristlichen Jahrhundert erbaut und den Bankiers und Geldwechslern diente, also eine Art Hauptbörse im antiken Rom war –, daß man sich diese leere, von einigen wenigen Bruchstücken kaum bedeckte Stätte von geschäftigen, lärmenden, hektischen Menschen erfüllt vorstellen muß. Und daß man die historische Bedeutung der Venus Cloacina begreift, der einst ein kleines Heiligtum gewidmet war und die den Römern garantieren sollte, daß aller Unrat der rasch wachsenden Stadt und auch das im Winter heftig herabschießende Regenwasser durch den großen unterirdischen Sammelkanal, der heute noch Verwendung findet, in den Tiber abgeleitet wurden. Auch den Tempel des Saturn, von dem nur noch unbedeutende Reste erhalten sind, sollte man sich in voller Funktion vorstellen. Romulus selbst, heißt es, soll ihn gestiftet haben. Und geweiht war er einer asiatischen Gottheit, welche für das Gelingen der winterlichen Aussaat bedeutsam war. Daraus leiteten sich dann auch die sogenannten Saturnalien ab, das antike Vorbild für den heutigen Karneval. Vor dem Titusbogen, einem der schönsten plastischen Kunstdenkmäler auf europäischem Boden, sollte man sich bekümmerte Juden vorstellen, die den Untergang Jerusalems und die Zerstörung des Tempels beweinen, jene tragischen Ereignisse aus dem Jahre 70 unserer Zeitrechnung, an die dieser Triumphbogen erinnert. Lange Zeit war es den Juden Roms übrigens verboten, diesen Bogen zu durchschreiten, wobei es bemerkenswert ist, daß es nicht weltliche Gesetze waren, welche dieses Verbot diktierten, sondern die Rabbiner Roms, denen dieser Titusbogen aus verständlichen Gründen ein tiefes Unbehagen bereitete. Und vor der schweren bronzenen Doppeltür im „Patinagrün eines alten Handspiegels oder einer antiken Münze" (Morton) des sogenannten Romulustempels, der allerdings nichts mit dem legendären Begründer Roms zu tun hat, mag man sich der Schicksale entsinnen, die mit diesem erstaun-

lich gut erhaltenen Bauwerk – das im frühen Mittelalter in eine
Kirche umgewandelt wurde – in Verbindung gebracht werden
müssen. Denn dieser Tempel wurde einst als Epitaph auf einen
Sohn des Kaisers Maxentius errichtet, der diesen abgöttisch geliebt haben muß. Das ändert freilich weder am frühen Tod des
Knaben Romulus noch am erbarmungswürdigen Ende des Kaisers etwas, denn dieser, in der Entscheidungsschlacht am Tiber
seinem Rivalen Konstantin unterliegend, der im Zeichen des
christlichen Kreuzes kämpfte, denn Maxentius also warf sich
flüchtend oder auch in selbstmörderischer Absicht in den Fluß
und wurde vom Gewicht seiner schweren Rüstung in die Tiefe gezogen. Was das große, grünschimmernde Bronzetor angeht, das
von zwei beachtenswerten Porphyrsäulen umrahmt wird, so handelt es sich dabei um das antike Originaltor. Auch das Torschloß
und der dazugehörende riesige Schlüssel sind altrömischen Ursprungs; und meines Wissens findet sich nirgends auf dem Konti-
nent ein Pendant dazu.

Überall also noch das Wirken des Schicksals. Das vermeintli-
che Chaos der scheinbar wie zufällig, wie planlos verstreuten
Ruinen entpuppt sich als beispielhaftes Webmuster des Lebens.
Und die Geschichte, die, wenn man diesen Schauplatz mit einem
nur oberflächlichen Blick streift, unentwirrbar zu sein scheint,
verrät plötzlich ihre wahre Bedeutung.

Dem dunklen Bug eines Schiffes ähnlich, das, umschlossen
vom bleichen Ocker der römischen Stadtlandschaft, mit unbeirr-
barer Stetigkeit westwärts und auf das angestaubte Rostbraun der
Thermen des Caracalla zuläuft, drängt der Hügel des Palatin aus
der Umklammerung des Forums hinaus. Jenseits des Tiber glänzt
die Kuppel des Petersdoms. Im Osten und so nahe, daß man sich
immer wieder verärgert abwenden möchte, um dem allzu vertrauten Anblick zu entgehen, der aufdringliche weiße Steinwall des
Vittoriano. Etwas dahinter die dunkle Schraffur des Torre delle
Milizie; und jetzt erst wird das legendäre Gerücht begreifbar, daß
dort einst Nero auf der Balustrade eines antiken Turms stand
und das brennende Rom betrachtete; die Flammen, so kann man
sich das nun vorstellen, da man über den Palatin wandert, müs-

sen ihm, der damals schon jedes menschliche Maß verloren hatte, wie das unterm Schein der Abendsonne erglühende Meer vorgekommen sein.

Drüben das Kolosseum, dessen bauchige Rundung etwas ungemein Bedrohliches ausstrahlt. Links davon, wenn man – mit dem Rücken zum Tiber stehend, dessen schmutziges Wasser hier in einem sanften Bogen das Trastevere umfließt – die südlichen Stadtteile Roms überblickt, die sich wie ein gefleckter, vielfach zerrissener Schuppenpanzer dehnen, links davon die gewaltige Ruine der Basilika des Maxentius, deren eindrucksvolle Größe erst nun sichtbar wird, da man gleichsam auf sie herabblicken kann. Man hat diese riesige Baumasse gelegentlich das bedeutendste Denkmal der großen Zeitenwende genannt, als das Christentum, getragen von der Autorität Konstantins, aus seiner unterdrückten Anonymität hervortreten und zur alles beherrschenden Macht im Staate werden konnte. Begonnen hatte mit dem Bau Maxentius, den die Praetorianer im Jahre 306 zum Caesar ausgerufen hatten. In jenem Jahr war Konstantin im fernen England von seinen Soldaten zum Augustus erhoben worden, was den Keim legte für den mörderischen Bruderkampf um die Vorherrschaft im Imperium, welche in der Schlacht an der Milvischen Brücke am Tiber endgültig entschieden wurde. Maxentius ertrank im Fluß. Konstantin regierte im Zeichen des Kreuzes über Rom. Er vollendete auch den Riesenbau der Basilika, darin er jene kolossale Statue aufstellen ließ, von der noch einzelne Stücke im Innenhof des Konservatorenpalastes auf dem Kapitol erhalten sind.

Dieses Bauwerk, das mit seiner dunklen Masse das Forum zu erdrücken scheint und dessen rötlichfarbener und unter der Abendsonne ins Purpurfarbene wechselnder Schatten der Via Sacra – die dicht unterhalb der Basilika verläuft – einen düsteren Akzent verleiht, diese Basilika des Maxentius ist freilich nie in eine christliche Kirche umgewandelt worden. Dennoch sei sie, sagen die Experten, mit ihren riesigen Gewölben das wichtigste architektonische Bindeglied zwischen der antiken und der christlichen Baukunst. Jetzt, da man von der Anhöhe des Palatin auf sie

hinüberblickt, erscheinen alle kunsthistorischen Vergleiche nutzlos. Man erkennt nichts anderes als einen überwältigenden Trümmerberg, der die Ruinen des Forums unter sich zu begraben droht; und dennoch kann man sich des merkwürdig anmutigen, fast idyllischen Eindrucks nicht entziehen, den diese Ruine vermittelt. Etwas Schwereloses umgibt sie. Eine Art melancholischer Heiterkeit bewegt einen bei ihrem Anblick. Werden so, denkt man unwillkürlich, dereinst die Ruinen der großen christlichen Kathedralen auf die Nachgeborenen wirken?

Dann der Blick hinüber zum Aventin, wo eine der bemerkenswertesten und zugleich unbekanntesten Kirchen Roms liegt, nämlich jene des Gregorio Magno, jenes heiligen Gregor I., genannt der Große, der als Pontifex die Geschicke der Christen etwa zwischen 590 und 604 bestimmte. Er war nicht nur ein bedeutender Kirchenlehrer, sondern hat auch dafür gesorgt, daß die Engländer zum Christentum bekehrt wurden; nach ihm wird übrigens auch der Gregorianische Gesang benannt. Gregor war ein begabter Schriftsteller und ein überaus demütiger, bescheidener Charakter. Die Bezeichnung, die er für sich selbst erfand – „servus servorum Dei", also Diener der Diener Gottes –, wurde für alle nachfolgenden Päpste zum verpflichtenden Titel. Die Kirche selbst, die man vom Palatin aus nicht wirklich erblicken, deren ungefähren Standort man nur vermuten kann, enthält das ehemalige Wohnzimmer des Heiligen mit dessen Bischofsstuhl und jenem großen Steintisch, daran er einst noch als Papst die Armen Roms zu bewirten und auch selbst zu bedienen pflegte.

Von hier aus zieht sich dann die Via Gregorio südwärts zum Parco di Porta Capena, daran anschließend die Ruinen jener Thermen liegen, die heute neben dem Kolosseum die eindrucksvollsten Überreste des antiken Rom bilden und die den Namen eines Caesars tragen, nämlich jenen Caracallas, der gewiß zu den fragwürdigsten und bösartigsten Kreaturen gehört, die je in die Geschichtsbücher Eingang gefunden haben. Caracalla regierte zwar nur sieben Jahre lang; aber schon die begleitenden Maßnahmen, mit denen er seine Thronbesteigung gleichsam auf eine mörderische Weise absicherte, bewiesen aufs schrecklichste seinen Charakter. Er, der Sohn und Nachfolger des nicht minder grausamen Septimius Severus, ließ nach dem Tod des Vaters seinen Bruder umbringen und danach unverzüglich auch jene Inschrift auf dem Triumphbogen des Septimius Severus auf dem Forum entfernen, die an den Ermordeten erinnerte. Caracalla war nichts anderes als ein Schlächter auf dem Caesarenthron, der, getrieben vielleicht von seinem schlechten Gewissen, bewegt von Dämonen, die seinen Geist verwirrten, Hunderte und Tausende von Unschuldigen wahllos hinmetzeln ließ. Er war launenhaft, unberechenbar, despotisch, heimtückisch und grausam. Und nur die Thermen, mit deren Bau schon sein Vater begonnen hatte und die dann Caracalla im Jahre 216 oder 217 einweihen durfte, erinnern noch an ihn. Dabei übersieht man meist, daß sie eigentlich erst unter seinem perversen Nachfolger Heliogabal wirklich vollendet wurden.

Die antiken Quellen, schreibt Eckart Peterich in seiner Darstellung dieses imposanten Bauwerks, heben nicht nur die Pracht des Baues, seine Ausstattung mit den kostbarsten Marmorarten, Skulpturen, Mosaiken, Bronzeschmuck hervor, sondern stellen bewundernd fest, daß hier sechszehnhundert Menschen gleichzeitig baden konnten. Die Fachleute wiederum rühmten die Heizungsanlage als etwas Außerordentliches. Wesentlicher freilich scheint zu sein, was Peterich – wie andere Autoren – im Zusammenhang mit der Diktatur des Septimius Severus, Caracalla und Heliogabal feststellte, daß nämlich die Jahre, in denen das severische Herrscherhaus im römischen Weltreich gebot, für die Künste keine glücklichen waren. „Sie verlieren die Anmut und Würde der augusteischen, den Ernst und die Tiefe der trajanischen und hadrianischen Epoche, ohne daß sie schon die Spiritualität gefunden hätten, die gegen Ende des dritten nachchristlichen Jahrhunderts ihre besten Werke kennzeichnet, den Sieg des Christentums und damit einer neuen Kunst präludierend."

Gewiß werden damals die Römer alle Annehmlichkeiten und Vergnügungen genossen haben, welche ihnen die zahlreichen Thermen der Stadt boten, deren größte und schönste jene des Kaisers Diokletian waren, an deren Fertigstellung der Überlieferung zufolge rund vierzigtausend Christen mitwirken mußten. Alle diese Thermen ähnelten einander, auch wenn ihre Größe verschieden und ihre Ausstattung unterschiedlich war. Immerhin konnte man in diesen zentralbeheizten Badeanstalten für geringes Eintrittsgeld einen halben Tag verbringen. Hübsche Promenaden ermöglichten Spaziergänge, das Caldarium lud zu warmen, das Frigidarium zu kalten Bädern ein; Wannenbäder, verschiedene Formen der Sauna und eigene Sportbecken boten jedem Geschmack etwas. Allerdings sollte man sich auch der beredten Klage des Philosophen Seneca entsinnen, der einmal schrieb: „Ich wohne gerade über einem Bad. Ihr könnt Euch vorstellen, was für ein Schwatzen, Lärmen und Schreien in allen Tonarten heraufdringt, so daß man wünschen möchte, taub zu sein. Ich vernehme das rhythmische Rufen jener, die sich mit den Hanteln betätigen; sie stoßen kurze Laute aus und keuchen angestrengt. Wenn sich jemand massieren läßt, hört man das Schlagen der Hände auf den Schultern, das einen verschiedenen Ton gibt, je nachdem, ob der Schlag mit der flachen Hand oder mit dem Handrücken gegeben wird. Wenn dann noch jemand kommt, der nicht mit dem Ball spielen kann, ohne zu schreien, dann ist das alles schrecklich. Es gibt dann auch noch die Streitsüchtigen, den Dieb, den man auf frischer Tat ertappt, den Schwätzer, der seine Freude daran hat, sich selbst zu hören. Und dann die Taucher, die sich ins Schwimmbecken stürzen, daß das Wasser nach allen Seiten hoch aufspritzt. Diese betätigen sich wenigstens noch mit ihrer eigenen Stimme. Hingegen gibt es da aber den Haarentfernungskünstler, der alle Augenblicke seine Dienste mit einer häßlichen Fistelstimme anbietet und nicht eher schweigt, bis er nicht jemanden gefunden hat, dem er die Haare entfernen kann; dann aber fängt der zu schreien an, den er unter den Händen hat. Ganz abgesehen von den Straßenhändlern, die Getränke, Würste und Pasteten anpreisen, oder den Kellnern der Kneipen, die herumziehen und ihre Ware anbieten, wobei sich ein jeder eines besonderen Tonfalls befleißigt."

Eine solche authentische Darstellung vermittelt jenen lebhaften Eindruck vom Thermenalltag, von dem man heute in den gewaltigen Ruinen der Thermen des Caracalla kaum eine Vorstellung haben kann. Denn diese sind lediglich eine ins Riesenhafte verzerrte Trümmerstätte, grün umwuchert zwar und wie eine Dekoration für ein urweltliches Szenario wirkend, jedoch insgesamt leblos, entblößt von allen Möglichkeiten, unserer Phantasie etwas von dem zu vermitteln, was diese Thermen einst tatsächlich waren: nämlich nicht bloß Badeanstalten in unserem heutigen Sinne, sondern beinahe mehr noch Schauplätze der öffentlichen Unterhaltung und des öffentlichen Lebens überhaupt. Da wetteiferten auch die Politiker zugunsten ihrer Popularität, die sie nur halten konnten, wenn sie dem Volk stets neuen Nervenkitzel boten, sich dabei selbst auf eine Weise in Szene setzend, die wir uns gut vorstellen können, wenn wir an das zeitgenössische Werben der Politiker um die Gunst der Masse denken. In diesem Zusammenhang sollte man allerdings auch daran denken, daß von den fünfundfünfzig Kaisern, die von Augustus bis Julian regierten, achtundzwanzig ermordet wurden und drei durch Selbstmord endeten. Allein in jenem schrecklichen halben Jahrhundert zwischen den Jahren 235 und 285 starb von sechsundzwanzig Caesaren lediglich ein einziger eines natürlichen Todes. „Die fürchterlichen Morde und Grausamkeiten, die Weiberintrigen und Günstlingsherrschaft, die man gemeinhin Byzanz oder den Höfen der Kalifen nachsagt, waren auch auf dem Palatin durchaus zu Hause, und es ist fast verwunderlich, daß überhaupt noch jemand Lust hatte, Kaiser zu werden." (H. V. Morton)

Über den Palatin wandernd und die Monströsität der Thermen des Caracalla vergessend, erinnert man sich jener Erzählung des Virgil, daß hier auf diesem Hügel einst Griechen aus Arkadien gesiedelt haben sollen; Aeneas, unterwegs auf seinen Irrfahrten durch die mediterrane Welt, habe sie angetroffen. Historisch belegbar sind die latinischen Hirten, die hier oberhalb des sumpfigen Tals, auf welchem sich später das Forum Romanum erheben sollte, die Gottheit Pales verehrten. Romulus hat dann für eine erste Ummauerung des palatinischen Hügels gesorgt, die freilich so bescheiden gewesen sein mag, daß Remus, der Zwillingsbruder des Romulus, eine ebenso spöttische wie verhängnisvolle Geste tat; er sprang einfach über diese Mauer hinweg, die wahrscheinlich bloß ein Zaun gewesen sein wird. Daraufhin, so berichtet es die Legende, erschlug Romulus seinen Bruder. Und die Geschichte des Palatin nahm ihren Lauf...

Noch in der republikanischen Zeit des antiken Rom hat dieser Hügel kaum eine bedeutende Rolle gespielt. Erst gegen Ende der Republik haben sich einige wohlhabende Römer, unter ihnen Cicero, auf ihm angesiedelt; die ersten Gärten entstanden damals. Mit Augustus, der hier geboren wurde, begann dann die Blütezeit des Palatin. Es entwickelte sich das bis dahin eher abseitige Gelände zu einer Art Cottage; Tempel, Paläste, Villen wurden gebaut, wobei sich vor allem Kaiser Domitian als Bauherr hervortat. In späterer Zeit, als die Ostgoten dem Imperium den Todesstoß versetzten, wählten König Odoaker und Theoderich der Große den Palatin zu ihrem Wohnsitz, was freilich nicht viel bedeutete, da beide Fürsten der Ostgoten vornehmlich in Ravenna residierten. Auch einigen Päpsten, die der frühchristlichen Gemeinde Roms vorstanden, wird nachgesagt, daß sie auf dem Palatin gelebt hätten, ohne daß dies allerdings dokumentarisch nachweisbar wäre. Aus der ehemaligen Kaiserresidenz römischer Caesaren wurde allmählich ein überwachsener Schutthügel, von dem sich die Geschichte zurückzog. Die altrömische Familie der Frangipane übernahm den Palatin, errichtete einige Festungstürme, von denen jedoch nur spärliche Reste erhalten sind, bis schließlich im 16. Jahrhundert die einflußreiche Fürstenfamilie der Farnese Einzug hielt und den ausgedehnten Hügel mit den stattlichen römischen Ruinen in eine riesige Gartenlandschaft umwandelte. Im Jahre 1860 erwarb dann Napoleon III. den Palatin, der zehn Jahre später an den neuerrichteten italienischen Staat ging.

Jener schönen, abwechslungsreichen und farbenprächtigen Poesie – die den Besucher noch bis ins 19. Jahrhundert hinein verzaubert haben muß, als hier mit den sogenannten Hängenden Gärten der Farnese der wahrscheinlich älteste botanische Garten der Welt existierte – kann man heute, da sich die Archäologen, aber auch viel Gleichgültigkeit und Verwahrlosung des Palatin bemächtigt haben, nicht mehr oder nur in Ansätzen gewahr werden. Denn nur noch in Bruchstücken sind Erinnerungen möglich an jene Villa mit der dazugehörenden Terrassen- und Treppenanlage, die der Architekt Vignola um die Mitte des 16. Jahrhunderts für den Kardinal Alexander Farnese errichtete, der vor allem dadurch in Erscheinung trat, daß er die verhaßten Jesuiten schützte. Alle diese Anlagen, einst rühmenswert und von vielen Autoren beschrieben, als wären sie den antiken Weltwundern zuzuzählen, sind heute höchstens noch im Detail vorhanden. Der Wind bläst durch leere Fenster; über halbzertrümmerte Statuen weht herbstliches Laub; und auf den Marmorböden häuft sich Abfall. Kasimir Edschmid hat vor rund dreißig Jahren einmal die Stimmung zu beschreiben versucht, die in diesen teilweise verwilderten und zum Teil eher wie beiläufig gepflegten Gärten herrscht. Vögel, Bäume und Liebespaare hätten von diesem Gelände in anmutiger Weise Besitz ergriffen. Und der Palatin selbst wirke, als hätte er sich jenem Zustand der Vollkommenheit zu entziehen vermocht, dem das Forum verfallen wäre. Und dann: „Auf dem Forum zu liegen, im Gewirr der Ruinen zum Himmel zu schauen und dem Lauf der Sonne zu folgen, gehört zu den köstlichsten Dingen, welche die Phantasie sich ausdenken kann. Aber ebenso köstlich ist es, auf der äußersten Terrasse des Palatinhügels zu stehen und jene unermeßliche, wohlgegliederte Weite zu genießen, die Rom einzigartig macht."

Ich erinnere mich freilich, ohne deshalb der zauberhaften Beschwörung, die dieser alte Hügel mit seinen rostbraunen Ruinen, verwunschenen Gärten, überwachsenen Terrassen und nutzlos gewordenen Marmorböden dem Menschen antut, entgehen zu wollen ... ich erinnere mich freilich auch an die Begegnung mit jener Frau, die ein schmutziges Bündel im Arm hielt, darin sich ein greinendes Kind bewegte. Diese Frau, die wie vierzig oder fünfzig aussah, in Wahrheit aber ein Mädchen von noch nicht einmal zwanzig Jahren war, war mir an manchem Tag schon aufgefallen; auf der Via del Tritone, wo sie, das Kind neben sich auf dem Gehsteig, stumm bettelte, und vor dem Haupteingang zum Forum Romanum, und schließlich auf dem Palatin, wo sie, im Gras liegend, das Kind säugte, bis einer der Wächter kam, die das ganze Gelände des Forums und auch den Palatin regelmäßig durchstreifen, und sie mit barschen Worten davonscheuchte. Aber einige Tage später fand ich sie wieder mit ihrem schmutzigen Bündel vor den Ruinen der palatinischen Kaiservillen, das eingefallene Gesicht mit dem leeren Blick gegen eine Marmorsäule gelehnt, umgeben vom fröhlichen Lärm der Vögel und dem süßen Duft der Blumen; am späten Nachmittag dann würde ich sie auf der Via Veneto sehen, verjagt von den livrierten Türstehern der großen Hotels, kaum beachtet von den Polizisten; und die ganze Zeit würde ich die von den Lumpen entblößte, dünne, dürre Brust nicht vergessen können, an der das schmutzige Bündel, das ein Kind war, saugend hing. Und alle Geschichten, denen man auf dem Forum, in den Thermen des Caracalla und auf dem Palatin begegnet, erhielten plötzlich eine andere Bedeutung. Ein bettelnder Gitarrist zwischen Trevibrunnen und Kapitolsplatz; ein alter Mann mit Brille und Staubmantel, die Abfallkörbe auf der Piazza Venezia vorsichtig durchwühlend; der barfüßige Mann vor dem Kolosseum; diese Frau, die ein verwahrlostes Mädchen war, mit dem weinenden Kind und der hoffnungslosen Geste ihrer erschlafften Hände, in die gelegentlich ein paar Münzen fielen ... das waren Begegnungen, Bilder, Beunruhigungen, die sich allmählich summierten und immer wieder den Zauber durchbrachen, den die antiken Schauplätze vermittelten. Das Elend war zeitlos. Die Kulissen zerfielen. Die Mauern bröckelten ab. Die Not blieb. Und die Gleichgültigkeit.

Im Schatten des Kolosseums

Stendhal genügten im Dezember 1816 gerade zehn Minuten, um ihn, wie er in sein Tagebuch schrieb, angesichts des Kolosseums zu Tränen zu rühren; später korrigierte er diese Darstellung dahingehend, daß er von einem der stärksten Eindrücke sprach, die ihm in seinem Leben zuteil geworden waren. Taine schwärmte ein rundes halbes Jahrhundert später vom „ungeheueren Kolosseum, das den Himmelsrand" erfülle, schrieb auch von einem „vergoldeten Kolosseum", eingetaucht in „lachendes Licht"; und er kam zur Erkenntnis, daß alle „diese Kolosse im Grunde Zeichen der Zeit" gewesen seien. „Das kaiserliche Rom plünderte das ganze Mittelmeerbecken, Spanien, Gallien und zweidrittel Englands zum Vorteil von hunderttausend Müßigen aus. Man ergötzte sie im Kolosseum mit dem Gemetzel von Tieren und Menschen . . ." Solche Skrupel kannte Englands großer Heiliger Beda Venerabilis in seiner Interpretation dieser weltberühmten Sehenswürdigkeit nicht; er, der im 8. Jahrhundert lebte und wirkte, dichtete einen Vers auf das Kolosseum, darin es unter anderem heißt, daß Rom leben werde, solange dieses Bauwerk stehe; erst wenn das Kolosseum falle, werde auch Rom fallen; und mit Rom die Welt. Goethe betrachtete das alles etwas prosaischer, hatte allerdings einige Schwierigkeiten mit den Proportionen dieser gewiß berühmtesten Ruine Roms. „Abends kamen wir ans Kolosseum", notierte er am 11. November 1786, „da es schon dämmerig war. Wenn man das ansieht, scheint wieder alles andere klein, es ist so groß, daß man das Bild nicht in der Seele behalten kann; man erinnert sich dessen nur kleiner wieder, und kehrt man dahin zurück, kommt es einem aufs neue größer vor." In seiner Beschreibung findet sich dann freilich auch noch der Satz: „Als ich aber den erhabenen Resten des Kolosseums mich näherte und in dessen verschlossenes Innere durch Gitter hineinsah, darf ich nicht leugnen, daß mich ein Schauer überfiel und meine Rückkehr beschleunigte."

Dieser Schauer, könnte man sich vorstellen, wird manchen

empfindsamen Charakter überkommen, der erstmals das Kolosseum betritt. Denn etwas Häßlicheres, Abstoßenderes und Gemeineres, die Seele gleichsam Aufwühlendes und Vernichtendes können sich jene kaum vorstellen, die noch imstande sind, an humanistische Ideale und an die moralische Bedeutung von Kult und Gesetz zu glauben. Der ovale Riesenbau, der wie ein ausgeweidetes Schlachttier wirkt und dabei selbst nichts anderes war als eine Schlachtstätte, besitzt etwas ungemein Obszönes und zugleich Morbides. Hier lernt man auch, daß der Geruch nach Blut niemals vergeht. Er bedeckt die geschwärzten Steine, nistet sich in den leeren Gewölben ein; und nicht einmal die morgendliche Sonne, die langsam die rostbraunen und fahlen Mauern allmählich in ihr wärmendes Licht hüllt; nicht einmal das Moos, das aus der blutgetränkten Tiefe emporwächst; nicht einmal das zarte, stumpfe Grün der Grashalme, die zwischen umgestürztem, zerbrochenem Marmor und inmitten des Ziegelschutts beharrlich wuchern ... nichts vermag das Gefühl der Empörung, der Abscheu, des Entsetzens zu mildern, das einen überfällt, wenn man der Phantasie nicht mehr zu befehlen vermag, die grausamen Szenen zu vergessen, für welche diese Arena geschaffen wurde. Die dikken Bündel des Sonnenlichts, die langsam, stetig durch offene Höhlungen fallen; und die fetten Katzen, die wie alles in Rom auch dieses Gebäude längst erobert haben; und die Andenkenverkäufer in den teils ziegelroten, teils staubigen, grauen, farblosen Torbögen ... alles vermittelt den Anschein einer perversen Komödie. Die Heiterkeit, die man angesichts des blauen Himmels und pfeilschnell umherschießender Vögel in sich aufsteigen fühlt, ist nicht frei von Zynismus. Das Leben, denkt man und klettert eifrig zwischen umgestürzten Säulenresten, zerbrochenen Marmorleibern und mächtigen Trümmerhaufen auf und ab, das Leben ist doch etwas Unzerstörbares, wenn es das hier überstanden hat. Und auf den naheliegenden Gedanken, daß man von der Unzerstörbarkeit oder eigentlich von der Unveränderbarkeit des menschlichen Charakters sprechen müßte, während man das Kolosseum mit gebührender Aufmerksamkeit und einem Anflug des Goetheschen Schauderns inspiziert, kommt man erst viel später.

Begonnen wurde mit dem Bau des Kolosseums im 1. nachchristlichen Jahrhundert, und zwar unter Kaiser Vespasian, der in der Zeit zwischen 69 und 79 regierte. Titus hat die Arena dann im Jahre 80 mit sogenannten Festspielen eingeweiht, die hundert Tage dauerten, wobei der Erfolg beim römischen Publikum nicht zuletzt deshalb ein durchschlagender gewesen sein dürfte, weil dabei eine unbekannte, jedoch zweifellos beachtliche Anzahl von Gladiatoren und rund fünftausend Tiere ihr Leben lassen mußten. Und damit war auch schon alles Nachfolgende sozusagen vorprogrammiert, denn was immer in diesem riesigen Bauwerk an mehr oder minder spektakulärer Unterhaltung stattfinden sollte – es war stets mit Blut und Tränen verbunden oder, wie es Eckart Peterich einmal lapidar ausdrückte: „Das Kolosseum hat mancherlei verschiedenen Zwecken gedient, doch niemals einem guten." Und Morton stellt in seiner Erzählung über das Bauwerk mit angelsächsischer Nüchternheit fest, daß selbst ein verwirrter Besucher beruhigt sein könne, denn niemand dürfe es für etwas anderes halten als für ein riesiges Schlachthaus, „das mit größtem Geschick zu dem Zweck gebaut wurde, die Aufmerksamkeit vieler Tausende auf ein kleines Kampffeld zu konzentrieren . . ."

Ein Schlachthaus! Und nichts anderes war das Kolosseum in der Tat von Anbeginn an. Vorzugsweise fanden hier Tierhatzen und Gladiatorenkämpfe statt, wobei man nicht vermeiden kann, für die perfekte Organisation dieser blutrünstigen Kampfspiele so etwas wie Bewunderung zu empfinden. Denn überall im Imperium waren Beamte damit befaßt, wilde Tiere aufzukaufen, was im Verlauf der Jahrhunderte dazu führte, daß gewisse Tierarten in manchen römischen Provinzen ausgerottet wurden, wie etwa der nordafrikanische Elefant oder der mesopotamische Löwe. Diese *venationes,* wie die Tierhatzen genannt wurden, besaßen im antiken Rom allerdings eine gewisse Tradition. Denn bereits vor dem Bau des Kolosseums war es in den verschiedenen Arenen zu Massenschlachtungen gekommen – anders kann man diese Kämpfe zwischen Mensch und Tier wohl kaum bezeichnen –, wobei wir von Cicero wissen, daß einmal bei einer einzigen Tierhatz rund sechshundert Löwen hingemetzelt wurden. Elefanten, die bei diesem Massaker in Panik geraten waren und vergeblich versucht hatten, die Absperrung zu durchbrechen, konnten mit der Nachsicht des Publikums rechnen, weil die Römer damals glaubten, daß der Elefant in irgendeiner Beziehung zur menschlichen Rasse stehe. Und vom älteren Plinius wissen wir, daß all diese Tiere, die in die Arenen getrieben wurden, um auf eine bestialische Weise umgebracht zu werden, „in unbeschreiblich rührender Stellung um das Mitleid der Menge" flehten und, wie Plinius schreibt, „in so herzzerreißenden Lauten ihr unglückliches Geschick beklagten, daß sich die ganze Versammlung tränenüberströmt erhob".

Derlei rührende Szenen, die allerdings nicht im mindesten etwas am erbarmungswürdigen Schicksal der Tiere änderten, waren wohl die Ausnahme. Zu sorgfältig und auch zu kostspielig waren die Vorbereitungen, die stets getroffen werden mußten, um ein solches Spektakel erfolgreich zu inszenieren, als daß man des Mitleids mit der geschundenen Kreatur fähig gewesen wäre. In eigenen Tierkämpferschulen lernten die sogenannten *bestiarii,* die rangmäßig unter den Gladiatoren standen, wie man, um dem Publikum immer neues Amüsement und neuen Nervenkitzel zu bieten, Bären, Löwen, Tiger, Elefanten, Nashörner aufs langwierigste und grausamste quälen und massakrieren konnte. Denn nicht am raschen, schmerzlosen Tod der Opfer war den sensationslüsternen Römern gelegen, sondern am Raffinement, mit welchem Tiere und auch Menschen umgebracht wurden. In anderen Schulen wieder wurden daher die Gladiatoren äußerst sorgfältig auf ihr blutiges Handwerk vorbereitet, wobei sie, die sich im Grunde von den *bestiarii,* also von den Tierkämpfern, kaum unterschieden, in der Beliebtheit des Publikums hoch über diesen standen. Und mancher dieser Gladiatoren, wenn er bloß genügend Zweikämpfe überstanden und durch seine Kampfkunst oder, wie man das wohl richtiger bezeichnen sollte, durch seine rohe Mordlust den Beifall der Zuschauer auf sich gezogen hatte, durfte damit rechnen, zu Vermögen und Ansehen zu gelangen.

Diese Spiele waren natürlich überaus kostenintensiv. Und wenn man sich überlegt, daß etwa im 4. Jahrhundert die Saison im Kolosseum 175 Tage andauerte, wobei das jeweilige Spektakel oder Gemetzel stets von Sonnenaufgang bis zum Einbruch der Dämmerung andauerte, dann kann man sich den Verschleiß von Mensch und Tier und die daraus resultierenden Kosten unschwer vorstellen. Aber die Römer waren unersättlich. Und jeder Tribun, jeder Kaiser mußte, wenn er sich die Gunst des Pöbels erhalten wollte, für immer neue, blutigere, verabscheuungswürdige Abwechslung in der Arena des Kolosseums sorgen. Es gab Seeschlachten – zu diesem Zweck konnte das Gelände, auf dem für gewöhnlich Tier- und Menschenhatz stattfanden, unter Wasser gesetzt werden –; es wurden ganze Hundertschaften von kriegsgefangenen Germanen und Galliern in Scheingefechten von den Gladiatoren in Stücke gehaun; man veranstaltete Stierkämpfe; und schließlich überantwortete man wehrlose Opfer – vor allem Christen während der Zeit der großen Christenverfolgungen – der Wut ausgehungerter, gereizter Löwen und Bären.

Unter den ermordeten, von wilden Tieren zerfleischten, auf Scheiterhaufen verbrannten Christen, deren genaue Zahl für immer ungewiß bleiben muß, befand sich übrigens auch jener kleinasiatische Bischof namens Ignatius, der während seiner Reise von Antiochia nach Rom an die christlichen Gemeinden sieben berühmt gewordene Briefe geschrieben hat. Darin sprach er auch erstmals das Wort von der „Katholischen Kirche" aus, so daß wir ihn eigentlich als den Begründer dieses längst selbstverständlich gewordenen Begriffes betrachten müssen. Ignatius war es auch, der die Oberherrschaft des Papstes über alle Bischöfe als erster gefordert und begründet hat.

Immer wieder – und nicht zuletzt unter dem Eindruck der Blutopfer, welche die junge Christengemeinde den perversen Instinkten des römischen Publikums zollen mußte – kam es zu mehr oder minder ernsthaften Versuchen, die grausamen Spiele im Kolosseum abzuschaffen oder zumindest deren mörderisches Reglement zu mildern. Es war Konstantin der Große, der als erster Kaiser eine Veränderung herbeiführen und die barbarischen Zweikämpfe der Gladiatoren verbieten wollte. Er scheiterte an der lasziven Vergnügungssucht der Römer. Unter Kaiser Honorius drang während eines solchen blutigen Schaukampfes ein griechischer Mönch namens Telemachos in das Kolosseum ein und hielt eine verzweifelte Ansprache an das Publikum, doch endlich abzulassen von dieser widernatürlichen, zerstörerischen Art einer Unterhaltung, die alle Menschlichkeit verhöhne und gegen Gott gerichtet sei. Aber die Römer reagierten unbarmherzig. Sie erschlugen Telemachos. Dessen Tod war dann freilich die Ursache dafür, daß zumindest die Gladiatorenkämpfe verboten wurden, während die *venationes,* also die Tierhatzen, mit unverminderter Brutalität fortgeführt wurden. Sie fanden noch unter Theoderich dem Großen statt, was beweist, daß nicht nur Römer, sondern auch germanische Menschen der schrecklichen Faszination solcher Schlachtfeste durchaus zugänglich waren.

Der politische Untergang Roms bedeutete dann auch das Ende des Kolosseums als blutbesudelte Schaubühne. Um das Jahr 1000 errichteten die Frangipane im damals schon teilweise zerfallenen, von Bränden und Erdbeben verwüsteten Riesenbau eine Burg, die noch von einer anderen römischen Fürstenfamilie, nämlich jener der Annibaldi, benützt wurde, bis Kaiser Heinrich VII. im Jahre 1312 diese Burg mitsamt dem Kolosseum dem römischen Volk zum Geschenk machte; das heißt, die Römer benützten nun die Arena für Stierkämpfe – wiederum gab es ekelerregende Szenen, wüste Ausschreitungen und zahllose Tote, bis im Jahre 1332 die letzte Corrida inszeniert wurde – und bedienten sich des Kolosseums selbst als Steinbruch. Ein vernichtendes Erdbeben um die Mitte des 14. Jahrhunderts setzte das Zerstörungswerk fort. Später unternahm man den halbherzigen Versuch, das Kolosseum als eine Art Weihestätte wiederzubeleben. Mysterienspiele in Erinnerung an das Martyrium zahlloser Christen wurden aufgeführt, hatten aber beim Publikum nur mäßigen Erfolg. Ein Papst – es war Sixtus V. – wollte Ende des 16. Jahrhunderts eine Textilfabrik in den Ruinen einrichten. Ein anderer Papst, Benedikt XIV., ließ in der Arena, die damals, um die Mitte des 18. Jahrhunderts, noch eine ebene Fläche bildete, ein hölzernes Kreuz aufstellen, das freilich im Jahre 1870 von antiklerikalen Fanatikern entfernt wurde, als die päpstliche Monarchie dem jungen Königreich unterlegen und Rom zur Hauptstadt gemacht worden war. Die Tätigkeit der Archäologen, der wir das heutige Bild dieses furchteinflößenden Schauplatzes zu verdanken haben, begann erst im Jahre 1801. Es waren französische Wissenschafter, welche die ersten Ausgrabungen unternahmen. Und manchmal fragt man sich, ob es nicht besser, menschlicher, auch gnädiger gewesen wäre, diese raffinierten Mechanismen des Schreckens weiterhin bedeckt zu lassen ...

Es sind stets dieselben Bilder, die sich einem einprägen. Das Forum nur ein paar Schritte entfernt. Dazwischen der Triumphbogen des Konstantin, der nun schon seit Jahren von einem Gerüst umklammert wird, das die Schönheit dieses Bauwerks zur Gänze verhüllt; dieser Triumphbogen erinnert übrigens an den Sieg Konstantins über Maxentius an der Milvischen Brücke und ist dadurch auch ein Denkmal für den Triumph des Christentums, woran auch die Inschrift denken läßt, die auf der Attika eingraviert ist und welche von der Begeisterung Konstantins zugunsten der Gottheit spricht, der er seinen Sieg zu verdanken hatte. Mit dieser Gottheit ist Christus gemeint; und die entscheidende Schlacht am Tiber zwischen den beiden Rivalen Maxentius und Konstantin war die erste, welche im Zeichen des Kreuzes stattgefunden hat.

Aber die Bilder, die man empfängt, wenn man durch das Kolosseum wandert, haben nichts Siegreiches, Triumphierendes an sich. Unter der höhersteigenden Sonne wird das reizvolle Spiel von Licht und Schatten in den ehemals unterirdischen Anlagen unterhalb der Arena zu einem bedrohlichen Film, der das Grauen, das sich hier jahrhundertelang ereignete, in akzentuierter Abfolge vermittelt. Das schöne, warme Licht und das Spinnenartige der Schatten mit ihren geometrischen Mustern, alle diese Querverbindungen von ästhetischen und architektonischen Besonderheiten mit der unauslöschlichen Erinnerung daran, was hier Menschen einander angetan haben ... das alles erzeugt einen hartnäckigen Widerspruch, mit dem man nicht fertig wird. Ist Geschichte überhaupt noch nacherzählbar? Wird die Angst, die man vor aller Wiederholbarkeit der Geschichte unentwegt empfinden sollte, nicht zu oft und zu beiläufig unterdrückt? Gelegentlich, wenn ich Römer beobachtete, wie sie das Kolosseum betrachteten, fragte ich mich verunsichert, ob sich eigentlich die Grausamkeit ihrer antiken Vorfahren über die Jahrhunderte hinweg auch für ihre Existenz erhalten habe.

Beim Lesen alter Schriftsteller, meinte Morton einmal, habe er den Eindruck, „daß viele von ihnen die Spiele an sich nicht schätzten, sie aber als eine nationale Einrichtung hinnahmen, die überdies den Segen des Staatsoberhauptes hatte". Ähnliches ließe sich wohl auch über heutige Sportveranstaltungen sagen, wobei freilich nicht mehr der Segen eines Staatsoberhauptes wesentlich ist, sondern der materielle Gewinn, der durch derlei Unterhaltungen erzielbar ist. Damals, als hier die Gladiatoren ihr ebenso kunstvolles wie verabscheuungswürdiges Handwerk ausübten, was weder sie selbst noch die antike römische Gesellschaft davon abhielt, in ihnen jene umschwärmten Heroen, jene nachahmenswerten Vorbilder zu sehen, die dem Imperium zur Ehre gereichten, wenn sie bloß lange und spektakulär genug erfolgreich waren, damals war es nur eine verschwindende Minderheit, die sich der grausigen Faszination dieser Kampfspiele und Tierhatzen widersetzte. Von Mark Aurel, dem Philosophen auf dem Kaiserthron, wissen wir, daß er während der blutigsten Szenen unten in der Arena mit abgewandtem Gesicht in seiner Loge verharrte, was nicht selten die Verwunderung und den Zorn des Publikums hervorrief.

Und doch gehörte – und gehört – das Kolosseum, das gleichsam ein ebenso raffiniert konstruiertes, wie in seinen Auswirkungen plumpes und dabei perfekt funktionierendes Schafott für Hunderttausende war, zu den rühmenswerten und zudem „romantischen" Sehenswürdigkeiten nicht nur der gebildeten Gesellschaft. Es zählte über Generationen hinweg zum guten Ton, die Ruine in einer Vollmondnacht besichtigt zu haben. Zahllose detaillierte Beschreibungen, in denen das fließende Mondlicht und die Aura des Poetischen, Stimmungsvollen beschworen wird, liegen uns vor. Maler und schwärmerische Dilettanten befleißigten sich – indem sie das Grauen, das unausrottbar mit dieser imposanten Ruine verbunden ist, sorgsam unterdrückten – einer idyllischen Darstellung dieses Bauwerkes, darin noch Ende des 19. Jahrhunderts mehr als vierhundert verschiedene Arten mediterraner Flora existierten, wie ein italienischer Botaniker stolz nachweisen konnte. Und es gab nicht wenige Stimmen, die deren radikale Ausrottung durch die Archäologen heftig beklagten. Das bewundernde Staunen über diesen noch im Untergang machtvollen Koloß ist jedenfalls nach wie vor ungebrochen.

Manchmal, wenn ich mir einbildete, die Last der Erinnerungen, die in diesem gewaltigen Trümmerhaufen wie zähflüssiger Nebel die Gegenwart bedecken, nicht mehr ertragen zu können, flüchtete ich nach draußen, sehnte ich mich plötzlich nach dem unablässigen Kreischen und Lärmen des großstädtischen Verkehrs, blickte ich voll verzweifelter Anstrengung auf die dunkle Linie der Pinien, Zypressen und verhuschten, verwirrten Gebüschreihen drüben auf dem Palatin, während in meinem Rücken und hinter dem dicken travertinischen Stein immer noch ein unfaßbarer Tod umging. Ich stand dann wie betäubt und doch schon wieder aufatmend im Schatten des Kolosseums, aber außerhalb der Mauern und gleichsam dem Leben wieder zugewandt. Im grünen Gras vor mir nistete die Sonne. Gegenüber die schlanken Säulen des Forums. Vom Palatin herab das rostfarbene, ockerfarbene Leuchten antiker Mauern. Vor mir die wartenden Droschken, bereit zur kostspieligen Rundfahrt zu den Sehenswürdigkeiten Roms. Noch waren die Mäuler der Pferde tief in den umgehängten Hafersäcken vergraben. Die Kutscher schwatzten mit den Andenkenverkäufern. Manchmal rollte ein Bus heran, daraus lachende Touristen stiegen. Und aus dem aquamarinfarbenen Himmel schossen die Vögel im kühnen Sturzflug auf den bleichen Marmor des antiken Rom herab.

Eines Tages beobachtete ich zwei bettelnde Zigeunerkinder, sechs- oder achtjährig vielleicht; das Mädchen mit einem hübschen, frechen Gesicht, der Bub eher verschlossen, fast düster. Sie machten ihre Sache recht geschickt, waren hartnäckig, ohne wirklich aufdringlich zu sein; und immer, wenn ein paar Münzen in ihre aufgehaltenen Hände gefallen waren, tollten sie ein paar

Augenblicke lang über den weiten Platz vor dem Kolosseum. Vielleicht übersahen sie deshalb das lautlose Heranrollen eines Streifenwagens der städtischen Polizei. Und als sie die Gefahr erkannten, in der sie sich befanden, war es schon zu spät. Das Mädchen versuchte noch zu flüchten. Aber der eine der beiden Polizisten, ein junger, schlanker, blondhaariger Mensch mit einem Gesicht, das nicht unfreundlich wirkte, erfaßte es noch bei den langen schwarzen Haaren. Und so, wie er das Mädchen gefaßt hatte, nämlich an den Haaren, zog er es zum Wagen. Und beide Polizisten lachten schallend.

Das Pantheon

Es gab Wochen, in denen ich mich daran gewöhnte, Rom zu erkunden wie jemand, der unendlich viel Zeit hat. Ich benahm mich dann plötzlich nicht wie ein bildungsbeflissener Tourist, sondern eher wie ein Flaneur, der sich dadurch zu zerstreuen sucht, daß er aus seinem eher ziellosen Umherwandern eine feste Gewohnheit macht. Das bedeutete, daß ich das Frühstück – nach einem gemächlichen Rundgang über die Piazza di Spagna und einem zerstreuten Blick auf die Spanische Treppe, die um diese frühe Vormittagsstunde wie ein gefrorener Wasserfall aussah – im Caffè Greco einnahm, das zwar nicht das älteste, aber inzwischen doch das berühmteste Kaffeehaus Roms ist; und dann langsam zur Galleria Colonna schlenderte, jetzt schon umgeben vom heftig anschwellenden Morgenverkehr, der mich bis zum Monte Citorio hinauf verfolgte, wo ich immer etwas Mühe hatte, meine respektlose Belustigung zu unterdrücken, wenn ich die Abgeordneten und die Sekretäre der Abgeordneten und die Chauffeure, Polizisten, Handlanger, Adabeis, Journalisten in ihren theatralischen, eilfertigen und doch liebenswerten Posen sah, mit denen sie sich und der Welt ihre Bedeutung mitteilten. Dann die paar Schritte am Palazzo Capranica vorbei, an diesem schönen Beispiel der frühen römischen Renaissance, darin heute ein Kaufhaus untergebracht ist, und hinab zur Piazza della Rotonda, wo ich mich eines der unbequemen Plastikstühle bemächtigte, die diesen länglichen, unendlich intim und anheimelnd anmutenden Platz vor dem Pantheon zu einem guten Drittel erobert haben – die flügelschlagenden, fetten, zudringlichen oder auch bloß zutraulichen Tauben haben den Rest in Beschlag genommen –, und mich in den Genuß eines zweiten Frühstücks brachte. Das heißt, ich trank einige Schälchen Kaffee, rauchte ein halbes Dutzend Zigaretten und sah den Hausfrauen beim Einkauf, den Malern bei ihren verträumten Handhabungen mit Zeichenblock und Zeichenstift und den jungen, dickbäuchigen Dirnen bei ihren Anbiederungsversuchen zu, während die ersten Touristen vor dem Pantheon den Erläuterungen der Fremdenführer lauschten und dabei begehrliche Blicke zu den Straßencafés herüberwarfen, deren Tische gegen zehn, halb elf Uhr vormittags schon dicht besetzt waren.

Unter mir, unter der Piazza della Rotonda, unter diesem ganzen uralten Quartier, rumorte lautlos die Antike. Zwei wichtige Tempel lagen hier einst; einer war der Minerva gewidmet, und wenn ich am Pantheon vorbei in Richtung Südwesten schaute, konnte ich gerade noch Berninis grotesken Elefanten erkennen, der auf seinem Rücken einen Obelisken trägt; und dahinter lag die Dominikanerkirche Santa Maria sopra Minerva, was nichts anderes bedeutet, als daß dieses Gotteshaus, darin übrigens der Leichnam der heiligen Katharina von Siena begraben liegt, wahrscheinlich auf den Ruinen des Minervatempels steht. Der andere Tempel war der Gottheit Isis geweiht; und die drei Obelisken, mit denen Kaiser Domitian einst diese Kultstätte geschmückt hatte, verzieren heute den Platz vor dem römischen Hauptbahnhof, den hübschen kleinen Brunnen vor dem Pantheon und eben diesen von Bernini geschaffenen Elefanten vor der Kirche sopra Minerva; dieser ist der älteste Obelisk, zwar nicht Roms, aber doch in dieser Gegend, er stammt aus dem 6. vorchristlichen Jahrhundert, und Berninis Idee, ihn dem kleinen, rüsselschwingenden Elefanten sozusagen auf den Rücken zu schnallen, ist ebenso bizarr wie reizvoll.

Ich benahm mich also wie ein Flaneur; freilich wie einer, der aus seinen bequemen Gewohnheiten gelegentlich so etwas wie eine Pflicht macht. Und so hob ich, während ich meinen Kaffee schlürfte, den Blick auch stets pflichtbewußt zum Pantheon empor, das sich dunkel und massig vor mir erhob, einige Meter tiefer gelegen, jedoch seiner schwärzlichen Größe wegen alles überragend. Aber ich sah auch die hübschen Fassaden der alten Häuser rund um die Piazza della Rotonda, die wie verrunzelte, leicht angestaubte Gesichter wirkten; und das Alter hatte in die Haut dieser Häuser zahllose winzige Sprünge und Risse gezeichnet, hatte die ursprünglich starken, grellen Farben behutsam verwischt, so daß es, wenn die Sonne hinter dem Pantheon ver-

schwand, tatsächlich aussah, als türmte sich ausgedörrtes Erdreich rund um den Platz auf, was natürlich nur eine Chimäre war,
denn dieser Platz, dieses Viertel ist alles andere als verdorrt und
ausgestorben.

Wir verdanken übrigens dem französischen Kulturschriftsteller
und Philosophen Hippolyte Taine eine recht stimmungsvolle Beschreibung des Pantheon und der Piazza della Rotonda aus den
sechziger Jahren des 19. Jahrhunderts, wobei ein gewisses Unbehagen Taines auf Einzelheiten zurückzuführen ist, die heute nicht
mehr ins Gewicht fallen. So schreibt er von dem „schmutzigen,
barocken Platz" vor dem Pantheon, von den „elenden Droschken
und den Gemüsebuden, deren Unrat das schwärzliche Pflaster"
bedeckt. „Scharen von Bauern in großen Gamaschen und Ham-
melfellen über den Schultern stehen unbeweglich und gaffen mit
glänzenden Augen. Der arme Tempel selber hat alles erlitten, was
ein Gebäude erleiden kann: moderne Bauten haben sich an seinen Rücken und an seine Seiten geklebt, man hat ihn mit zwei lächerlichen Glockentürmen versehen und ihm seine Bronzebalken
und Bronzenägel gestohlen ... und schon lange haben zwischen
seine Säulen geklemmte Buden seinen Umgang versperrt, und die
Erde hat ihn derart verschüttet, daß man, um ins Innere zu gelangen, heruntergeht, anstatt zu steigen. Noch heute macht er mit seiner schwarzen Farbe, seinen Rissen, Spalten und mit der halbver-
wischten Inschrift auf seinem Architrav den Eindruck eines
Krüppels und Kranken ..."

Einiges oder eigentlich vieles davon hat sich inzwischen grund-
legend verändert. Die Buden zwischen den Säulen sind längst
verschwunden. Auch der Platz selbst ist nur noch barock, aber
keinesfalls mehr schmutzig. Die Bauern, die hier bis nach dem
letzten Krieg ihre Produkte feilboten, haben sich an den Stadt-
rand zurückgezogen. Und was die beiden „lächerlichen Glockentürme" angeht, so hat Taine zu erwähnen vergessen, daß das Pantheon schon im frühen 7. Jahrhundert, und zwar von Papst Bonifaz IV., in eine Kirche umgewandelt wurde und also ein sozusagen legitimes Anrecht auf solche Glockentürme hatte. Sie stammten von Bernini, waren gewiß nicht sonderlich aufregend, wurden

von den Römern mit Eselsohren verglichen und im Jahre 1893 abgerissen. Heute braucht man auch nicht mehr hinabzusteigen, um in das Innere des Pantheon zu gelangen, so daß Taines Feststellung, daß der Eingang grandios und prächtig und die acht ungeheueren korinthischen Säulen überaus eindrucksvoll seien, nunmehr vollinhaltlich und ohne jede Einschränkung zutrifft. Dazu paßt vielleicht noch die Bemerkung eines anderen Romreisenden, nämlich Eckart Peterichs, der vom Pantheon einmal gesagt hat, daß sich hinter einer griechischen Tempelfront ein Rundbau erhebe, „wie er römischer nicht gedacht werden kann". Und das ist in der Tat das eigentlich Faszinierende an diesem Bauwerk, daß es im Betrachter alle Möglichkeiten antiker Architektur von neuem lebendig werden läßt, während man unabhängig davon im Inneren dieses gewaltigen Kuppelbaus über einige wichtige Aspekte der Entstehung und Konsolidierung des italienischen Königreiches nachdenken kann.

Denn das Pantheon, das immer noch eine Kirche ist, wobei man sich auch einmal daran erinnern sollte, daß Bonifaz IV. achtundzwanzig Wagenladungen voll mit Gebeinen von Märtyrern in den damals heidnischen Tempel bringen ließ und dabei das Fest Allerheiligen begründete, um aus der antiken Kultstätte – die vom Konsul Marcus Agrippa im Jahre 27 vor Christi Geburt errichtet worden war – auch tatsächlich und unwiderruflich eine christliche Kirche zu machen ... denn das Pantheon diente seit längerem schon auch als Begräbnisstätte nicht nur für den jungverstorbenen Maler Raffael, sondern vor allem für die beiden ersten Könige des Königreichs Italien, Vittorio Emanuele II., den „Vater des Vaterlandes", wie die pathetische Inschrift auf seinem Grabmal verkündet, und seinen Sohn und Nachfolger Umberto I., der 1878 den Thron bestieg. Umberto war zwar wie sein Vater weder sonderlich gebildet noch übermäßig politisch begabt, aber er besaß in seiner ebenso frommen wie hübschen, ebenso ehrgeizigen wie geschickten Gemahlin Margherita eine Verbündete, welche die tiefe Kluft, die damals zwischen Kirche und Königshaus bestand, behutsam überbrückte. Margherita ist mit Umberto gemeinsam im Pantheon bestattet; und ich habe des öfteren überzeugte Monarchisten vor dem Grab dieses ungleichen Paares getroffen, die sich in seufzenden Erinnerungen an die Königin ergingen und einander versicherten, daß ihr Tod ein unersetzlicher Verlust für die Monarchie in Italien gewesen sei.

Man sollte derlei zwar nicht zugeben ... aber als jemand, der wie ein Flaneur durch Rom spaziert, nehme ich mir doch die Freiheit heraus, zu sagen, daß mich das Innere dieses Bauwerks, das zweifellos der vollkommenste baukünstlerische Ausdruck der sogenannten griechisch-römischen Kultur ist, nie sonderlich beeindruckt hat. Sein Anblick hingegen berührt die Seele, verursacht Assoziationen, die weit über den Anlaß hinausreichen. Denn wenn man scheinbar schläfrigen Blicks, das schwere Licht der Sonne auf der Stirn, von der Piazza della Rotonda aus zum Pantheon hinab- und damit eigentlich emporschaut, sich zwischen den acht gewaltigen Säulen aus grauem und rosafarbenem Granit verirrt – der Stein kam von der Insel Elba – und sich unversehens einbildet, noch Spuren jenes heidnischen Kultes zu entdecken, dem hier einst gehuldigt wurde, als der ehrgeizige Konsul Marcus Agrippa zum Dank dafür, daß er zum drittenmal in sein hohes Amt gewählt worden war, den Planetengöttern diesen riesigen Tempel stiftete, während man, halbblind vom herabstürzenden Gleißen und Glänzen der Sonne, gleichzeitig aber auch fromme Christen zu erkennen vermeint, wie sie das Gebein zahlloser Märtyrer in das dämmrige Halbdunkel des gerade erst zur Kirche gewordenen Tempels schleppen ... dann vermag man sich einen Augenblick lang tatsächlich einzubilden, das Geheimnis Roms entschlüsselt zu haben. Immer das Wirken irgendeines Kultes, der die tiefverwurzelte Neigung der Römer zum Aberglauben fördert. Und stets die ebenso tragische wie herausfordernde Geste des Ungewöhnlichen, Überdurchschnittlichen, Großartigen, die jeden Ansatz zur skeptischen Kritik erstickt.

Vom ursprünglichen Bau des Marcus Agrippa ist natürlich längst nichts mehr erhalten. Denn zweimal ist er fast zur Gänze abgebrannt – Blitzschläge und Unachtsamkeit mögen die Ursachen gewesen sein –, bis ihn Kaiser Hadrian völlig erneuern ließ. Das Pantheon muß prachtvoll ausgesehen haben mit seinem machtvoll gewölbten Dach, das mit vergoldeten Bronzetafeln gedeckt war, die Kaiser Constans II. freilich schon im Jahre 663 nach Byzanz bringen ließ und die ein rundes Jahrhundert später durch Bleitafeln ersetzt wurden. Im unruhigen Mittelalter wurde der Kuppelbau als Festung eingerichtet; und wahrscheinlich sind damals die langgestreckten Säulenhallen niedergerissen worden, von deren Schönheit noch spätantike Autoren schwärmten. Diese Kolonnaden umrundeten gleichsam das Bauwerk, lockerten das Strenge, Schwere, Wuchtige, das es vermittelt, etwas auf und müssen dem Beschauer insgesamt einen außerordentlichen Eindruck vermittelt haben. Aber auch später ist dem Pantheon noch übel mitgespielt worden. Papst Urban VIII. verwendete zum Beispiel die prachtvollen Bronzeplatten, welche die Vorhalle schmückten, zur Herstellung von Kanonen, mit denen er die Engelsburg zu verteidigen gedachte. Und der italienische Staat benützte es als patriotische Begräbnisstätte für seine Könige, so daß aus dem einstigen Tempel, der zahlreichen Göttern geweiht war, jetzt eine Art Walhalla geworden ist.

Alle Autoren erzählen im übrigen die beeindruckendsten Anekdoten von jener fast mystischen Bewegung des Lichtstrahls, der durch das kreisrunde Loch in der Höhe der Kuppel in das Innere des Pantheon fällt. Shelley, der englische Poet, meinte einmal, diese Öffnung sei das Aug' Gottes, das auf die Menschen blicke; und sein Landsmann Morton sprach vom goldenen Lichtpfeil, der „langsam an der Wand aufwärts gleite". Ich habe mich einen Spätherbst, einen Frühwinter lang vergeblich darum bemüht, einer ähnlichen Beobachtung oder Empfindung teilhaftig zu werden. Das Sonnenlicht fiel zwar mit schöner Beharrlichkeit durch dieses kreisrunde Loch oben in der Kuppel; aber es drang nie tiefer als ein paar Meter in das Innere des Pantheon ein; und von einem goldenen Lichtpfeil, der wie ein „überirdisch anmutender Zeiger einer Sonnenuhr" aussah, konnte nicht im mindesten die Rede sein. Und was ist bei Regenwetter? Morton schilderte recht eindrucksvoll, was er erlebte, als er eines plötzlichen Regenschauers wegen in das Pantheon flüchtete: „Ich sah eine Säule grauer Regentropfen eilfertig herunterglitzern, ein silbriges, zitterndes

Spinnengewebe gegen das düstere Halbdunkel des Raumes." In diesem Zusammenhang sollte man daran erinnern, daß schon die antiken Baumeister daran gedacht hatten, eine Abflußrinne für das einsickernde Regenwasser anzulegen. Angeblich ist es derselbe Kanal, der heute noch für den Abfluß des gelegentlich herabstürzenden Wassers sorgt.

Eines Tages, ich war gerade erst in Rom angekommen, nachdem ich den Nachtschnellzug von Triest nach Rom benützt und die erstaunliche Erfahrung gemacht hatte, daß vom Friaul bis nach Umbrien bettelnde Kinder die Abteile systematisch durchkämmten und dabei eine Hartnäckigkeit bewiesen, die einer besseren Sache würdig gewesen wäre; eines Tages also eilte ich von meinem Hotel, das am Monte Citorio gelegen war, unverzüglich zur Piazza della Rotonda, um mir mit der Müdigkeit auch den bitteren Geschmack zu vertreiben, den diese bettelnden Kinder – und es waren nicht nur Zigeuner – in mir hinterlassen hatten. Es war Ende November. Die Sonne schien mit unverminderter Helligkeit. Die Farben der Häuser in den schmalen, verwinkelten Gassen, durch die ich ging, hatten noch nichts von ihrer sommerlichen Lebhaftigkeit eingebüßt. Und ich freute mich auf das Pantheon, auf die Tauben, die flügelschlagend den anmutigen Brunnen auf der Piazza della Rotonda umkreisen, auf die unbequemen Plastikstühle und vor allem auf den langen, eindringlichen Blick, mit dem ich die acht korinthischen Säulen würde begrüßen dürfen . . . Aber schon in dem Augenblick, als ich die Piazza Capranica überquerte und einbog in die schmale, leicht abwärtsführende Verbindungsgasse zur Piazza della Rotonda und ich gerade die mächtige, dunkle Steinschulter des Pantheon sich ins Bild drängen sah, geradeso, als ob ein dunkler Schiffsbug langsam den Horizont ausfüllt, schon in diesem Augenblick hörte ich ungewöhnlichen Lärm. Näherkommend erkannte ich dann die Ursache dafür. Es fand eine Protestversammlung der italienischen Pensionistengewerkschaft statt. Hunderte von alten Menschen umdrängten den Brunnen – die Tauben flatterten empört durch die Luft –; und immer neue Redner stürzten sich in die verwegensten rhetorischen Abenteuer, was manchmal rührend mitanzuhö-

Piazza della Rotonda und Pantheon

ren war, weil die Mikrofone unbarmherzig die schlechtsitzenden falschen Gebisse entlarvten, was nichts an der Verzweiflung änderte, die hier laut wurde. Im Hintergrund waren drei gepanzerte Mannschaftswagen der Carabinieri aufgefahren. Das Pantheon selbst war von einem Kordon gelangweilter Polizisten abgeschirmt. Und die Tische und Stühle der Straßencafés waren von ungeduldigen Touristen und erschöpften Rentnern besetzt.

Damals im Angesicht des Pantheon mit seiner eindringlichen Aufforderung, die stets einer Verführung gleichkommt, sich des erhabenen Zeitalters zu entsinnen, in welchem dieses gewaltige Bauwerk errichtet wurde; und im Gedenken an das feierliche Pathos der Königsgräber in seinem Inneren; und mit dem Bewußtsein, über ein Pflaster zu gehen, in dessen Tiefe antike römische Bauwerke ruhen ... damals schien es mir, als ob man bestimmte Bilder und Erfahrungen, die man nicht sogleich miteinander in Verbindung zu bringen vermag, doch stets in einem inneren Zusammenhang sehen muß. Da waren die schrillen Verzweiflungsschreie, die empörten und doch unendlich hilflosen Reden italienischer Pensionisten, die mit dem Geld, das ihnen der Staat auszahlte, kaum noch zu überleben vermochten. Da war das Hotel „Sole" oberhalb des Pantheon mit seinen imponierenden Gedenktafeln an den Komponisten Mascagni und an den Dichter Ariost, die einst hier abgestiegen waren. Und da war meine Erinnerung an die freche Zudringlichkeit sechs- und achtjähriger Kinder, die eine Nacht lang quer durch Italien einen Expreßzug buchstäblich in Beschlag genommen hatten. Im Friaul, erinnere ich mich, war es ein blondhaariges Mädchen, das seinen kleineren Bruder – oder Genossen – von Abteil zu Abteil schleppte und seine Bitte um Geld, die eher einer barschen Aufforderung gleichkam, an die aus dem Schlaf hochschreckenden Reisenden richtete. In der Toskana und in Umbrien waren es dann Zigeunerkinder, die mit devoter und zugleich frecher Selbstverständlichkeit ihre bettelnden Hände durch die halbgeöffnete Abteiltür streckten, während draußen die Morgensonne in ein sanftes Licht tauchte. Und vor der Stazione Termini, dem römischen Hauptbahnhof, wo ich mich in die lange Schlange der auf ein Taxi wartenden Reisenden einreihte, waren es mindestens zwei Zigeunerfamilien, die ebenso routiniert wie unnachgiebig ihrem wahrscheinlich höchst einträglichen Gewerbe nachgingen. Aber selbst hier auf der Piazza della Rotonda würden spätestens gegen Mittag diese vertrauten Figuren in Erscheinung treten: der krächzende Bänkelsänger, der junge, kunstvoll hinkende Mann mit seinem zerknitterten Zettel, darauf er seine elende Biografie notiert hatte, das blondgelockte, hübsche Mädchen mit seinem rührenden Silberblick ... und alle bedienten sich der gleichen Gesten, derselben Unverfrorenheit, alle hatten sie diesen unangenehm forschenden Blick, vor dem man fast erschrocken die Augen niederschlug oder von dem man sich durch ein paar Münzen, durch einen zerknitterten Geldschein befreite.

Und des Pantheon schwerer, dunkler Schatten fiel gleichmütig auf die bewegte Szene. Die Tauben umkreisten aufgeregt den Platz. Immer noch wechselten einander die Redner in ihren heftigen Anklagen ab. Aber die Menge der Zuhörer fiel schon langsam auseinander, bröckelte ab, verlief im umliegenden Gassengewirr. Zwei berittene Carabinieri wippten auf ihren großgewachsenen Gäulen langsam heran; einer, der Jüngere, winkte mit unendlich lässiger und dabei doch graziöser Handbewegung einer jugendlichen Dirne zu, die am oberen Teil der Piazza mit zwei Burschen verhandelte, lebhaft unterstützt von einigen Kellnern der umliegenden Lokale, die den beiden zögernden Freiern wohl beizubringen versuchten, wie vorteilhaft das Angebot des Mädchens sei. In einer Nische kauerte eine junge Frau und warf mit raschen Strichen ein Abbild des Pantheon auf ihren Zeichenblock. Der Bänkelsänger umkreiste die Straßencafés; im Hintergrund wartete der junge hinkende Mann geduldig auf seinen Auftritt. Nur das blondgelockte Mädchen war noch nirgends zu sehen. Hausfrauen eilten mit raschen, trippelnden Schritten über den Platz, verharrten vor dem stetig rauschenden Brunnen einen kurzen Augenblick, beugten sich herab, ließen Wasser in die hohle Hand rinnen, tranken ... Hunde jagten mit nach oben gerissenen Köpfen den auffliegenden Tauben nach. Und der Himmel wehte wie schweres, tiefblau verfärbtes Fahnentuch über die Stadt hinweg.

Woran erinnert man sich in solchen Augenblicken? Daß Taine in seiner Darstellung des Pantheon einmal gemeint habe, der Eindruck, den dieser Bau hinterlasse, entspreche keinesfalls einem primitiven Gefühl, sondern zeuge von einer fortschrittlichen Zivilisation, von berechneter Kunst und gelehrter Überlegung? Und daß er nach dem Grandiosen strebe, Staunen und Bewunderung zu erregen wünsche und insgesamt ein vollendetes Schauspiel sei? Oder denkt man an die etwas lächerlichen, auch hilflos anmutenden und widerspruchsvollen Posen, mit denen sich die verbitterten Pensionisten jetzt zum Gruppenbild sammelten, blinzelnden Augs sich der Sonne widersetzend, die hemmungslos auf ihre alten, erschlafften Gesichter fiel? Oder an das verhaltene Summen, das zwischen den gewaltigen Säulen vor dem Pantheon seinen Ursprung zu haben schien und sich nun fortpflanzte, wie ein leises Echo war, das in einer fließenden, unaufhaltsamen Bewegung den ganzen Platz erfaßte und gegen die verwischten, verstaubten, verrunzelten Fassaden der Häuser fiel, dabei einen Ton erzeugend, der einem ans Herz griff?

Woran denkt man wirklich, wenn man eines der großen, bewundernswerten Bauwerke der Antike betrachtet und dabei doch nicht davon ablassen kann, einer Wirklichkeit gewahr zu werden, die bitter, heftig und voll von Widersprüchen ist?

Die Welt des Lateran

Zuerst war, während die barocke Fassade der Lateranbasilika langsam vor mir in die Höhe wuchs, nur dieses winterliche Sonnenlicht am frühen Vormittag. Es erfüllte die Piazza Porta San Giovanni, lag wie ein Block schmelzenden Silbers auf der benachbarten Piazza San Giovanni in Laterno, umschmeichelte den mächtigen Obelisken, den ältesten und höchsten in Rom stehenden, der aus dem 15. vorchristlichen Jahrhundert, und zwar aus dem oberägyptischen Theben, stammt, dann den Circus Maximus schmückte und erst viel später, nämlich Ende des 16. Jahrhunderts, an jene Stelle gebracht wurde, an der sich zuvor das legendäre Reiterstandbild des Mark Aurel befunden hatte, das damals gemäß einem Wunsch Michelangelos und auf Anordnung von Papst Sixtus V. hinüber auf den Kapitolshügel wanderte.

Da war den ganzen frühen Vormittag lang dieses Licht, dem man nicht widerstehen konnte. Es füllte die breiten Straßenschluchten der Stadt, diese von Bewegung und Lärm erfüllten Schneisen, völlig aus, zog glänzende, leuchtende Bahnen vom Lateran aus in die Tiefe Roms, ein Licht, das noch Nebelfetzen und zugleich schon große Flächen eines aquamarinfarbenen Himmels mit sich schleppte und dabei eine Helligkeit erzeugte, die bis tief unters Augenlid drang und buchstäblich im Kopf explodierte.

Vom Dach der Lateranbasilika herab winkten die marmorfarbenen Heiligen. Die Sonne flocht einen dicken Heiligenschein um ihre bartumkränzten, gewaltigen Gesichter. Wieder einmal wurde man daran erinnert, daß in Rom die verschiedenen Überreste von Bauwerken wie geologische Schichten nebeneinander stehen. Im Hintergrund die braunverfärbte Schlangenlinie der Aurelianischen Mauer. Dazu die strahlenförmig auseinanderfallenden Straßenschluchten, in denen die Sonne wütete, gezeichnet von erglühendem Ocker, sattem Weinrot, sanftem Rosa und stumpffarbenem Sepia. Und schloß man für einen Augenblick die Augen, mochte man sich ernsthaft vorstellen, wie schon wieder die Scharen der Flagellanten des 16. und 17. Jahrhunderts den sanft ansteigenden Hügel emporströmten, den die riesige Basilika wie eine barocke Dornenkrone besetzt hält, Männer in verschiedenfarbenen Gewändern, darauf Kruzifixe, Christusbilder, Heiligenbilder genäht waren, denen übertrieben geschminkte Damen in Röcken, die wie Ballons abstanden, heftig applaudierten, während sie mit den Reliquien, die sie um Taille und Arme gebunden hatten, den blutenden, längst schon erschöpften Flagellanten zuwinkten, die sich später in der Basilika – aufgeteilt in einander eifersüchtig befehdende Bruderschaften – um den Vortritt zum Altar prügeln würden. Und einbilden konnte man sich auch das Geschrei, den monotonen Gesang, das Rasseln eiserner Ketten, mit denen sich verschiedene Büßergruppen aneinandergekettet hatten, und das Dröhnen der Glocken, das bis zu den macchiaüberwachsenen Hügeln drang, die außerhalb der Aurelianischen Mauer in sanfter Bewegung dem Horizont zueilten.

Damals, so klagten zeitgenössische Autoren, habe es für die Gesellschaft in Rom nur eine Aufgabe gegeben, die um jeden Preis zu erfüllen war: den Sieg der Kirche. Und noch ein Jahrhundert nach dem letzten Auftreten dieser schrecklichen Flagellanten, die mit ihrem blutigen Büßertum den Petersdom ebenso wie die Lateranbasilika in eine Stätte des geifernden, hysterischen Grauens verwandelten, waren jene hundert Millionen Scudi, welche der päpstlichen Monarchie plötzlich zur Verfügung standen, nicht zur Hebung des völlig darniederliegenden Gewerbes oder für irgendwelche lebensnotwendigen Investitionen wichtig, sondern man benützte sie, um die Fassade der Lateranbasilika mit ihren vierzehn Apostel- und Heiligenstatuen oben auf der weitausholenden Balustrade zu finanzieren. Die Bauern in der Campagna hungerten. Das Fieber wütete. Die Stadt trieb weder Handel noch Gewerbe. Eine Heerschar von Bettlern überschwemmte Rom. Wenn man sich in der Ewigen Stadt aufhalte, schrieb ein französischer Reisender noch im 19. Jahrhundert, habe man bloß alles zu bewundern und keinesfalls festzustellen, daß die Bettler schmutzig seien „und daß an den Straßenecken Kohlstrünke herumliegen".

Solche Feststellungen waren unzulässig. Alle Welt wußte, daß

Rom in jenen Jahrhunderten, die dem avignonesischen Exil der Päpste folgten – und in denen die Lateranbasilika zu dem wurde, was wir heute teils bewundernd und zum Teil mit skeptischen Blicken betrachten –, an einem unheilvollen Widerspruch krankte. Aber niemand durfte darüber offen sprechen. Es entstanden die großartigen Werke der italienischen Renaissance, des italienischen Barock; aber die Verrohung der römischen Bevölkerung, die Entsittlichung der Geistlichkeit nahm barbarische Formen an. Es habe die Renaissance dem 17. Jahrhundert keine sittlich hochstehende Gesellschaft als Erbschaft hinterlassen, schreibt der Kunsthistoriker Casimir von Chledowski. „Die fortwährenden Kriege, das knechtende Regiment der kleinen Tyrannen, französische und spanische Einfälle, die Sittenverderbnis des geistlichen und weltlichen Klerus – all das wirkte höchst ungünstig auf die Gesellschaft." In seiner Analyse dieser Entwicklung erinnert Chledowski an die Anstrengungen des Papsttums, dessen „Wirksamkeit hauptsächlich darauf gerichtet war, das ihnen vom Protestantismus Genommene zurückzuerobern". Man gab Auftrag und stellte Geld zur Verfügung, die Fassade der Lateranbasilika zu errichten; einer grundsätzlichen Restauration der öffentlichen Verhältnisse in Rom oder „der Versittlichung der Bevölkerung" konnte und mochte man sich nicht zuwenden. Dazu noch einmal Chledowski: „Daher ergab sich der große Unterschied in der Anwendung von Moralgesetzen auf einflußreiche Menschen und auf Angehörige niederer Volksklassen. Den Reichen wurde leichter und mehr verziehen als der übrigen Menschheit."

Und kaum anderswo als gerade angesichts dieser gewaltigen Bischofskirche Roms, die den Lateranhügel krönt, wird man an diese Binsenweisheit erinnert, die freilich nicht eine Erfindung römischer Päpste ist.

Die Biografie der Lateranbasilika beginnt mit dem angesehenen altrömischen Geschlecht der Laterani. Vom Schicksal eines gewissen Plautius Lateranus wissen wir durch Juvenal und Tacitus. „Dieser aufgeblasene Lateranus", schrieb Juvenal, „fegt in einem pfeilschnellen Wagen an den Gebeinen und Aschenresten seiner Vorfahren vorbei." Folgenschwerer scheint das Verhältnis gewesen zu sein, das Lateranus mit der schrecklichen, männerverzehrenden Messalina eingegangen war, denn es könnte unter anderem auch eine Ursache dafür gewesen sein, daß er sich an einer Verschwörung gegen Kaiser Nero beteiligte und dabei die Aufgabe zu übernehmen bereit war, den verhaßten Caesar in jenem Augenblick heimtückisch zu umarmen, in welchem die Mörder ihre Dolche in den Leib des Tyrannen zu versenken gedachten. Aber die Verschwörung wurde vorzeitig entdeckt, Lateranus wie viele seiner Genossen hingerichtet und der Palast seiner Familie, der sich auf jenem Hügel erhob, der heute als der lateranische bezeichnet wird, von Nero konfisziert. Das alles führte dazu, „daß in einem fast unmöglich anmutenden Schicksalszusammenhang die Namen eines Liebhabers der Messalina und des Johannes des Täufers zusammen als St. Johannes im Lateran in die Geschichte eingingen und der Mutterkirche aller Christenheit ihren Namen gaben" (H. V. Morton).

Kaiser Konstantin machte dann nach seinem Sieg über Maxentius an der Milvischen Brücke den Palast der Laterani der römischen Kirche zum Geschenk; zuvor hatte seine Gemahlin Fausta darin gelebt, die den Palast als Mitgift in die Ehe eingebracht hatte. Man nimmt an, daß Papst Melchiades – oder Miltiades – der Beschenkte gewesen sei; jedenfalls fand bereits im Jahre 313 im antiken lateranischen Palast eine Synode statt. Die Kirche, die Konstantin dazu stiftete und welche wir als Vorläuferin der heutigen Lateranbasilika ansehen müssen, dürfte von Papst Sylvester, der später heiliggesprochen wurde, geweiht worden sein, und zwar Christus, dem Erlöser. Die Beziehung zu Johannes dem Täufer wurde erst durch Papst Gregor den Großen hergestellt.

Ich habe die seltsamsten und zugleich widerspruchsvollsten Erinnerungen an diese Kirche, die – ungeachtet ihrer beeindruckenden Größe und „der Pracht des vielfarbigen Marmorfußbodens, der purpurgoldenen Decke und ihres wie ein Schmuckkasten schimmernden Papstaltars, in dem die Häupter der Apostel Petrus und Paulus hinter einem vergoldeten Gitter aufbewahrt werden" (H. V. Morton) – eher ein wenig enttäuscht durch die fast furchteinflößenden Dimensionen und die Kälte, welche diese respektgebietende Größe verströmt. Draußen, erinnere ich mich, schoß das römische Winterlicht wie eine Sturzflut vom Himmel. Man mochte sich einbilden, darin zu waten, den Mund in flüssiges Gold getaucht, als ob plötzlich Konstantins kostbare Geschenke, mit denen er die erste lateranische Kirche überhäuft hatte, aus der Tiefe der Erde und der Zeit wieder emporzusteigen begännen. Und aus den letzten Nebelresten, die lautlos unter der Sonne zerbarsten, tauchte noch einmal die ehrfurchtheischende Gestalt jenes Papstes Leo auf, der „mit dem ganzen majestätischen Gepränge der Kirche dem Hunnenkönig Attila" vom Lateran aus entgegenzog, um dessen verheerendes Eindringen nach Rom zu verhindern. Auch Gregors des Großen gebieterische Geste, mit welcher er den heiligen Augustin von hier aus nach England sandte, um die heidnischen Angelsachsen zu bekehren, war vorstellbar, solange man nicht den Blick zu den zwölf gewaltigen Statuen der Jünger Christi hob, die zwar Bernini geschaffen hatte, die aber doch, wie Taine das schon vor mehr als hundert Jahren nüchtern feststellte, nichts anderes als den unglücklichen Geschmack des 17. Jahrhunderts repräsentieren, der weder heidnisch noch christlich, sondern nur auf prahlerische Größe ausgerichtet war.

Die konstantinische Lateranbasilika hat über ein halbes Jahrtausend lang existiert, bis sie im 9. Jahrhundert durch ein Erdbeben fast zur Gänze zerstört wurde. Sie muß gleichfalls riesige Dimensionen gehabt haben, denn um sie zu errichten, wurden nicht nur eine Kaserne, in welcher des Kaisers Garde untergebracht war, sondern auch zwei Straßen überbaut. Und ihre Ausstattung war so kostbar, daß man sie bald nur noch „die goldene" nannte. Die Wände der Apsis waren mit Goldplatten bedeckt; und achtzehn lebensgroße Figuren aus getriebenem Silber schmückten das Hauptschiff. Das Erdbeben, das diese ganze Pracht vernichtete, wurde von den Römern als ein Zeichen des Himmels angesehen, denn Papst Stephan VI., der zu jener Zeit über Rom und die Christenheit herrschte – und der wie alle Päpste des Mittelalters im Lateran residierte –, war einer dieser fragwürdigen Charaktere

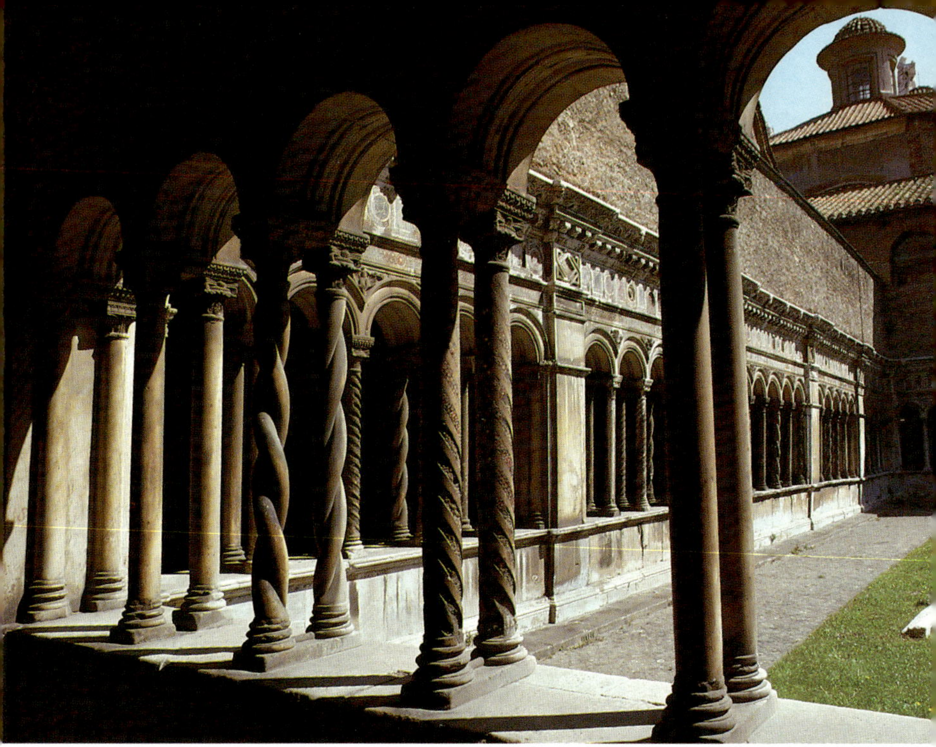

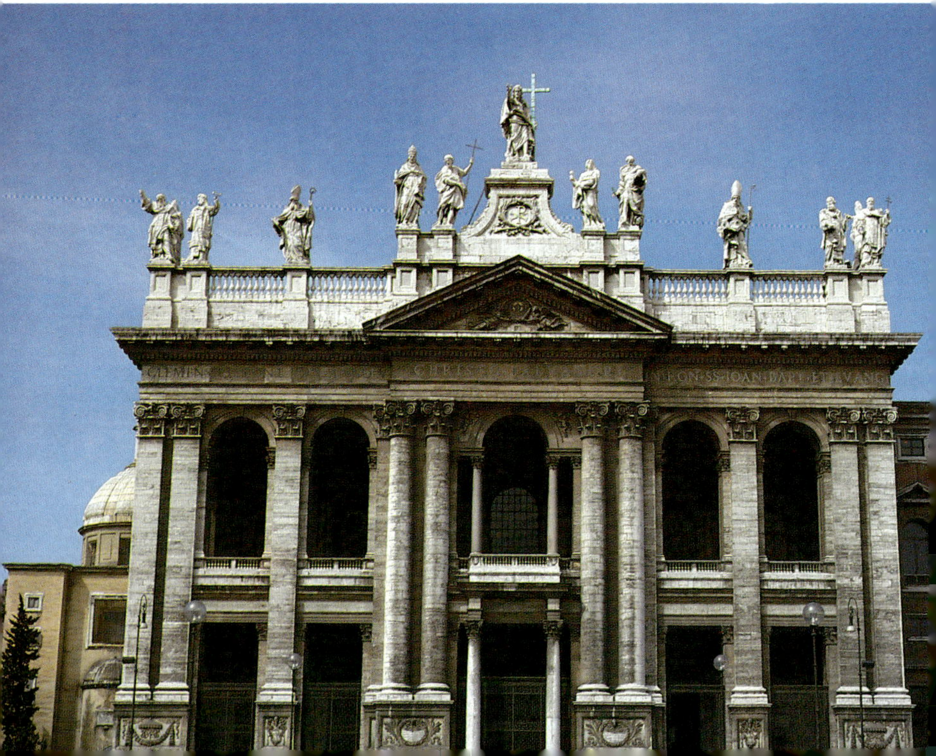

auf dem Papstthron, die den Glauben der Menschen an die christliche Idee und das Papsttum selbst fast zugrunde gerichtet haben. Er, der wahrlich ein Unmensch gewesen sein muß, ließ seinen Vorgänger Formosus exhumieren, bekleidete den Leichnam mit kostbaren päpstlichen Gewändern, setzte ihn im Lateranpalast auf einen Thron und hielt über ihn Gericht. Dabei wurden dem Toten die sogenannten Segensfinger der rechten Hand abgehackt. Später wurde der geschändete Leib des verstorbenen Papstes bestattet, wiederum ausgegraben und schließlich in den Tiber geworfen. Was Papst Stephan angeht, so war auch sein Ende wenig ruhmreich. Er, den das Volk verachtete und der römische Adel haßte, wurde, nachdem man ihn eingekerkert hatte, von seinem Henker erwürgt. Im übrigen wäre es freilich ein schöner Aberglaube anzunehmen, daß dieser Papst lediglich eine unrühmliche Ausnahme gewesen sei. Der Lateranpalast und die lateranische Basilika sahen auch noch zahlreiche andere grausame Tyrannen, Wüstlinge, Mörder, so daß man manchmal fast meinen möchte, erst durch die Übersiedlung der Päpste in den Vatikan – nach dem avignonesischen Exil – sei die Würde des Papsttums nach manchem neuerlichen Rückschlag allmählich doch wiederhergestellt worden.

Man sollte vielleicht überhaupt imstande sein, sich vorzustellen, was alles nach dem Exodus der Päpste nach Avignon mit dem verwaisten Lateran und mit Rom geschäh, um sich inmitten der stolzen, kalten Pracht der heutigen Lateranbasilika eine Erinnerung daran zu bewahren, was das Werden und Vergehen aller Geschichte mit diesem für die Idee des Christentums und die politische Entwicklung des Papsttums so bedeutsamen lateranischen Hügel bewirkt hat. Denn es hat zwar im ausgehenden Mittelalter immer wieder Versuche gegeben, die zerstörte konstantinische Basilika und den niederbrechenden lateranischen Palast wiederherzustellen, aber der Verfall war unaufhaltsam. Nach einer verheerenden Feuersbrunst im Jahre 1308 übersiedelte im Jahr darauf der päpstliche Stuhl nach Frankreich. „Damit begann für Rom ein Zeitalter des Verfalls, das alle Folgeerscheinungen der katastrophenreichen Völkerwanderungsära, alle Verwilderungen der zwischen Karls des Großen Tod und dem Aufkommen des ottonischen Kaiserhauses liegenden Epoche hinter sich ließ. Die Stadt verödete und verarmte." (W. Bergenruen)

Und mit der Stadt verödete und verarmte auch der Lateran. Er war sozusagen funktionslos geworden. Erst die Päpste der Renaissance und des Barock haben die Basilika, erst das 16. Jahrhundert und der energische Sixtus V. haben den lateranischen Palast wiederhergestellt, wobei aus dem fast vollkommen zerstörten Palast, wie zeitgenössische Autoren verwundert berichteten, „ganze Karren voll Goldschutt hinaus auf die Via Appia" gebracht wurden, wo dann noch lange jener „monte d'oro", der sogenannte Goldberg, zu sehen war, den noch Goethe angelegentlich betrachtet haben soll. Die Umgestaltung der Basilika wiederum geschah endgültig unter Innocenz X., der den leidenschaftlichen und unglücklichen Borromini mit dieser Aufgabe betraut hatte. Der Verlust aller politischen und ideologischen Bedeutung des lateranischen Bezirkes konnte dadurch freilich nicht verhindert werden.

Ich habe schon erwähnt, daß mich die Lateranbasilika gerade ihrer triumphalen Größe und ihrer stolzen Kälte wegen nicht sonderlich zu beeindrucken vermag. Es mangelt diesem Prachtbau an menschlichem Maß oder, wie ich meine, an jener berührenden Wärme, ohne die das kultische Element stets ein wenig abstrakt und fremd bleibt. Lediglich der im 13. Jahrhundert entstandene Kreuzgang der lateranischen Basilika bildet davon eine Ausnahme. Als ich ihn zum erstenmal betrat, bildete ich mir ein, unversehens in eine andere, farbige, poetisch verklärte Welt geraten zu sein, darin Gott und seine Priester noch in Bildern zu uns sprechen und aller Hochmut der Politik, der gerade die christliche Religion den Menschen so sehr entfremdet hat, wie von Zauberhand fortgewischt ist. Dieser Kreuzgang ist beinahe so etwas wie ein steingewordenes Bilderbuch einer Geschichte, darin noch zahlreiche Überreste aus der antiken konstantinischen Basilika von einer Intensität des Glaubens erzählen, die das Christentum längst verloren hat. Mosaikverzierte Steine, sanft schimmernde Farben, gebannt in geometrische Muster, winden sich in schöner

Anmut um den altersgrauen Stein und demonstrieren eine selbstverständliche Ästhetik, die ergreift. Und der Gegensatz zu den hohen, prachtvoll dekorierten Kirchenschiffen der Basilika erhält etwas Bedrückendes. Der Kreuzgang ist in seiner abgeschiedenen Anonymität ein Beweis dafür, daß die Geschichte der Menschen auch mit Herzenswärme zu tun hat; und daß Demut und Gläubigkeit nicht die schlechtesten Voraussetzungen für das Überleben einer Idee sind.

Ein ähnliches Gefühl, nur schärfer, eindringlicher, gleichsam insistierender, mag man von jener Scala Santa empfinden, die sich in einem Gebäude gegenüber dem lateranischen Palast und der Basilika befindet, in welchem einst auch die Privatkapelle der Päpste eingerichtet war. Auch hier zuerst nur stumme Betroffenheit angesichts dieser unglaublichen Wirkung, die der Kult in Verbindung mit Aberglauben auszuüben vermag, wenn das, woran der Mensch sich klammert in seiner Not, nicht in einer Phrase übertriebener Prachtentfaltung erstarrt. Die Scala Santa war angeblich einst jene Treppe im jerusalemischen Palast des römischen Statthalters Pilatus, über die Christus gehen mußte, als ihn bereits die Dornenkrone drückte. Und es war dann die heilige Helena, die neben zahlreichen anderen bedeutungsvollen Reliquien auch diese Treppe – deren achtundzwanzig Stufen aus tyrischem Marmor gehaun und heute mit einer Holzverkleidung versehen sind – von Jerusalem nach Rom bringen ließ. Einst soll das Blut Christi auf den Marmor getropft sein. Löcher, die mit Kristall bedeckt sind, bezeichnen jetzt die Stellen, die durch das Blut des Herrn gezeichnet wurden. Und fast betrachtet man es als selbstverständlich, daß sich die Gläubigen nur auf Knien emporbewegen dürfen bis zur alten Papstkapelle Sancta Sanctorum, darin neben zahlreichen anderen Reliquien auch ein Bildnis des Heilands aufbewahrt wird, das, wie es die Legende will, von Engeln gemalt wurde. Über dem Altar, der allerdings nicht zugänglich ist, befindet sich eine Inschrift, die besagt, daß es keinen heiligeren Ort auf der Welt gebe als diesen.

Mythos und Wirklichkeit verschmelzen vor dieser Treppe und angesichts der langsam, schwerfällig nach oben rutschenden Figuren und auch angesichts einer inbrünstigen Gläubigkeit, die man wahrlich nicht vermuten würde inmitten einer Weltstadt, deren auffälligster Eindruck ein beinah barbarischer und deren Biografie ein immer wieder erschütternder Beweis für die Begabung der Menschen zur Grausamkeit ist. Es liegt etwas Rätselhaftes, Verwirrendes in der Haltung, mit der man die Treppe emporkniet oder zu der man instinktiv gezwungen wird, während man sich Stufe um Stufe kniend voranbewegt, eingesponnen in einen Traum, der alle Realität verwischt und bedeutungslos werden läßt, während die Kraft des Mythos schwer auf den gebeugten Schultern lastet. Man muß die Gesichter der Pilger sehen, um zu begreifen, was hier passiert. Man muß die Entrücktheit und vor allem die blinde Vertrautheit mit etwas vollkommen Abstraktem oder Irrealem gesehen haben, um zu wissen, welche Macht diesem Mythos wirklich innewohnt. Manche Frauen, manche Männer, die, bevor sie zur Treppe kommen, schwerfällig wirken, kränklich, sogar hinfällig, scheinen dann, wenn sie erst einmal die altersdunkle Holzverkleidung unter ihren Knien spüren, zu schweben. Ich habe Priester gesehen, deren schwarzer Rock sich über ihren feisten Leib spannte, wie sie schweratmend und mit hochrotem Kopf die wenigen Stufen bewältigten, um in das Gebäude zu kommen; aber dann flogen sie, als berührte sie tatsächlich die Hand eines Engels, über die steile Treppe empor, ohne daß ihr Atem schneller ging. Die Scala Santa scheint etwas zu bewirken, das mit dem Verstand allein nicht erfaßbar ist. Und vielleicht ist das, was man hier erleben, empfinden kann, was durch die Haltung der betenden und knienden, kniend emporrutschenden Menschen ausgedrückt wird, die eigentliche Geschichte der Menschheit, soweit sie sich der christlichen Idee verbunden fühlt.

Realistisch ist das alles gewiß nicht. Es macht bloß fassungslos; und läßt doch jede bittere Realität, von der man in Rom nahezu unaufhörlich bedrängt wird, fragwürdig erscheinen. Die Fresken in den beiden flankierenden Seitentreppen zum Beispiel zeigen blutrünstige Darstellungen. Da wird von Krieg und Totschlag erzählt. Engel, blondgelockt und mit mildem Antlitz, tauchen ihr Schwert in den Leib düsterer Ritter. Blut fließt. Und die

Wirklichkeit gebärdet sich wieder gewalttätig und vertraut. Aber der Zauber, den die Scala Santa verströmt, ist hartnäckig. Man sieht die grellen Farben und drastischen Bildinhalte. Aber man lächelt. Man ist noch traumbefangen. Und man glaubt nicht, was man sieht, was einen umgibt; man glaubt nur, was man sich, als wäre man ein Schlafwandler, verwirrten Gemüts einbildet, nachdem man die heiligste aller Treppen mit den Knien berührt hat. Und die demütige Geste, mit der man sich wie alle Pilger über die Füße der Marmorstatuen beugt, die unten in der Eingangshalle zur Scala Santa als stumme Wächter aufgestellt sind . . . und mit der man dann den Mund auf den kalten Marmor preßt: diese Geste ist selbstverständlich.

Die Welt des Vatikan

Für einen wahrhaft religiösen Geist sei das Schauspiel im Inneren der Peterskirche nicht sonderlich erbauend ... Diese Meinung zieht sich als eine Art roter Faden durch die Beschreibung der zahllosen Autoren, die als Pilger, Bildungsreisende, Skeptiker, Snobs oder verwirrte Zyniker jenen Schauplatz durchstreiften, der im Altertum noch nicht einmal zu Rom gehörte, sondern nichts anderes war als mehr oder weniger brauchbares Ackerland. *Ager vaticanus* hieß das damals, wo später dann die Caesaren Caligula und Nero jene berüchtigte Arena anlegen ließen, darin zahlreiche Christen, darunter auch der Apostel Petrus, den Märtyrertod fanden.

Aber manchem kritischen Geist war das kein hinlänglicher Anlaß für den beeindruckenden Prunk der Peterskirche. „Denn unter allen Umständen wird es stets absurd bleiben, eine Kirche wie St. Peter zu bauen", schrieb Stendhal zu Beginn des 19. Jahrhunderts. „Kann man fünfhundert Millionen nicht auf zwanzig nützlichere Weisen ausgeben?", fragte er und verwies auf das Elend Roms, das damals seit Jahrhunderten schon erdrückend war. Viele Jahre später notierte Charles Dickens, daß der erste Eindruck „des Inneren mit all seiner majestätischen Größe und Pracht und der Anblick der gewaltigen Kuppel" sich ihm zwar unvergeßlich eingeprägt hätten, aber es „überkam mich doch keine allzu starke Erregung". Und er erinnerte sich selbst an englische Dorfkirchen und an den „geheimnisvollen und wunderbaren Markusdom in Venedig", die alle einen viel tieferen Eindruck auf ihn gemacht hatten.

Eine hübsche und lebhafte Schilderung über die Verhältnisse im Petersdom während einer feierlich zelebrierten Messe lieferte Hippolyte Taine, der in den sechziger Jahren des 19. Jahrhunderts manche Dinge entdeckte, die sich im Grunde bis auf den heutigen Tag nicht verändert haben. „Die Soldaten des Papstes, welche Spalier bilden, gähnen, drehen sich um und starren die vorübergehenden Frauen an. Während der ganzen Messe gehen die Anwesenden umher und sprechen mit leiser und auch mit halblauter Stimme zueinander; da es weder Stühle noch Bänke gibt, versuchen sie sich gegen die Pfeiler zu setzen und stellen sich bald auf einen, bald auf den anderen Fuß. Viele schlafen. Man hört überall ein lautes Summen, es herrscht ein Kommen und Gehen wie in einer Markthalle." Und dazu noch einmal Stendhal, der einer Papstmesse beiwohnte und unterm Datum 16. Dezember 1816 in sein Tagebuch notierte: „Ich hörte die berühmten Kastraten singen. Nie hörte ich ärgere Katzenmusik. Zwei Stunden währte die Messe. Anderthalb Stunden lang habe ich mich gewundert, mich geprüft und befühlt, ob ich krank sei . . .".

Es ist etwas Sonderbares mit dieser hartnäckigen Form der Ablehnung, die so vielen Autoren in die Feder fließt, wenn sie ihre Eindrücke über das, was im Inneren des Petersdoms vor sich geht, kritisch zusammenfassen. Ich erinnere mich an einen Pfingstsonntag vor einigen Jahren, als ich einen Vormittag lang im Petersdom zubrachte und nicht wußte, welcher Empfindung ich nachgeben sollte. Denn Empörung, Erstaunen, Bewunderung und Resignation waren die vorherrschenden Gefühle, die mich damals bewegten angesichts einer Zeremonie, die eher ein gnadenloses und zugleich erbarmungswürdiges Spektakel war. Der Papst, plötzlich auftauchend aus der Tiefe des Raumes, eilte mit kurzen, merkwürdig trippelnd wirkenden Schritten durch den Mittelgang, begleitet und zugedeckt von den grellen Blitzlichtern pausenlos, gnadenlos fotografierender Besucher. Im Hintergrund dröhnte eine unsichtbare Orgel durch das mächtige Kirchenschiff. Und der Applaus, der genausogut einem erfolgreichen Sportler oder Politiker hätte gelten können, pflanzte sich wellenförmig fort, blieb stets auf gleicher Höhe mit dem dahineilenden Pontifex, während hinter den hölzernen Barrieren, die das Hauptschiff in zwei Teile trennten, die Menschen lärmend, lachend, applaudierend auf und ab liefen, als befänden sie sich in einer Arena.

Vielleicht ist es ein Fehler, die Peterskirche zu betreten, wenn große, menschenreiche Feste sie füllen. Vielleicht sind die pathetischen, pompösen Gesten zu erdrückend, welche das übertriebene Zeremoniell des Katholizismus über die Erinnerung stülpt, die wir an die Anfänge des Christentums haben, als hier – wo sich heute die Werke Rosselinos, Bramantes, Berninis und Michelangelos himmelwärts wölben – in den Gärten und in der berüchtigten Arena Neros Menschen ihres unbeirrbaren Glaubens wegen auf viehische Weise umgebracht wurden. Man muß sich, unbeeindruckt vom Auftritt der Massen, die auf eine nahezu tumultuarische Weise dem Auftritt des Pontifex beizuwohnen wünschen, dessen zu entsinnen versuchen, was in der dunklen, der Allgemeinheit unzugänglichen Tiefe der Peterskirche liegt; nämlich ein Totenacker, wo Heiden und Christen bestattet wurden. Und in diesem Zusammenhang sollte man auch daran denken, daß die erste Peterskirche, eine fünfschiffige Basilika, welche um das Jahr 326 von Kaiser Konstantin in Auftrag gegeben worden war, genau über jener Stelle errichtet wurde, an welcher der Leichnam des heiligen Petrus begraben lag. Er dürfte im Herbst des Jahres 64 im Zirkus des Nero am Vatikänischen Hügel hingerichtet worden sein, wahrscheinlich gekreuzigt; und eine erste Gedenkstätte wurde dann von der Christengemeinde Roms über seinem Grab erbaut, ein kleines, verhältnismäßig bescheidenes Oratorium, das abgerissen wurde, als man mit dem Bau der konstantinischen Basilika begann. Diese wiederum, zahllosen Stürmen, Verwüstungen, Beschädigungen ausgesetzt, wurde seit dem Jahre 1452 – als Papst Nikolaus V. dem Florentiner Baumeister Rosselino den Auftrag zu einem Neubau von wesentlich größeren Ausmaßen gab – durch den heutigen Petersdom ersetzt.

Aber alle diese technischen Details sagen nichts über die Faszination oder die Enttäuschung aus, die man in dieser größten Kirche der Christenheit erfahren kann. Werner Bergengruen, der Rom mit eher romantischen Augen zu sehen verstand, meinte einmal, daß es schwer zu sagen sei, welche Einzelheiten in St. Peter dem Gemüt sich am tiefsten einprägten. „Bei einem wird es die runde Platte aus rotem Porphyr sein, auf der Karl der Große die Krone des von Rom ausgestrahlten christlichen Abendlandes empfing, bei einem anderen die vielzitierte Erzstatue des thronenden Petrus. Bei einem dritten die mädchenhafte Pietà des fünfundzwanzigjährigen Michelangelo, voll jener verklärenden Kraft des Schmerzes, die nur innerhalb der christlichen Seelenwelt möglich ist; wieder bei einem anderen die mittelste der fünf Türen, die von der Vorhalle in die Kirche führen, mit Filaretes prachtvollen, vom ganzen Reichtum des Götterolymp umspielten Reliefs, und wieder bei einem anderen die schmucklose, vermauerte, mit einem schwarzen Kreuz bezeichnete rechte Eingangspforte. Es ist die Pforte des Jubeljahres, und viermal in jedem Jahrhundert schlägt der Nachfolger Petri mit einem kostbaren Hammer gegen die Füllung, so ihre Öffnung und den Beginn des heiligen Jahres anzeigend."

Was den Ursprung dieses Jubeljahres oder heiligen Jahres angeht, so ist das auf Bonifaz VIII. zurückzuführen, dessen Schicksal wir bereits in der Papststadt Anagni kennengelernt haben und der, als er noch auf dem Höhepunkt seiner Macht war, erstmals mit der Bulle Unam Sanctam für das Jahr 1300 ein solches Jubiläum verkündete, das die religiöse Volksbewegung des Pilgertums sozusagen in geordnete und der Kirche nützliche Bahnen lenken sollte. Er habe dadurch, meinen katholische Autoren, nicht irgendeinen kirchenpolitischen Schachzug versucht, sondern mit der Ausrufung des heiligen Jahres eine religiöse Erneuerung bewirkt. Die Bulle selbst war zwar noch im Lateran, der damaligen Papstresidenz, abgefaßt worden; aber durch die Bedingungen für die Erlangung eines vollkommenen Ablasses wurde die Peterskirche unmißverständlich in den Mittelpunkt des religiösen Interesses gerückt.

Bereits dieses erste Jubeljahr übertraf alle Erwartungen, was die materiellen Voraussetzungen anging. Den historischen Quellen dürfen wir entnehmen, daß allein am Altar der Basilika von San Paolo – die neben der Lateranbasilika und dem Petersdom zu den wichtigsten Stationen einer Pilgerfahrt nach Rom zählte – so viele Pilger ihre Spenden abgaben, daß, wie es in einer Chronik wörtlich heißt, „Tag und Nacht zwei Priester dort standen, um das eingehende Geld mit der Schaufel zusammenzuscharren". Schätzungen sprachen damals von annähernd zwei Millionen

Fremden, die in diesem Jahr 1300 nach Rom gekommen seien, um eines vollkommenen Ablasses sicher zu sein; und dennoch, wie der Chronist stolz anfügt, habe es auf dem kapitolinischen Markt weder an Brot und Fleisch noch an Wein irgendeinen Mangel gegeben. Allerdings gab es damals bereits beredte Klagen über eine unverhältnismäßige Teuerung, weil viele Wirte den unerhörten Andrang an Pilgern schamlos ausnützten. Von Dante wissen wir, daß es auf den Straßen und auf den Brücken ein solches Gedränge gab, das nur durch eine Art Einbahnregelung zu bewältigen war. „Trotzdem gab es viele Unfälle", heißt es in den zeitgenössischen Berichten, „Männer und Frauen wurden in dem Gedränge zerdrückt und zertreten, und in die Mauer, die das vatikanische Viertel einschloß, wurde eine große Öffnung gebrochen, damit die Menge längs des Tiberufers nach St. Peter gelangen konnte, da die Straßen zu eng waren, um die Pilgerscharen aufzunehmen."

Nicht einmal anderthalb Jahrhunderte später, nachdem zwei weitere Jubeljahre oder heilige Jahre gefeiert worden waren, denen allerdings bei weitem nicht der nämliche Erfolg beschieden gewesen war wie jenem ersten im Jahre 1300, was mit dem unseligen avignonesischen Exil der Päpste und den politischen Wirren der Zeit in Zusammenhang gebracht werden muß, also in den zwanziger Jahren des 15. Jahrhunderts, als Papst Martin V. sein Vorhaben zu verwirklichen versuchte, Rom, die alte apostolische Hauptstadt, wieder zum Sitz des Papsttums zu machen, waren die Verhältnisse in der Ewigen Stadt deprimierend. Cola di Rienzo schrieb damals an einen Freund, daß Rom einer Räuberhöhle mehr gleiche denn einer großen Stadt. Die Straßen seien mit Schutt und Schmutz bedeckt. Auf Mauern und Dächern wachse Unkraut. Viele Kirchen mit ihren eingestürzten Decken würden als Viehställe benützt. Und sogar in der Peterskirche hätten sich Hirten mit ihren Ziegen und Schafen eingenistet. Aus der Campagna aber kämen die Wölfe bis in die vatikanischen Gärten und scharrten die Leichen auf dem Friedhof bei Sankt Peter aus. Und den Papst, der am 28. September 1420 in Rom einzog, begrüßten lediglich einige mürrische Adelige und ein „in Lumpen gehülltes, elendes Volk, das wie eine Schar von Bettlern aussieht", wie Rienzo und auch andere Autoren ausführten.

Das Dach der Peterskirche war damals so arg in Mitleidenschaft gezogen, daß so manch einer die Meinung vertrat, diese altehrwürdige konstantinische Basilika sei nichts weiter als eine Ruine, deren Rettung nicht mehr zu rechtfertigen sei. Martin stiftete freilich sogleich eine beträchtliche Summe – es soll sich um fünfzigtausend Gulden gehandelt haben –, um zumindest die schlimmsten Schäden am Dach ausbessern zu lassen, ebenso ließ er den eingestürzten Portikus wieder aufrichten.

Der Petersdom hat immer schon als eines der wichtigsten und in seiner spirituellen wie politischen oder eigentlich ideologischen Wirkung nachhaltigsten christlichen Heiligtümer gegolten. Ihn als Ruine sozusagen der Geschichte Roms zu überlassen, ihn der allgemeinen Verwahrlosung zu überantworten, die Rom während und nach dem avignonesischen Exil der Päpste beherrschte, wäre daher einer Selbstaufgabe des Papsttums gleichgekommen. Die naheliegende Idee, diese Kirche nach ihrer mehr als sechseinhalb Jahrhunderte andauernden Funktion als Stätte wichtiger politischer und religiöser Zeremonien durch einen „alles Bisherige überstrahlenden Um- und Neubau" gleichsam vor dem Untergang zu retten, konnte freilich erst verwirklicht werden, nachdem die Päpste ihre Residenz vom Lateran in den Vatikan verlegt hatten.

Die Baugeschichte des Petersdoms, wie wir ihn heute kennen, war und ist ein Anlaß für manche heftige Diskussion, für viele abgeänderte oder gänzlich verworfene Baupläne, für manchen Widerspruch, der nicht ausgeräumt werden kann. Man könne es bedauern, schreibt Bergengruen, daß das majestätische Riesenhaupt der Kuppel, aus mäßiger Entfernung gesehen, sich allzu tief in die Schultern duckt. Man könne auch der Fassade Madernas vorwerfen, daß sie ausgerechnet jenen Anblick zu verweigern scheine, auf den vorzubereiten sie immerhin berufen sei. Aber „der Gigantenbau ist in das Bewußtsein der Menschheit so eingegangen, wie er nun einmal dasteht". In Verbindung mit dieser durchaus berechtigten Meinung sollte man freilich die Erinnerung wachrufen an jene Verhältnisse, die damals herrschten, als die alte konstantinische Kirche noch stand. Papst Bonifaz, jener Mann also, dem die Erfindung und Ausrufung des heiligen Jahres zu verdanken ist, ließ einen Laubengang zum Petersplatz anlegen, der in jener Zeit noch völlig schmucklos war. Der Blick auf die Peterskirche selbst war durch die sogenannte Papstloggia und auch durch eine Vorhalle verdeckt. Ein Vorhof, der Paradiesgarten genannt, war von einem Säulengang umgeben und zudem in seiner Mitte durch einen antiken Brunnen geschmückt, welcher die Form eines Pinienzapfens besaß, und diente so als eine Art Versammlungsplatz, als kontemplative Vorbereitung für die Pilger, die sich an dieser Stelle auf den Eintritt in das Gotteshaus vorbereiteten. Die Fassade der Kirche war mit Mosaiken versehen. Auch im Inneren der fünfschiffigen Basilika gab es zahlreiche Mosaike, annähernd hundert weiße Marmorsäulen, während das Grabmal des Apostels Petrus, einst noch unter Kaiser Konstantin errichtet, allmählich unter zahlreichen Altären, die im Verlauf der Zeit entstanden waren, vollkommen verschwunden schien. Übrigens mag man eine gute Vorstellung von der alten Kirche erhalten, wenn man jenes Fresko in den Stanzen Raffaels studiert, welches die „konstantinische Schenkung" darstellt. Und auch vom Vorhof der alten Peterskirche mit dem antiken Brunnen gibt es eine Zeichnung, die uns einen ziemlich genauen Einblick in die damaligen Verhältnisse gewährt.

Es muß in jenen weit zurückliegenden Jahrhunderten alles wesentlich intimer, gleichsam anheimelnder gewesen sein. Das Gesetz des Kolossalischen und Hellräumigen, welches den heutigen Petersdom beherrscht, besaß noch keine Geltung. Aber auch die gebieterische Geste des Absoluten, die heute den Besucher des Petersdoms beeindruckt oder vielleicht auch irritiert, war damals völlig unbekannt. Vielleicht muß man in diesem Zusammenhang wirklich einmal daran erinnern, daß diese Kirche, wie wir ihr heute begegnen und wie sie jetzt auf uns einwirkt, das Produkt eines Zeitalters ist, in welchem das Papsttum tiefgreifenden Veränderungen ausgesetzt war. Denn nach der Rückkehr aus Avignon hatten die Päpste des 15. und 16. Jahrhunderts keine andere

Wahl als die, weltliche Monarchen zu werden. Martin V., Nikolaus V., Calixtus III. oder Julius II. oder gar Alexander VI., die auf mehr oder minder bedeutungsvolle Weise alle mit dem Neubau von St. Peter zu tun hatten, waren tyrannische, selbstherrliche Herrscher in einem Staat, der sich in nichts von den anderen Tyrannenstaaten des damaligen Italien unterschied, wo mit Dolch und Gift regiert wurde. Dazu kam in der päpstlichen Monarchie der Nepotismus, dieser „Krebsschaden, der am Kirchenstaat gefressen hat" (C. v. Chledowski), so daß man, belastet vom Gewicht der Erinnerungen, selbst inmitten des Kolossalischen und Hellräumigen des Petersdoms niemals den geistigen und moralischen Hintergrund übersehen sollte, vor dem sich diese gewiß bedeutungsvollste Kirche der Christenheit erhebt. Denn es verwischten sich gerade in jenen Jahrzehnten, als Italiens genialste Künstler den Petersdom neu schufen, alle Grundsätze christlicher Moral. Es vernachlässigte der niedere Klerus seine Pflichten, während den sogenannten höheren Klassen jedes Gefühl für Ethik fehlte. „Das Volk", schreibt Chledowski, „das sich nicht mit Wissenschaften abgab, glaubte, was die Kirche zu glauben vorschrieb. Die höheren Gesellschaftsschichten waren, wie Machiavelli bestätigte, der Überzeugung, daß die Religion nur dazu bestimmt sei, die öffentliche Ordnung und den allgemeinen Wohlstand aufrechtzuerhalten."

Dazu passen zwei Anekdoten, die sowohl das Verhältnis der Römer zum Papsttum als auch die moralische Haltung jener Zeit charakterisieren, in welcher die Peterskirche – und manches andere berühmte Gotteshaus – neu entstanden ist. Denn immerhin sollte man sich die Frage stellen, wie ein so merkwürdiger, schillernder oder, wie manche Autoren meinen, auch verbrecherischer Charakter wie jener des Borgiapapstes Alexander VI. vereinbar sei mit der Vorstellung, ihn als Statthalter Christi auftreten zu sehen. Eine erstaunliche Antwort darauf gibt jene letzte Bitte eines Opfers der Borgia, die dieses, ein gewisser Vitelozzo Vitelli, an seinen Henker richtete. Der Papst, eben Alexander VI., möge ihm, so Vitelli im Augenblick seines schrecklichen Sterbens, alle Sünden verzeihen. Und von Lucrezia, der Tochter Alexanders und Schwester Cesares, wissen wir, daß sie in ihrer Sterbestunde – damals war sie Herzogin von Ferrara – an Leo X., den erbitterten Gegner ihres Mannes und ihrer Kinder, einen herzzerreißenden Brief schrieb, darin sie um den päpstlichen Segen bat.

Dieser seltsame Widerspruch zwischen politischer Realität und religiöser Haltung, der viel mehr mit der Baugeschichte des Petersdoms zu tun hat, als man das gemeinhin annehmen möchte, erklärt sich vielleicht durch die Art des Glaubens, die sich der Römer, der Italiener des 15. und 16. Jahrhunderts zu eigen gemacht hatte und die in vieler Hinsicht auch heute noch wirksam ist. „Da der Glaube nicht aus der Tiefe des Herzens quoll", schreibt Casimir von Chledowski, „sondern an der Oberfläche haften blieb, war es leicht, ihn mit den verschiedensten Forderungen des damaligen Lebens und auch mit einer großen Sittenverderbnis zu vereinigen. Man nahm an den Schwächen des Klerus keinen Anstoß, hielt es nicht für unwürdig, wenn die Mönche sich wie Hofnarren gebärdeten, wenn Nonnenklöster zu Venustempeln und Kirchen zu Rendezvousplätzen wurden. Es war eben bequem und niemand fragte danach, ob es sich mit der Moral vertrage."

Vor solchem zeitgeschichtlichen, sittlichen und politischen Hintergrund wuchs die Peterskirche zu ihrer heutigen Größe und majestätischen Schönheit empor. Rom und Italien waren von den blutigsten Fehden zerrissen. Der Giftmord wurde zum selbstverständlich angewandten Mittel der Politik. Intrigen beherrschten das öffentliche Leben im Kirchenstaat. Und der Nepotismus, dem sich nahezu alle Päpste jener Zeit ergaben, feierte schreckliche Triumphe.

Aber ändert das alles etwas an unseren Gefühlen, wenn wir über den Petersplatz gehen, der für viele Menschen wahrhaftig der Mittelpunkt der Welt ist? Verzichten wir darauf, uns am bravourösen perspektivischen Kunststück zu erfreuen, das wir den 284 und in vier Reihen gegliederten Säulen der Kolonnaden Berninis verdanken? Sind wir deshalb wirklich außerstande, im sogenannten Kuppelraum des Doms mit seinen ständig brennenden Lampen und dem eindrucksvollen Papstaltar nicht eben jener religiösen oder vielleicht auch bloß abergläubischen Empfindung nachzugehen, die vor uns schon Millionen von Pilgern gehabt haben?

Es mag schon sein, daß der Skeptiker Taine einst nicht gänzlich unberechtigt davon gesprochen hat, daß das Schauspiel im Inneren der Peterskirche für einen wirklich religiösen Geist nicht sonderlich erbauend sei. Am Gefühl des demutsvollen Respekts, das man angesichts dieses Denkmals menschlicher Fähigkeiten empfindet, ändert das nichts.

Eines Tages redete mich ein junger Amerikaner an. Rom feierte das Weihnachtsfest, ein schwerer Schirokko wühlte die Stadt auf, und der Papst, der jetzt noch unter Berninis Baldachin und Säulen saß, die dem Hauptaltar der Peterskirche etwas ungemein Dekoratives und zugleich Pompöses verleihen, würde in weniger als einer Stunde der wartenden Menge draußen auf dem Petersplatz den Segen „Urbi et orbi" spenden. Das alles erinnere ihn an Hollywood in seiner besten Zeit, sagte der Amerikaner; und wie er es sagte, klang es durchaus anerkennend. Später, als wir draußen unter den Kolonnaden langsam auf und ab gingen – immer wieder zerplatzten schwere, dicke Regentropfen auf den Köpfen der geduldig Ausharrenden –, wiederholte er seine Bemerkung. Dabei wies er mit weitausholender Handbewegung auf die in mehr oder minder strammer Haltung formierten Abordnungen der italienischen Armee und der Schweizergarde, deren farbenprächtige Kostümierung etwas Abwechslung brachte in das diffuse Zwielicht, das in diesen Augenblicken vom wolkenverhangenen Winterhimmel auf die Ewige Stadt fiel. Besser könne man eine solche Geschichte gewiß nicht inszenieren, meinte der Amerikaner und hob seinen Fotoapparat, um ein paar Bilder zu schießen. Dann fragte er, ob es tatsächlich der Wahrheit entspreche, daß das Grab des Apostels Petrus gefunden worden sei. Es wäre ihm noch in den USA ein Buch in die Hände gefallen, darin, wie er sich ausdrückte, diese unglaubliche Geschichte behauptet würde. Immerhin wären seit damals, als man den Apostel ermordet hatte, beinahe zweitausend Jahre vergangen ... Der Amerikaner blickte mich skeptisch an. Das sei eine gute Geschichte, murmelte er, auch wenn sie ziemlich unglaubhaft wirke.

Diese Geschichte begann im Herbst des Jahres 64 oder 65 nach Christus. Nero, als Rosselenker kostümiert, trieb damals seinen Rennwagen über die Bahn der Arena, die von menschlichen Fakkeln erleuchtet wurde. Christen, zu menschlichen Paketen verschnürt und mit Harz durchtränkt, erlitten den Märtyrertod. Andere waren in Tierfelle eingehüllt und wurden, wie wir das durch die Darstellung des Tacitus wissen, von Jagdhunden und wilden Bestien zerfleischt. Und viele, die nicht das römische Bürgerrecht besaßen und dadurch auch nicht der fragwürdigen Gnade einer raschen Enthauptung teilhaftig wurden, starben den Kreuztod; unter diesen dürfte sich, wenn man den ältesten Überlieferungen folgt, auch Petrus befunden haben. Einer lange gepflegten Tradition zufolge, die allerdings durch keinen historischen Beweis abgesichert wird, soll sich die Stätte seines Sterbens an jener Stelle befunden haben, die seit dem Jahre 1586 durch den Obelisken gekennzeichnet wird, der damals am Petersplatz aufgestellt wurde.

Aber das alles ist nur Vermutung, beruht auf Hypothesen und kann also nicht einmal annähernd als historische Wahrheit behauptet werden. Anders verhält es sich mit der Grabstätte des Apostels, die in den Jahrhunderten bis zu Konstantins Entschluß, darüber eine Kirche zu errichten, den Römern – also nicht nur den Christen – allgemein bekannt war. Man wußte aber auch, daß die Sarazenen, die im Jahre 846 Rom überfallen und ausgiebig geplündert hatten, auf ihrer Suche nach Gold und anderen Schätzen in die konstantinische Peterskirche eingedrungen waren und dabei auch die Grabstätte unterhalb des sogenannten Petrusaltars verwüstet hatten. Es ist eine bittere Ironie der Geschichte, daß ihre schwer mit Beute beladenen Schiffe – darunter sich wahrscheinlich auch der Bronzesarg des Apostels mit dem von Konstantin gestifteten Goldkreuz befunden haben mag – in einem Sturm vor der Küste Siziliens untergingen.

Mehrere Versuche in späterer Zeit, dem Geheimnis des Apostelgrabs auf die Spur zu kommen, scheiterten am abergläubischen Respekt der Kirche angesichts dieser heiligen Stätte, aber auch an Bedenken, daß durch Ausgrabungen unterhalb des Hochaltars gefährliche Schäden an den Fundamenten der Kirche

144

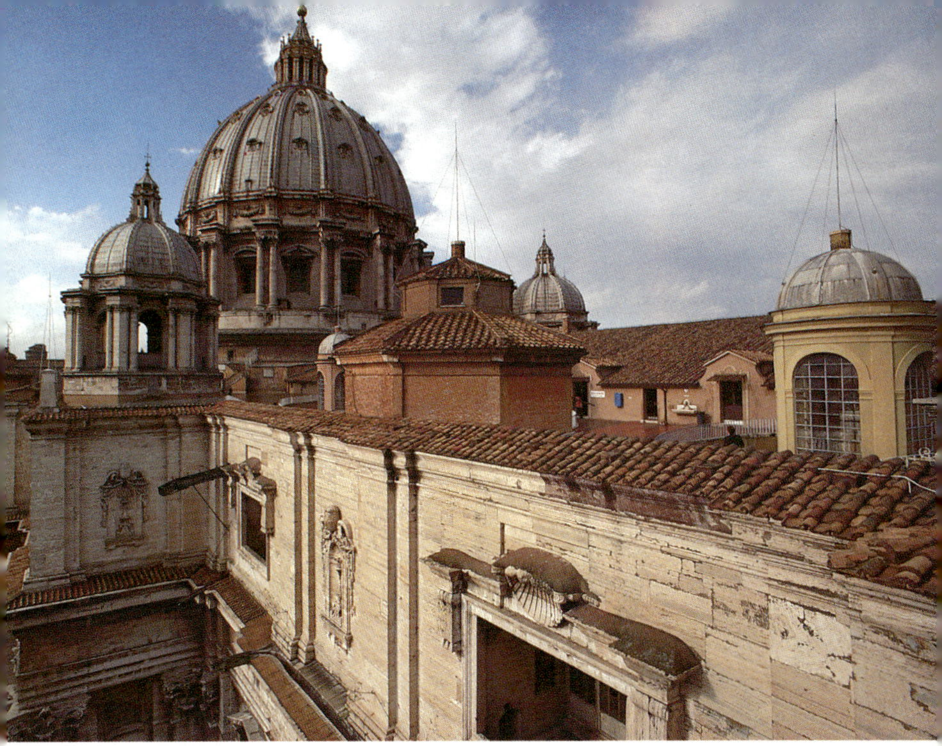

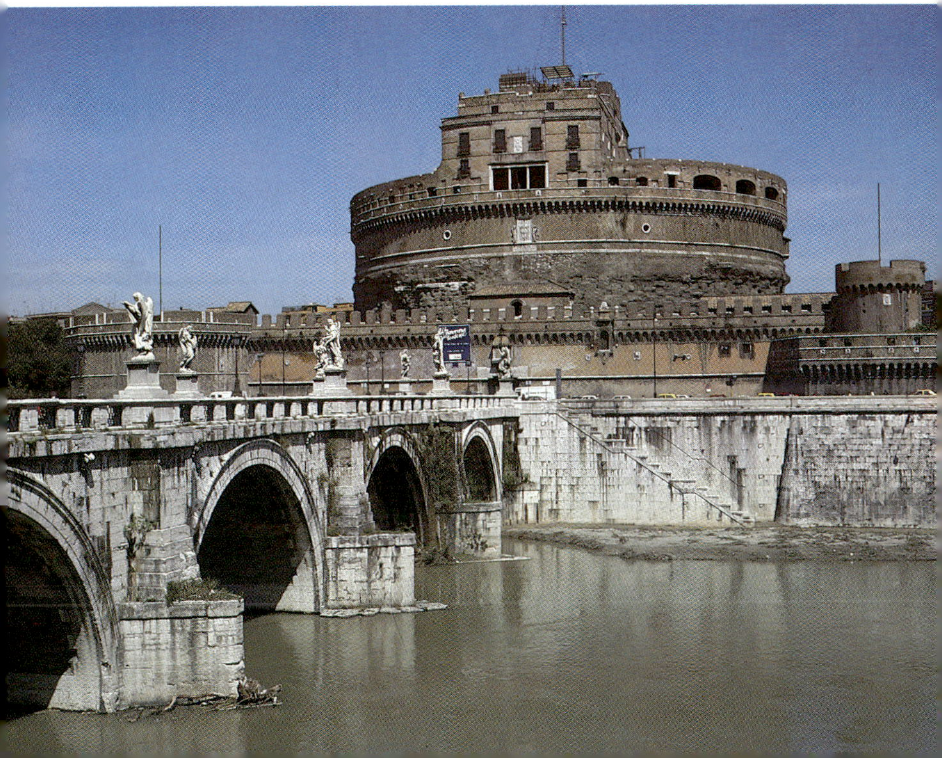

entstehen könnten. Erst der ausdrückliche Wunsch des Papstes Pius XI., nach seinem Tod in der Krypta unterhalb des Hauptaltars bestattet zu werden, eröffnete eine neue und entscheidende Phase in der archäologischen Tätigkeit rund um das Petersgrab. Denn es mußte in dieser längst überfüllten Begräbnisstätte ein geeigneter Platz gefunden werden, an welchem man dem Wunsch des Papstes Pius nachkommen konnte. Und so begannen seit dem Jahre 1939 Archäologen und die Bauleute von St. Peter, die sogenannten Sampietrini, mit intensiven Nachforschungen unterhalb des Hochaltars und des Mittelschiffes, die vor allem einmal den Nachweis dafür erbrachten, daß unterhalb der Peterskirche eine antike Gräberstraße verläuft, an der zahlreiche prachtvoll dekorierte altrömische Mausoleen stehen. Es wurden aber auch an jener Stelle, an der man das Apostelgrab vermutet, „kopflose Skelettreste eines älteren Mannes" gefunden, von denen mit einiger Wahrscheinlichkeit anzunehmen ist, daß es sich um die sterblichen Überreste des Apostels handelt.

Es ist ein ganz eigenartiges Gefühl, die Gläubigen zu sehen, wie sie bei den großen Papstmessen entlang des Mittelschiffes Aufstellung nehmen, um mit der Hostie den Leib des Herrn zu empfangen, während zu ihren Füßen in der Tiefe der Erde die römischen Mausoleen, die Gräber der frühen Christen und die Begräbnisstätten der Päpste im ewigen Dunkel liegen. Übrigens sind es mehr als hundertvierzig Päpste, die in St. Peter beigesetzt wurden, aber auch, was kaum bekannt ist, fünf Frauen, nämlich jene Markgräfin Mathilde von Toskana, die bei ihrem Tod im Jahre 1115 riesige Ländereien der Kirche überließ und dadurch eigentlich zur Begründerin der weltlichen Macht des Papsttums wurde; ferner drei Exilköniginnen, nämlich Charlotte von Zypern, Christine von Schweden, die Tocher Gustav Adolfs, die im Jahre 1654 auf den Thron verzichtete und zum katholischen Glauben übertrat, und eine polnische Exilkönigin. Die fünfte Frau, die in St. Peter beigesetzt wurde, ist eine Fürstin Colonna namens Agnes, die Ehefrau jenes päpstlichen Admirals Colonna, welcher bei der Schlacht von Lepanto die Kriegsgaleeren des Vatikan kommandierte.

Petersplatz und Via della Conciliazione   145

Draußen auf dem Petersplatz, der möglicherweise tatsächlich jenen Schauplatz bedeckt, wo einst Caligula und Nero dem römischen Pöbel dadurch ein obszönes Vergnügen lieferten, daß Tausende von Unschuldigen unter unvorstellbaren Qualen ihr Leben aushauchen mußten, rauscht sanft und stetig das fallende Wasser in den beiden Brunnen, dieses Wasser, das über sechzig Kilometer weit aus dem See von Bracciano im Norden Roms herbeigeführt wird. Angeblich soll es gelegentlich Schwierigkeiten geben, weil im See von Bracciano Aale gezüchtet werden, was bedeutet, daß zu bestimmten Jahreszeiten, wenn die Aale laichen, „Millionen winziger Tierchen durch die Wasserleitungen nach Rom gelangen und die Brunnen verstopfen", wie man in einigen Handbüchern nachlesen kann. Aber derlei Dinge kümmern die Touristen und Gläubigen nur wenig, die andachtsvoll oder staunend vor diesen beiden Brunnen stehen, von denen der eine, ältere, unter dem Borghesepapst Paul V. entstanden ist, während der andere Papst Klemens X. seine Existenz verdankt.

Damals zur Weihnachtszeit, als ich mich mit dem Amerikaner über das feierliche Zeremoniell unterhielt, dem er mit wachsendem Vergnügen und deutlich spürbarem Respekt folgte, drückte der feuchtschwüle Südwind das Wasser zu Boden; und immer wieder ergoß sich aus dem verhängten Himmel eine kleine Sintflut auf die geduldig ausharrende Menge, die wohl vor allem die stoische Ruhe bewunderte, mit welcher die prachtvoll gekleideten Soldaten der Schweizergarde ihre langen Spieße himmelwärts richteten, während ihnen Regen und Wind die roten Federbüsche auf ihren Helmen zerzausten. Lange Zeit glaubte man, daß Michelangelo die sonderbare und dabei durchaus attraktive Tracht dieser Soldaten des Papstes entworfen habe, was nach neuesten Erkenntnissen freilich nicht mehr haltbar zu sein scheint. Demnach war es Raffael, der für die Gardisten als Modeschöpfer in Erscheinung trat, wobei er, einer Anregung des Papstes Julius II. folgend, die vorher allzu grelle und abenteuerlich anmutende Landsknechtskleidung der Gardisten einer gewissen Ordnung unterwarf und auch die inzwischen längst legendär gewordenen Farben Rot-Gelb-Blau einführte.

146

Übrigens brauchte die Schweizergarde, die heute rund hundertzwanzig Mann umfaßt, nur ein einziges Mal ihr Leben einzusetzen, um das eines Papstes zu retten. Das war im Jahre 1527 anläßlich des berüchtigten Sacco di Roma, als die Landsknechte Karls V. in Rom eingedrungen waren und eine Orgie der Gewalt und Grausamkeit inszenierten. Damals starben alle Schweizergardisten bis auf zwölf Mann, während Papst Klemens VII., der zuvor noch fest entschlossen gewesen war, in der Peterskirche „im päpstlichen Ornat, auf dem Thron sitzend, den Feind zu erwarten", im letzten Augenblick hinüber in die Engelsburg flüchtete.

„Hätte er noch drei Credos länger verweilt, wäre es um ihn geschehen gewesen", soll ein Augenzeuge der dramatischen Ereignisse an jenem 6. Mai 1527 gesagt haben, als rund zwanzigtausend deutsche, vierzehntausend italienische und sechstausend spanische Landsknechte Rom auszuplündern begannen. „Die katholischen Spanier und Lombarden führten sich innerhalb des geheiligten Bezirks der Peterskirche schlimmer auf als im Jahre 846 die Sarazenen", schreibt der italienische Historiker Lanciani. „Die Spanier durchsuchten jedes Grab. Dem Leichnam Julius' II. zogen sie seine päpstlichen Gewänder ab, sie würfelten um ihre Beute und streckten sich auf den altehrwürdigen Altären zum Schlafen aus. Die wunderbar gearbeiteten mittelalterlichen Altarkelche mißbrauchten sie als Trinkbecher für ihre Zechgelage, ihre Pferde brachten sie in den Seitenschiffen unter ... Den heiligen Speer, mit dem der Überlieferung nach Longinus dem Erlöser am Kreuz in die Seite stach, steckte sich ein deutscher Söldner an die Lanzenspitze ... und unter Hohngelächter und Schmähreden einer betrunkenen Soldateska schleppte man das Schweißtuch der heiligen Veronika durch die römischen Tavernen."

Während dieser Szenen, die den Römern vorkommen mußten, als sei der Weltuntergang nahe, verbarg sich Klemens VII. mit einer Handvoll Schweizern, vierhundert Italienern und dreißig Kardinälen in der Engelsburg. Die Flucht dorthin war ihm gerade noch mit Mühe geglückt. Die Belagerung selbst und deren ruhmloses Ende bedeuteten dann ein eher düsteres Kapitel in der Geschichte des Papsttums. Denn von Hunger gepeinigt und außerstande, durch irgendeine militärische Aktion eine Änderung der ausweglosen Situation herbeizuführen, mußte der Papst schließlich die harten Bedingungen Karls V. akzeptieren. Selbst die Juwelen, welche die päpstliche Tiara schmückten und die Benvenuto Cellini noch vor der Flucht in die Engelsburg herausgebrochen und dann in die Festung mitgebracht hatte, mußten geopfert werden, um das geforderte Lösegeld aufzubringen, welches zumindest das Leben der in der Engelsburg Eingeschlossenen rettete. Dem Papst selbst gelang einige Monate später, indem er sich als Gärtner verkleidete, die Flucht aus Rom, was nichts daran änderte, daß er sich im darauffolgenden Jahr zwangsweise mit Karl V., seinem unversöhnlichen Gegner, unter demütigenden Umständen einigen und diesem eigenhändig die Kaiserkrone aufs Haupt setzen mußte.

Man sollte sich, beeindruckt und verführt vom großartigen Zeremoniell der katholischen Kirche, welches gerade in der Peterskirche seine strahlendsten Höhepunkte erreicht, auch solcher Geschichten entsinnen, die uns an jene dunklen Stunden denken lassen, in denen das Papsttum so oft um seine weltliche Existenz ringen mußte. Und in diesem Zusammenhang ist auch die Engelsburg von einiger Bedeutung, die – wenn man sie vom linksseitigen Tiberufer und vom Fuße der Engelsbrücke aus betrachtet, die zweifellos die schönste Brücke Roms ist – immer ein wenig an einen auf und ab tanzenden, runden Hut erinnert oder an eine gewaltige Schüssel, deren nach außen gewölbte, rostbraune Mauern in einem sonderbaren Kontrast stehen zum verhuschten, ausgebleichten Grün des kleinen Parks, in dessen Mitte sie sich erhebt, während die zehn Marmorengel Berninis, welche die Brücke schmücken, eine Art herausforderndes Signal darstellen, sich auf die unvergängliche Macht der religiösen Idee, die sie artikulieren, zu besinnen.

Auch die Engelsburg hat, wie die Peterskirche, ihren Ursprung im Sterben eines bedeutenden Mannes. Denn als am 10. Juli des Jahres 138 nach Christi Geburt Kaiser Hadrian – der damals bereits seit Jahren an der Wassersucht litt und dessen Qualen so groß waren, daß er in seinem Elend seine Sklaven zu bestechen versucht hatte, ihn zu töten – endlich durch den Tod erlöst wurde, da war mit dem Bau seines Grabmals am rechten Tiberufer bereits drei Jahre zuvor begonnen worden. Nun, nachdem des Kaisers Asche vorübergehend in der Villa Ciceros in Puteoli aufbewahrt und sein monumentales Grabmal unter seinem Nachfolger Antoninus Pius vollendet worden war, konnten Hadrians sterbliche Überreste in diesem marmorweißen Rundbau, auf dessen Dach zahllose Zypressen wuchsen, endgültig bestattet werden. Angeblich soll auch noch eine vergoldete Quadriga mit Hadrian als Rosselenker dieses Mausoleum gekrönt haben, das in seinem Inneren, ähnlich wie bei manchen ägyptischen Pyramiden, durch eine lange, stetig ansteigende Rampe, welche zur Grabkammer führte, gekennzeichnet wurde. Später wurden hier auch noch die Urnen mit der Asche der Caesaren Mark Aurel, Antoninus Pius und Septimius Severus beigesetzt; und das durch seine Ausmaße beeindruckende, säulengeschmückte und von dunklen Zypressen gleichsam überwucherte Mausoleum, darin so viele Mitglieder kaiserlicher Familien ihre letzte Ruhestätte gefunden hatten, wurde den Römern zu einer Metapher der Besinnung und Nachdenklichkeit, bis schließlich während der Zeit, in welcher sich im 5. und 6. Jahrhundert die Ostgoten unter Odoaker und Theoderich Italiens bemächtigten, die Grabkammern erstürmt und geplündert und die Aschenurnen aufgebrochen wurden. Im 6. Jahrhundert aber ereignete sich auch jenes Wunder, das diesem kaiserlichen Mausoleum dann seinen heutigen Namen gab. Damals herrschte Gregor der Große als Papst über die Christenheit, als eine verheerende Pestepidemie Rom heimsuchte und die ohnedies von Krieg, Hunger und unaufhaltsamem Niedergang heimgesuchte Bevölkerung dezimierte. Eines Tages, als der Papst an der Spitze einer Bittprozession auch in die Nähe des Mausoleums kam, erblickte er auf der höchsten Erhebung des Bauwerks den Erzengel Michael, wie dieser sein Flammenschwert mit versöhnlicher Geste in die Scheide zurückstieß. Und da kurze Zeit darauf die Epidemie erlosch, gewann diese Vision natürlich noch an Bedeutung. Seit jenen Tagen aber nannten die Römer das Grabmal Hadrians „Engelsburg".

Eckart Peterich, der intime Kenner Roms, meinte einmal, die Engelsburg sei neben dem Petersdom und dem Kolosseum gewiß jenes römische Bauwerk, das die Phantasie der Menschen am lebhaftesten beschäftige. Denn „durch seine Ausmaße, seine seltsame, einzigartige Gestalt, seine geschichtliche Vielschichtigkeit, das Geheimnisvolle und Unheimliche, das ihr eignet, beeindruckt sie alle, auch schlichte Gemüter, und erfüllt jedermann mit jenem Staunen, das wir alle bewußt oder unbewußt suchen, wenn wir in fremde Länder reisen." Und weiter schreibt Peterich: „Das Erstaunliche erklärt sich vor allem dadurch, daß hier ein riesiger antiker Grabbau in eine nicht weniger gewaltige mittelalterliche Burg umgewandelt und schließlich mit einem Gebäude bekrönt wurde, das man vielleicht am richtigsten ein Lustschloß nennt." Wer die Engelsburg, in der heute Ausstellungsräume untergebracht sind, freilich mit dem Bewußtsein um das Düstere, Schreckliche durchstreift, das innerhalb ihrer Mauern immer wieder geschah, wird sich eines Gefühls der Beklemmung kaum erwehren können. „Man braucht gar nicht überspannt, allzu empfindlich oder phantasievoll zu sein, um in den dunklen Korridoren die Todesängste und qualvollen Leiden einer vergangenen Epoche zu spüren." (H. V. Morton) Und mir persönlich ergeht es stets wie vielen anderen Autoren, die sich angesichts der Biografie dieser Festung eines leichten Fröstelns nicht erwehren können.

Spätestens seit dem Mittelalter war die ursprüngliche Funktion des massiven Bauwerkes in Vergessenheit geraten. Die Engelsburg, inzwischen durch einen Wehrgang, den sogenannten „passetto", mit dem Vatikan verbunden, war zur Festung der Päpste geworden. Gregor VII., jener Papst, der Kaiser Heinrich IV. vor Canossa gedemütigt und die weltliche Unabhängigkeit der Kirche begründet hatte, fand hier Zuflucht, als die Soldaten Heinrichs vorübergehend Rom besetzten. Auch der berüchtigte Borgiapapst Alexander VI. residierte immer wieder in der Engelsburg. Vom Schicksal eines seiner Nachfolger, das eng mit dieser Festung verknüpft war, nämlich von jenem Klemens' VII., haben wir bereits berichtet. Wenige Jahre zuvor, 1513, hatte Papst

Leo X. einen Fahrstuhl in der Engelsburg einbauen lassen, der den eher mühsamen Weg hinauf in die obersten Stockwerke, wo die päpstlichen Gemächer untergebracht waren, erheblich erleichterte und dessen Schacht heute noch besichtigt werden kann. Natürlich wurde dieser Fahrstuhl mit Menschenkraft betrieben. Alten Chroniken zufolge waren Dutzende von kräftigen Männern notwendig, um den Papst und seine Kardinäle mit Hilfe eines raffinierten Systems von Flaschenzügen langsam in die Höhe zu ziehen. Eine andere bemerkenswerte Erinnerung an das große Zeitalter der Päpste ist jenes kleine Badezimmer, das sich Klemens VII. während der Belagerung durch die Landsknechte Karls V. in der Engelsburg einrichten ließ und das durch Kanäle, durch die heiße Luft strich, beheizt wurde, indes' die mit Marmor verkleidete Badewanne des Papstes mit warmem Wasser gefüllt werden mußte, das von Dienern in großen Eimern herbeigeschleppt wurde. Es ist eine sonderbare Vorstellung, daran zu denken, daß damals Rom in den Händen einer barbarischen Soldateska war, geschändet und ausgeplündert, wieder einmal an einem absoluten Tiefpunkt seiner Geschichte angelangt, während sich der Papst in der belagerten Engelsburg seinem harmlosen Badevergnügen hingab.

Die großen Bauherren der Festung waren Julius II., Nikolaus V. und der Borgiapapst Alexander VI., der zwar nicht als erster Pontifex die Möglichkeit erkannte, in der Engelsburg die päpstlichen Kerker und Folterkammern einzurichten, der aber die bereits vorhandenen gleichsam vervollkommnete. Das schöne Lustschloß, das sich auf den wuchtigen Wehranlagen erhebt und an dessen Ausbau unter anderem auch der junge Sangallo und Bramante mitgewirkt haben, vermag nicht die Erinnerung daran zu verwischen, was an Entsetzlichem und Verabscheuungswürdigem in der Tiefe dieser Festung geschehen ist. Hier wurde – wie so viele andere Opfer höchst weltlicher Intrigen – Kardinal Caraffa erwürgt, starb die schöne Beatrice Cenci unterm Fallbeil des Henkers, endete Stefano Porcari am Galgen, wurde das Todesurteil für Giordano Bruno ausgefertigt, war der legendäre oder auch bloß berüchtigte Conte di Cagliostro eingekerkert und mußten im Verlauf der Jahrhunderte Tausende von Unglücklichen, darunter viele Unschuldige, in den Folterkammern der Engelsburg unmenschliche Qualen erdulden. Selbst das junge italienische Königreich mochte nach seinem Sieg 1870 über die päpstliche Monarchie nicht darauf verzichten, sich der Verliese in der Festung auch weiterhin zu bedienen, um darin neben gewöhnlichen Verbrechern auch Hochverräter und bedeutende politische Gefangene unterzubringen. Erst um das Jahr 1900 wurden die Gefängnisse geöffnet, die Anlagen renoviert und als museale Stätten eingerichtet.

Schaubühne des Lebens

Viel ist schon über den angeblichen oder tatsächlichen Zauber geschrieben worden, den Rom verströme, wenn der Regen auf die Stadt fällt. Und in der Tat wirkt das dann so, als ob die alten, noch von der Renaissance und vor allem vom Barock geprägten Quartiere am linken Tiberufer zu leuchten begännen, wenn der Regen mit schweren Silbertropfen aus dem tiefhängenden Himmel stürzt. Das verändert die Altstadt auf eine Weise, daß die Fassaden der Häuser und Paläste die ganze intensive Glut, die sie einen Sommer lang unter der heftigen herabtrommelnden Sonne in sich gesammelt haben, jetzt aufs hemmungsloseste verströmen. Es ist ein merkwürdiges Glühen, das in solchen Stunden die Stadt erfüllt. Die verwischten, verblaßten, abblätternden Farben erhalten unversehens einen neuen Charakter, werden eindringlich und enthüllen plötzlich Einzelheiten, Dinge und Geschichten, die einem Rom unter einem völlig neuen Blickwinkel zeigen. Dazu das beeindruckende Schauspiel der dahinjagenden Wolken, aus denen ein sonderbares, fahles Licht sickert, das wie eine Reihe kleiner, lautloser Explosionen aufbricht. Die Wolken, in denen der Schirokko wütet, bewegen sich sprunghaft, nervös über die Stadt hinweg, streifen fast die Kuppel von St. Peter, berühren den Kapitolshügel, den Palatin ... und manchmal hat es wirklich den Anschein, als füllten sie die Mulden zwischen den Hügeln Roms mit ihrer schweren Nässe völlig aus. Aber es ist niemals vollkommen dunkel. Das trübe und graue Winterlicht des Nordens fehlt hier. Stets spürt man im Hintergrund die Sonne. Immer, auch bei bedecktem Himmel, bildet man sich ein, das zupackende Licht dieses Gestirns auf sich ruhen zu fühlen. Es sei gewiß, schreibt Werner Bergengruen, daß zu Rom die römische Sonne, die tiefblaue römische Himmelsklarheit gehöre, das scharfe und dennoch niemals harte Licht des Südens. Und nichts anderes ist es, was man selbst dann eindringlich empfindet, wenn der Regen mit seinen nässetriefenden Fahnen über die Stadt hinwegwischt. Das Licht, eingefangen in den altersdunklen Quartieren am linken Tiberufer, wird auf eine zauberhafte Weise reflektiert, strömt zurück in den herabgedrückten Himmel, schenkt ihm eine bizarre Helligkeit.

Und doch gibt es auf gewissen Schauplätzen manchmal Augenblicke, in denen man sich einbilden könnte, durch eine Stadt nördlich der Alpen zu gehen. Und in denen jene fröstelnde Düsternis vorherrscht, die zwar manchem Gemäuer, mancher berühmten Silhouette eine strenge Würde schenkt, der aber diese Leichtigkeit fehlt, die in Rom alles Strenge, Widerspruchsvolle und allzu Ehrwürdige auflockert. Ich erinnere mich an die kalte Trostlosigkeit der vatikanischen Mauern unterm herabprasselnden Winterregen. Das stumpffarbene Ziegelrot, von einer dicken Haut aus mattglänzender Nässe bedeckt. Das fast rhythmische Auf- und Abgleiten der Engelsburg hinter einem Schleier aus Regen, verschmiertem Staub und dem zerzausten Graugrün einiger Bäume. Der melancholische Eindruck, den der Petersplatz vermittelt, wenn ihn der Regen leergefegt hat. Im Hintergrund die kopfhängenden Droschkengäule. Die fast schwärzlichen Blöcke feuchtigkeitsgeschwängerter Luft zwischen den Säulen Berninis. Und die bestürzende Trostlosigkeit vor dem Eingang zur Sixtinischen Kapelle, der jetzt wirkt, als stülpe er das Innere eines gepanzerten Fabelwesens verächtlich nach außen.

In solchen Stunden mag man sich einbilden dürfen, daß die Farben des Jüngsten Gerichts von Michelangelo an der Altarwand der Sixtinischen Kapelle, „die das Licht der Welt nach dem Untergang ausdrücken sollen", wie das der Abbé François Raguenet vor nunmehr bald dreihundert Jahren einmal festgestellt hat, daß diese Farben eine Art Spiegelbild Roms sind, wie es im sintflutartigen Winterregen ertrinkt. Das hartnäckige und schöne Erglühen der alten Quartiere verliert sich jenseits des Tiber. Das Weinrot und Ocker und Braungelb und Sepia, das in Trastevere und zu Füßen des Quirinal und zu beiden Seiten des Corso die Stadt so unnachahmlich zu schmücken versteht, ist hier bedeutungslos geworden. Und selbst der unermüdliche Schirokko hat angesichts dieser glatten, nassen und fast schon farblos gewordenen vatikanischen Mauern seine Zauberkraft eingebüßt.

„Dieses Licht", schreibt Raguenet, „von dem Michelangelo annimmt, daß es nach der Zerstörung der Sonne und der Sterne auf
Erden zurückgeblieben ist, ähnelt in keiner Weise dem unserer
Tage ... aber es ist jene Mischung zwischen Halbhell und Halbdunkel, von Weiß und Blau, wovon ich nur eine Vorstellung geben kann, wenn ich sage, daß dies einem Zustand gleicht, der
sich einer Sonnen- oder Mondfinsternis nähert."
Raguenet hätte vielleicht an manchen römischen Wintertagen
das allmähliche Erlöschen des Lichts rund um die vatikanischen
Mauern beobachten müssen, um zu ahnen, daß Michelangelo, als
er das Jüngste Gericht malte, eine von vielen Nuancen römischer
Wirklichkeit auf die Altarwand der Sixtinischen Kapelle gebannt
hat. Übrigens beschäftigte sich Michelangelo volle sieben Jahre
lang mit diesem Werk, das er zur Weihnachtszeit des Jahres 1541
enthüllte, während er für die Deckenfresken in der Sixtinischen
Kapelle lediglich zwanzig Monate benötigt hatte.
Wenig bekannt sind gewisse Umstände, welche diese andere
bedeutende Arbeit Michelangelos gleichsam eingeleitet hatten. Er
war nämlich, nachdem Papst Julius II. ihm den Auftrag erteilt
hatte, ihm die Entwürfe zu einem imposanten Grabmal vorzulegen, was vorerst aber an der Gleichgültigkeit oder an der Indolenz der vatikanischen Bürokratie gescheitert war, verärgert nach
Florenz gegangen, vorerst fest entschlossen, Rom und seinem
päpstlichen Mäzen, der allerdings ein ebenso ungestümer wie lau-
nenhafter Herr war, für immer den Rücken zu kehren. Aber der
Papst wußte eine geschickte Intrige zu inszenieren, zwang mit
Unterstützung der Florentiner Regierung Michelangelo zur
Rückkehr und brachte ihn mit sanfter Gewalt auch dazu, die
Decke der Sixtinischen Kapelle auszumalen. Michelangelo war
unglücklich und empört über den Wunsch des Papstes. Er empfand sich als Bildhauer und schlug Raffael für die geplante Arbeit vor. Jedoch „je mehr er sich weigerte", schrieb der Kunsthistoriker Vasari, „desto mehr stieg des Papstes Verlangen".
Schließlich beendete ein Kompromiß dieses ungewöhnliche Du-
ell. Julius II. gewährte dem Künstler völlige Freiheit in der Be-
handlung des Themas und in der Art der Darstellung; und Mi-

chelangelo willigte endlich ein, die ihm übertragene Arbeit durchzuführen, mit der im Spätherbst des Jahres 1508 begonnen wurde.

Von der Sixtinischen Kapelle führt ein schmaler Gang zu den sogenannten Borgiagemächern, welche mit zum ältesten Teil des vatikanischen Palastes gehören und in denen Historiker wie Schriftsteller manche der empörenden Verbrechen ansiedeln, für die hauptsächlich Alexander VI. und sein skrupelloser Sohn Cesare Borgia verantwortlich waren. Eine eher harmlose und dennoch das ganze damalige Zeitalter kennzeichnende Szene mag man sich in diesem Zusammenhang am Beispiel der Tanzunterhaltung vorstellen, die am Abend vor Allerheiligen des Jahres 1501 in jenen Gemächern stattfand und zu der Cesare Borgia im Auftrag seines Vaters, des Papstes Alexander VI., die fünfzig berühmtesten Kurtisanen Roms eingeladen hatte. Es wurde, wie Zeitgenossen berichteten, ein üppiges Festmahl geboten, nach dessen Beendigung die Kurtisanen – die sich damals in Rom übrigens ebensolcher Beliebtheit wie auch einer gewissen gesellschaftlichen Reputation erfreuen durften – eine Art Schleiertanz vorführten und, wie ein Augenzeuge das formulierte, „die große Gesellschaft durch ihre Künste erfreuten".

An solchen gesellschaftlichen Vergnügungen, denen ein Papst sowie eine Reihe von Kardinälen die Ehre ihrer Anwesenheit oder auch gelegentlichen Mitwirkung verliehen, sollte man nichts Schockierendes finden, auch wenn Schleiertänze und andere mehr oder minder durchsichtige Inszenierungen im Mittelpunkt dieser Veranstaltungen standen. In Rom hat man seit der Antike immer eine gewisse respektvolle Zuneigung für seine Kurtisanen empfunden; und manche dieser Frauen ist durch ihre Schönheit und mehr noch durch ihren Witz, durch ihre Intelligenz zu so hohem gesellschaftlichem Rang aufgestiegen, daß sich später Historiker und Literaten mit ihrer Biografie beschäftigt haben. Nur in jenen eher seltenen Augenblicken, da an der Spitze der päpstlichen Monarchie „fromme Greise" standen, „die alle menschlichen Leidenschaften überwunden und vergessen" hatten, wurde der – allerdings stets kläglich mißlungene – Versuch unternommen, Rom von den Kurtisanen zu säubern. Pius V. erließ beispielsweise im Jahre 1568 den Befehl, daß alle Kurtisanen die Stadt innerhalb von sechs und den Kirchenstaat innerhalb von zwölf Tagen zu verlassen hätten. Aber nachdem man den Papst behutsam darüber informiert hatte, daß ein solcher Erlaß den Bankrott der römischen Wirtschaft bedeuten würde und sich überdies durch den Fortzug der Kurtisanen die Bevölkerung um annähernd 25.000 Menschen, also „um den vierten Teil der gesamten Einwohnerschaft", verringern könnte, hob Pius V. den Befehl stillschweigend wieder auf. Lediglich die Kontrolle – die von Geistlichen durchgeführt wurde – über die Tätigkeit dieser Damen wurde verstärkt. Unter anderem mußten sie, die durchwegs religiös waren und die Gebote der Kirche achteten, in jenen Augenblicken, da sie ihrer ebenso lustvollen wie gewinnbringenden Tätigkeit nachgingen, den Rosenkranz ablegen; auch andere geweihte Dinge durften durch den Umgang mit ihrer Kundschaft nicht profaniert werden.

Derlei Intermezzi hinderten freilich weder die Päpste noch den römischen Senat daran, die Kurtisanen Roms immer wieder mit bemerkenswerten Steuern zu belegen. Und manches Baudenkmal, das wir heute bewundernd betrachten, verdankt seine Entstehung dem Geld, das diese Frauen dem Vatikan oder dem Senat zu bezahlen hatten.

Zu jener Zeit, als die Borgia über Rom und den Kirchenstaat herrschten, lebte in Rom auch ein Mann namens Teofil Folengo, der ursprünglich einmal Mönch, später Lehrer im Haus der Fürstenfamilie Orsini und dann wieder Mönch gewesen war, um endlich als Bischof auf Sizilien den Höhepunkt seiner Karriere zu erreichen. Dieser Folengo veröffentlichte zu Beginn des 16. Jahrhunderts eine Dichtung unter dem Titel „Maccaroniche", darin er den vermeintlichen Ursprung und die erfundene Biografie einer damals in Rom ungemein populären Figur namens Pasquino schilderte. Demnach sei dieser Pasquino geradewegs aus dem Paradies nach Rom gekommen, habe dort eine gutgehende Osteria gegründet und fünfzig Jahre lang nicht nur als Koch, sondern auch als durchtriebener Schalk und erfolgreicher Kuppler gewirkt, was schließlich den römischen Senat dazu animierte, ihm an der Ecke des Palazzo Orsini – dem heutigen Palazzo Braschi, nur wenige Schritte von der Piazza Navona entfernt – eine Statue zu stiften. Nach seinem Tod sei der Leib des verdienstvollen Pasquino natürlich in den Himmel aufgefahren. Aber sein unruhiger, witziger und auch boshafter Geist sei in die Statue vor dem Palazzo Orsini geschlüpft, „um den Römern auch künftighin die Wahrheit zu sagen".

An dieser hübschen Geschichte, die heute noch manchem Autor, der über Rom und die Römer schreibt, die Feder verwirrt, stimmt freilich nichts ... bis auf den Namen Pasquinos. Dieser aber war, wie C. v. Chledowski das einmal ausdrückte, nichts anderes als das boshafte Kind des Humanismus und zudem ein Symbol für den grimmigen Witz und das leidenschaftliche intellektuelle Rebellentum der Römer.

Beginnen wir mit jener Statue, die freilich kein vom Senat gestiftetes Denkmal für irgendeinen Kneipenwirt, Schalk und Kuppler ist, sondern der eher kümmerliche Rest einer antiken griechischen Skulptur, ein Marmorrumpf mit einem vollkommen entstellten Antlitz, das nach Meinung der Fachleute dem Menelaos zugehörig sei. Übrigens haben schon Michelangelo und Bernini und später auch Winckelmann den künstlerischen Wert dieser Statue, die immer noch vor dem ehemaligen Palazzo Orsini unweit der Piazza Navona aufgestellt ist, nachdrücklich bewundert; Bernini etwa beschrieb sie als die schönste antike Plastik, „da sie die Natur ohne die Übertreibung, die den Künstlern eignet, wiedergibt".

Damals, als diese ebenso skurrile wie bemerkenswerte Geschichte begann, bewohnte in einem der Häuser, die dem Palazzo Orsini gegenüberliegen, ein armer Lehrer ein bescheidenes Zimmerchen. Sein Name war Pasquino. Und er, der wahrscheinlich mit wachsendem Mißvergnügen beobachtet hatte, wie Roms Geistlichkeit diesen antiken Torso während der feierlichen Prozession am Markustag – also am 25. April eines jeden Jahres – bis zur Unkenntlichkeit schmückte, das heißt, ihm mit Tüchern und Farben ein jeweils anderes Aussehen gab – angeblich nahm man frommen Anstoß an der antiken Statue –, und er also, Pasquino, der vielleicht ein Freidenker war oder einfach einer jener spöttischen römischen Charaktere, die ihr Unbehagen an gewissen Zuständen immer prägnant zu artikulieren verstehen, er benützte fortan den Markustag und den Torso des Menelaos zur Veröffentlichung seiner bissigen Epigramme, die er an den Torso heftete und die bei den Römern alsbald solche Aufmerksamkeit fanden, daß nach wenigen Jahren schon der 25. April zum Tag des Pasquinofestes wurde. Denn auch andere Poeten begannen sich nun des Torsos zu bedienen, um an ihm und durch ihn ihre Verse und ihren programmatischen Witz zu publizieren, was so lange vortrefflich gedieh, als der Gönner unseres Maestro Pasquino, der neapolitanische Kardinal Caraffa, am Leben war. Nach dessen Tod im Jahre 1511 allerdings schien auch die Stunde des Pasquino, wie man jetzt längst schon ganz allgemein die Statue nannte, zu schlagen. „Der Torso wurde in einen schwarzen Mantel gehüllt, bekam neue Hände, die, zum Gebet gefaltet, aus den langen Ärmeln heraushingen. Ein schwarzes Tuch wurde ihm über den Kopf gezogen, ein langer schwarzer Bart angeklebt und auf das Gesicht braune Streifen gemalt. Über die seltsame Erscheinung wurde ein schwarzer Baldachin gebreitet." So jedenfalls beschrieben Augenzeugen das vorläufige Ende dieser römischen Institution. Und wenn man sich heute auf der Piazza Pasquino umschaut und des Beengten, auch Düsteren gewahr wird, das diesen kleinen Platz beherrscht, der nichts weiter als eine Art Sammelpunkt einiger schmaler Gassen ist, die hinter der Piazza Navona inmitten der Altstadt Roms an diesem einen Ort aufeinanderstoßen, dann mag man sich unschwer vorstellen, daß dieser antike Torso in seiner merkwürdigen Trauerkleidung einer Vogelscheuche ähnlicher gewesen sein muß als einer berühmten Statue.

Die beispiellose Auferstehung des Pasquino, an die damals gewiß niemand mehr geglaubt hatte, begann mit dem ersten Auftritt Pietro Aretinos in Rom. Das war im Jahre 1517; Papst Leo X. regierte in jenen Jahren die Christenheit. Und Aretino, von dem die einen sagten, daß er nichts weiter als ein Betrüger, ein unwissender, eitler Narr und zudem ein Ungeheuer sei, ein Mensch ohne jeden Charakter, nur dazu geboren, die Fürsten zu bestehlen, von deren Geld er lebte, während ihn andere bereits zu Lebzeiten als unsterblich bezeichneten, als „Erlöser der Welt, Ruhm des Himmels und Wohltäter der Menschheit", und Aretino also bemächtigte sich sogleich und mit ebensolcher Energie wie mit bissigem Zynismus des Pasquino, um über ihn die Meinung der Römer zu beeinflussen. Zuvor schon, und da hatte noch der gewalttätige und eigenwillige Julius II. regiert, war die Statue gelegentlich zu einer Art Anlaufstelle politischer Satire geworden. Unter anderem heftete auch Ulrich von Hutten, der spätere leidenschaftliche Gegner des Papsttums, seine Verse an den Torso. Und mancher römische Student, mancher unbekannte Poet suchte über den Pasquino die Aufmerksamkeit der Öffentlichkeit zu gewinnen. Jetzt freilich, da sich der geniale Aretino dieser Institution annahm und sie zum Sprachrohr seiner politisch wie literarisch bedeutungsvollen Arbeiten machte, wuchs der Ruhm des Pasquino – und mit ihm natürlich auch jener des Dichters – ins beinah Unermeßliche. „Erst Aretino hat den Pasquino beherrscht, sein Ansehen benützt und ihn zu einem boshaften politischen Satiriker umgestaltet, der nicht erst auf den 25. April gewartet hat, um sein Gift auszuspeien, sondern bei jeder sich darbietenden Gelegenheit, zuweilen sogar täglich, das Wort ergriffen hat." (C. von Chledowski)

Selbstverständlich bekam das alles weder der Statue noch dem Dichter – den wir gewiß auch als einen der großen Ahnherrn der abendländischen Publizistik zu respektieren haben – sonderlich gut. Papst Hadrian VI., Sohn eines niederländischen Schiffsbauers aus Utrecht und Schützling Karls V., ein frommer Mann, dessen Sinn für glanzvolle literarische und satirische Leistungen freilich eher verkümmert war, veranlaßte Aretino zur Flucht aus Rom. Der Pasquino selbst wurde gleichsam demontiert; und nur der rasche Tod des Papstes verhinderte, daß der Torso in den Tiber geworfen wurde, wie Hadrian angedroht hatte. Allerdings gewann er auch unter den Nachfolgern dieses Papstes, die weniger fromm und streng waren, seine ursprüngliche Bedeutung nicht mehr zurück, was gewiß darauf zurückzuführen ist, daß sich kein Genie vom Rang eines Pietro Aretino mehr des grauen Marmor-

steins bemächtigte, um über diesen kuriosen Umweg zu den Römern zu sprechen.

Heute kauert der einst berühmte Torso aus hellenistischer Zeit eher unbeachtet vor dem ehemaligen Palazzo Orsini. Die kleine Piazza del Pasquino ist auch tagsüber vom Schatten erfüllt, den die eng aneinandergerückten alten Häuser werfen. Autos kurven über den Platz, verschwinden über die Via dell'Anima im Dickicht der römischen Altstadt; und auf der nahen Piazza Navona kräuselt der Wind das auf und ab steigende Wasser in Berninis schönem Brunnen. Nachzutragen wäre vielleicht noch das Gerücht, daß Pasquino ein buckliger Schneider gewesen sei, der hier im 15. Jahrhundert seine Werkstatt gehabt haben soll; und er sei auch der Urheber jener Epigramme und Verse gewesen, die dann den verwitterten Torso zur Legende werden ließen. Aber das gehört schon wieder zu jenen Geschichten, mit denen Rom seit altersher seine Biografen verunsichert ...

Was das weitere Schicksal Aretinos angeht, dessen Vater übrigens ein biederer Schuster in Arezzo gewesen war, so bedeutete Rom für ihn, der doch eine ganze Reihe von Jahren der literarische Protagonist dieser Stadt und ihres intellektuellen Witzes gewesen war, künftighin nichts weiter als die Erinnerung an raschen, glanzvollen und freilich auch vielfach gefährdeten Aufstieg, an politische Intrigen und lebensbedrohende Attentate. Immer wieder kehrte Aretino aus Norditalien und hier vor allem aus Venedig, das später zu seiner zweiten Heimat werden sollte, für kürzere Zeit nach Rom zurück, wo er auch wieder Gedichte für den Pasquino zu schreiben begann, die freilich nicht mehr gegen den Papst selbst, sondern gegen gewisse fragwürdige Charaktere am päpstlichen Hof gerichtet waren. Darin wird man auch die Ursache für einen Mordanschlag sehen müssen, dem Aretino beinahe zum Opfer gefallen wäre und der seinen bissigen Zorn, seine zynischen Attacken gegen das Papsttum von neuem verstärkte. „Aretino schrieb unerhört schnell und leicht", urteilt C. v. Chledowski einmal über den wohl bedeutendsten Poeten und Publizisten Italiens des 16. Jahrhunderts, „ohne Besinnen hat er seine Eindrücke aufs Papier geworfen, er war wie im Leben so auch in seinen literarischen Erzeugnissen ein leidenschaftlicher Stürmer und Dränger. Und mögen seine Schriften auch gelegentlich schmutzig und anstößig sein, so haben sie doch den wichtigen Vorzug, daß sie die Epoche, in der der Verfasser gelebt hat, mit einer unerhörten Treue schildern, sie sind gewissermaßen ein photographischer Abklatsch seiner Umgebung, er schreibt Tagesartikel, die unmittelbar unter dem Einfluß der Ereignisse entstanden sind."

Aretino starb hochgeehrt und heftig umstritten im Jahre 1556 in Venedig. Er war vierundsechzig Jahre alt geworden. Und alle Erzählungen, er sei während eines Trinkgelages und unter unbändigem Lachen über einen ordinären Witz, den lockeren Lebenswandel seiner Schwester betreffend, gestorben, sind pure Verleumdung; wie so vieles andere auch, was über diesen Meister der Satire, der die Begabung der Römer fürs Epigrammatische, für die lapidare Schärfe des Ausdrucks zur höchsten stilistischen Vollendung gebracht hatte, gesagt und geschrieben wurde.

Man vergißt angesichts gewisser Neigungen, denen viele Päpste der Renaissance und des Barock verpflichtet gewesen waren und die ihren mitunter doch recht fragwürdigen Ruhm als Feldherren, Politiker oder Liebhaber begründet haben, daß spätestens seit Sixtus V. fast alle bedeutenden Päpste auch leidenschaftliche Bauherren gewesen sind. Ihnen verdankt das alte Rom, das infolge der vielen neuen Paläste und Kirchen im Zeitalter des Barock ganz allgemein als „Roma nuova" oder „Roma moderna" bezeichnet wurde, heute seinen unverwechselbaren Reiz, der immer noch die Fremden bezaubert, die alljährlich zu Hunderttausenden in die Stadt strömen. Erinnern wir uns daran, daß unter Sixtus V. zum Beispiel die Kuppel der Peterskirche entstanden ist, während sein Nachfolger Paul V. zahlreiche Paläste bauen und Gärten anlegen ließ und vor allem für die Begradigung und Erneuerung des Straßennetzes in der damaligen Altstadt sorgte, was manchen gravierenden städtebaulichen Einschnitt voraussetzte. Urban VIII. verstärkte die Engelsbrücke, versah den Vatikan mit Befestigungsanlagen und baute gleichfalls grandiose Paläste. Alexander VII. gab den Auftrag für die Kolonnaden auf dem Petersplatz. Und Innocenz X. war verantwortlich für die Neugestaltung der Piazza Navona. Das waren herausragende Leistungen, deren Bedeutung nicht einmal dadurch geschmälert wird, daß manche dieser Päpste die antiken Bauwerke hemmungslos ausplünderten, um Baumaterial für ihre Paläste, Kirchen, Brunnen und großartigen Denkmäler zu gewinnen. Auf diese Weise wurden unter anderem die konstantinischen Thermen zerstört, das Kolosseum verwüstet und das Pantheon seines bronzenen Schmuckes beraubt.

Manchmal genügte freilich schon eine kleine Intrige, um eines Papstes gönnerhafte Bereitschaft zu wecken, ein unvergängliches Bauwerk in Auftrag zu geben. Es war in den vierziger Jahren des 17. Jahrhunderts, daß eine gewisse Donna Olimpia – die von den Römern ein wenig respektlos als „La papessa" bezeichnet wurde, was ihr Verhältnis zu Innocenz X. wohl am eindeutigsten beschreibt – einen Palast an der Piazza Navona bewohnte, dessen unmittelbare Umgebung allerdings ihren ehrgeizigen Wünschen nicht ganz entsprochen haben dürfte. Zumindest scheint Donna Olimpia über ein ausgeprägtes ästhetisches Empfinden verfügt zu haben, denn sie kritisierte einen vor ihrem Palast stehenden Brunnen, der noch unter Gregor XII. errichtet worden war, als ungeeignet und sogar als Schandfleck, der ihren Schönheitssinn beleidige und die Bedeutung des von ihr in Besitz genommenen Palastes vermindere. Jedenfalls dürfte es der ehrgeizigen Olimpia nicht sonderlich schwergefallen zu sein, den Papst zu überreden, an die Stelle des einfachen älteren Brunnens einen neuen, großartigeren setzen zu lassen, der nicht nur ihren Palast besser zur Geltung bringen, sondern auch der ganzen Piazza Navona zur Zierde gereichen würde.

Innocenz forderte einige angesehene römische Künstler auf, Pläne einzureichen für ein monumentales Brunnenwerk in Verbindung mit dem ägyptischen Obelisken, der sich an jener Stelle befand. Aber die alsbald einlangenden Entwürfe behagten dem kritischen Papst nicht, obgleich sich darunter auch ein Modell aus der Werkstatt Borrominis befand. In dieser Situation trat Olimpia, die mit Gianlorenzo Bernini – der zu jener Zeit wiederum beim Papst in Ungnade gefallen war – befreundet war, als geschickte Vermittlerin in Aktion. Sie forderte in aller Heimlichkeit den Neapolitaner auf, „das Modell eines Brunnens im Sinne Innocenz' zu machen", was Bernini auch befolgte. Und Olimpia stellte das rasch erarbeitete Modell aus Holz und Gips in ihrem Salon, wo der Papst sie regelmäßig zu besuchen pflegte, als unübersehbaren Blickfang auf. Die kleine Komödie hatte Erfolg; Innocenz fand Gefallen an dem Modell, ließ es sogleich in Silber kopieren und gab Bernini den begehrten Auftrag.

Bernini begann im Jahre 1647 mit der Arbeit an diesem „Brunnen der vier Flüsse"; vier Jahre später war das Werk, an dem Berninis begabteste Schüler mitwirkten, vollendet. Anläßlich der Fronleichnamsfeierlichkeiten im Juni 1651 schossen erstmals die Wasserstrahlen in das große Bassin, stiegen die vier Flußgötter, als wären sie zu neuem Leben erweckt, mit gelassener Geste aus dem Sprühregen empor, darin das Licht der Sonne vielfarbig reflektiert wurde. Das vereinbarte Honorar von fünftausend Scudi wurde an Bernini ausbezahlt und überdies noch dadurch angereichert, daß der Papst dem ältesten Sohn des Künstlers die längst angestrebte Domherrenwürde übertrug. Außerdem ließ Innocenz zur Erinnerung an den Bau des Brunnens eine kostbare Medaille prägen.

Nun hatte Bernini viele Feinde und Neider, unter ihnen Borromini, den der Erfolg seines berühmteren und glücklicheren Rivalen, wie ich bereits erzählt habe, fast um den Verstand brachte. Unmittelbar nachdem der Brunnen im Beisein des Papstes seiner Bestimmung übergeben worden war, zog ein bedrohliches Unwetter über Rom auf. Ein Sturm wütete über der Stadt, trug Dächer ab, brachte baufällige Häuser zum Einsturz ... und Berninis Konkurrenten verbreiteten das Gerücht, daß auch der Obelisk, der nunmehr Berninis „Brunnen der vier Flüsse" schmückte, zusammenzubrechen und den Brunnen selbst zu zerstören drohe. Innerhalb kurzer Zeit versammelte sich eine große Menge auf der Piazza Navona, um das zu erwartende Schauspiel schadenfroh zu genießen. Auch Bernini war gekommen und, wie ein Zeitgenosse und Augenzeuge das beschreibt, „ließ nun, als er unter dem Publikum einige Nörgler beobachtete, den Obelisken mit dünnen Fäden an den umstehenden Häusern festbinden. Die Menschen verstanden Berninis Absicht, seine Feinde bloßzustellen, sehr bald; und es gab allgemeines Gelächter und begeisterten Beifall." Das war dann auch der unmittelbare Anlaß für Borrominis Verzweiflungstat, die mit seinem tragischen Tod endete.

Aber Borromini hat auf der Piazza Navona, die seit Generationen schon ebensoviele begeisterte Bewunderer wie skeptische Kritiker gefunden hat, gleichfalls ein Denkmal hinterlassen, das vielleicht nicht so spektakulär anmutet wie Berninis Brunnen und gewiß auch nicht dessen Popularität erringen konnte, das uns aber sowohl die Könnerschaft dieses Bildhauers und Baumeisters eindringlich vor Augen führt als uns auch an die historischen Anfänge der Piazza Navona erinnert. Es handelt sich dabei um die Kuppelkirche Sant'Agnese, die Papst Innocenz X. als seine eigene Familienkirche in Auftrag gegeben und deren Grundstein er im Jahre 1652 eigenhändig gelegt hatte. Wohl hatte ein anderer Architekt namens Rainaldi mit dem Bau begonnen; aber es war dann Borromini, der bis zum Tode des Papstes die Bauleitung und den Stil dieser Kirche weitgehend prägte.

Sant'Agnese ist der heiligen Agnes geweiht, die auch als „die Keusche" oder „das Lämmlein" bezeichnet wird und die ihrer frommen Standhaftigkeit wegen einst in jenem altrömischen Circus, welcher der Vorläufer der Piazza Navona war, dem Henker vorgeführt wurde. Sie war in jenen letzten Augenblicken ihres Lebens nackt, wie die Legende berichtet; aber diese letzte Schmach, die ihr, der Patronin der Jungfrauen und Gärtner, angetan werden sollte, blieb wirkungslos. Es verhüllte nämlich ihr langes Haar den nackten Leib. Und die gaffenden Römer wurden um ein obszönes Schauspiel gebracht.

Kaiser Domitian hatte jenen Circus erbauen lassen, aus dem dann die Piazza Navona wurde. In den Kellern der umliegenden Paläste befinden sich noch einige guterhaltene Überreste dessen, was in der Antike auf dem damaligen Campus Martius entstanden war, wobei man nicht unerwähnt lassen sollte, daß dazu auch ein Freudenhaus gehörte, über dessen Fundamenten sich heute

Sant'Agnese erhebt; was uns wiederum daran erinnert, daß die heilige Agnes einst von ihren Peinigern in dieses Freudenhaus verschleppt worden war, ohne daß diese Demütigung etwas an ihrer Standfestigkeit geändert haben würde. Der domitianische Circus diente also auch den banalsten Vergnügungen, was seine verschiedenartigsten Fortsetzungen im Mittelalter und dann auch noch zwischen dem 17. und 19. Jahrhundert finden sollte. Es gab Wasserfeste und Seespiele, wozu man die Mitte der Piazza, die sich zu einer leichten Mulde vertiefte, mit Wasser füllte. Auch Stierhatzen, Pferderennen und Turniere fanden auf der Piazza Navona statt; und heute dient der Platz während der ganzen Weihnachtszeit bis zum Dreikönigstag als Marktplatz, der den römischen Kindern eine – allerdings immer mehr verblassende – Vorstellung von den Köstlichkeiten geben sollte, welche das schönste aller christlichen Feste einst zu vermitteln imstande war. Es ist aber immer noch ein Schauspiel von eigenartigem Reiz, auf diesem Platz – der so vielen mehr oder minder bedeutenden Figuren der römischen Geschichte als Schaubühne gedient hatte und auf dem grimmige Gladiatoren und aufrechte Christen um ihr Leben kämpften oder ehrwürdige Päpste, prunkvoll gekleidete Kardinäle und Prälaten und berüchtigte Desperados sich recht profanen Zerstreuungen hingaben – jetzt alljährlich zur Weihnachtszeit und über Neujahr zwischen erschreckend verkitschten Krippen, Schießbuden, Maronibratern und einer Unzahl von Marktständen noch die Zampognari zu sehen, die Dudelsackpfeifer aus den Abruzzen, wie sie ihren merkwürdigen Instrumenten ebenso klagende wie schrille Töne entlocken, während die Glocken in den Kirchen der Altstadt ein weithin schallendes Konzert anfangen und im rosafarbenen, wachsfarbenen Himmel, der sich wie ein künstliches Gebilde, wie eine dünne, fast durchsichtige Haut über den Platz spannt, Hunderte Vögel als kleine, schwarze Pünktchen aufgeregt hin und her schießen.

Was übrigens jenen Papst Innocenz angeht, durch dessen Entscheidung Bernini zum Schöpfer des „Brunnens der vier Flüsse" wurde, so war er ungeachtet aller Vorhaltungen, die ihm strenge Kritiker machen könnten, ein geistiger und sanftmütiger Mensch.

Es heißt, daß er völlig unter der Herrschaft seiner verwitweten Schwägerin gestanden habe, jener Donna Olimpia, die ihre Hand so erfolgreich im Spiel gehabt hatte bei der Vergabe des Auftrags, den Brunnen auf der Piazza zu bauen; und die gewiß die unumschränkte Herrscherin nicht nur über die Piazza Navona, sondern auch im Vatikan gewesen sein mag. Zeitgenossen jedenfalls berichten davon, daß viele wesentliche Entscheidungen des Papstes im Palast Olimpias getroffen worden seien. Aber als Innocenz starb, besaß er gerade ein einziges Hemd, in das man den Leichnam hüllte. Niemand von seiner Familie, die durch ihn reich geworden war, fand sich bereit, die letzte Totenwache zu halten. Lediglich Olimpia soll sich in das Totengemach im vatikanischen Palast geschlichen und zwei Geldkassetten gestohlen haben, die unter dem Bett verborgen waren, auf dem der tote Papst lag. Und als man sie darum ersuchte, für das Begräbnis Innocenz' zu sorgen, soll sie kühl erklärt haben, daß sie sich als arme Witwe derlei nicht leisten könne. Dann, als man den Leichnam des Papstes in einen Abstellraum der Peterskirche gebracht hatte, war es einer der Sampietrini, also der Arbeiter in der Dombauhütte, der mitleidig eine Kerze anzündete. Und weil es Ratten gab, hielten ein paar andere Arbeiter einige Nächte lang die Totenwache. Schließlich erbarmte sich ein Geistlicher des toten Papstes und stiftete eine kleine Geldsumme, um das Begräbnis des Pontifex etwas würdevoller zu gestalten ...

Was für ein grotesker Widerspruch das doch ist, der zwischen diesem armseligen Tod und den großartigen Festen auf der Piazza Navona besteht, deren Urheber Innocenz gewesen war. Denn während seines Pontifikats wurden jene legendären „Wasserfestspiele" inszeniert, bei denen in den heißen Sommermonaten die Abflußröhren der Brunnen sorgfältig verstopft wurden, so daß das überlaufende Wasser den Platz alsbald tief unter Wasser setzte. „In den Häusern ringsum wurden Feste veranstaltet, Musikkapellen spielten, und die große Welt fuhr in ihren goldenen Kutschen langsam durch das Wasser." (H. V. Morton) Das letzte dieser Wasserspiele, das nicht nur der sogenannten großen Welt, sondern auch den Bewohnern der Altstadt Roms ein außerordentliches Vergnügen bereitet haben dürfte, fand übrigens im Jahre 1867 statt.

Wenige Schritte von der Piazza Navona entfernt, in der Kirche Santa Maria dell'Anima, in der Nationalkirche der Deutschen, mit deren Bau im Jahre 1499 begonnen worden war, kann man das Grabdenkmal jenes Papstes bewundern, der Pietro Aretino zur Flucht aus Rom animiert und den Pasquino, das legendäre Marmordenkmal römischen Witzes, zur Bedeutungslosigkeit verurteilt hatte. Es ist das das Grabmal Hadrians VI., des ehemaligen Erziehers Karls V. und Lehrers Erasmus' von Rotterdam, eines Papstes, der den Römern immer ein wenig fremd oder sogar suspekt erschienen war, was unter anderem auch dadurch zum Ausdruck kam, daß man an die Tore des vatikanischen Palastes während seines ohnedies nur sehr kurzen Pontifikats, das von 1522 bis 1523 dauerte, Hinweisschilder anbrachte, die besagten, daß der Vatikan zu vermieten sei. Der philosophische Ausspruch, der auf dem Grabmal Hadrians zu lesen ist, beschreibt in aller Kürze das eigentliche Unglück dieses Papstes, der als Fremder nicht verstanden hatte, die Römer für sich zu gewinnen: „Wieviel kommt doch darauf an, in welcher Zeit auch des trefflichsten Mannes Wirken fällt." Hadrian VI. war zweifellos ein trefflicher Mann. Aber die Zeit, die ihm als Papst zur Verfügung stand, war zu kurz, um die Römer von seinen Vorzügen zu überzeugen. Außerdem haben sie ihm wohl nie verziehen, daß er ihnen den Pasquino genommen hatte. Und daß es während seines Pontifikats zu Wasserspielen oder Reitturnieren auf der Piazza Navona gekommen wäre, ist schlichtweg unvorstellbar.

Ich habe viele Erinnerungen an die Piazza Navona und auch an die sie umgebende, wie eine Muschelschale umschließende römische Altstadt mit ihren verwinkelten Gassen und winzigen Plätzen, mannsbreiten Durchgängen und altersdunklen Palästen, in denen man immer wieder vielen überraschenden Einzelheiten der Geschichte dieser Stadt und ihrer Menschen begegnet. Im Palazzo Braschi zum Beispiel, Ende des 18. Jahrhunderts an der Stelle des ehemaligen Palazzo Orsini errichtet, um einem Neffen des damals regierenden Papstes Pius VI. eine standesgemäße Unterkunft zu ermöglichen, was dann allerdings der letzte Beweis für jenen Nepotismus war, an welchem die päpstliche Monarchie so lange Jahrhunderte unheilbar erkrankt gewesen war, in diesem Palast also, der die schmale Via del Pasquino säumt, die von der Piazza Navona hinüber zum Denkmal des Pasquino führt, hat das Museum der Stadt Rom seinen Sitz. Hier entdeckte ich eines Tages, und zwar im Erdgeschoß, die mattglänzenden, sorgfältig gepflegten Eisenbahnwaggons des im Jahre 1858 in Paris angefertigten ersten Eisenbahnzuges, dessen sich Pius IX. bediente. Es gab in diesen Waggons einen Salon und sogar eine Art Thronsaal mit einer anschließenden Kapelle. In den Glastüren spiegelte sich der purpurfarbene Satin, mit dem die Polsterstühle ausgestattet waren, darin sich der Papst von den Anstrengungen der Reise erholen konnte. Allerdings konnte Pius IX. diese ganze Pracht kaum benützen. Denn als dieser Eisenbahnzug mit seinem Rokokodekor geliefert wurde, war das Papsttum seiner weltlichen Macht bereits so gut wie entkleidet. Es sollte nur noch wenige Jahre dauern, bis der Papst zum Gefangenen im Vatikan wurde.

Österreichische Besucher der Ewigen Stadt werden sich – wiederum nur ein paar Schritte von der Piazza Navona entfernt, und zwar in Richtung Pantheon – dem Palazzo Madama mit gebotenem Interesse nähern, was weniger darauf zurückzuführen ist, daß darin heute der römische Senat untergebracht ist, als vielmehr damit zu tun hat, daß dieser im 16. Jahrhundert für die Familie Medici erbaute, überschwere, ungemein wuchtig wirkende dunkle Riesenbau seinen Namen jener Madama Margarethe von Österreich verdankt, die eine legitime Tochter Karls V. war und zuerst Alessandro de Medici und nach dessen Tod Ottavio Farnese heiratete. In dieser römischen Niederlassung des berühmten Florentiner Geschlechts haben die beiden späteren Medicipäpste Leo X. und Klemens VII. noch als Kardinäle gelebt; auch Katharina von Medici hat hier, bevor sie zur Königin von Frankreich wurde, Unterkunft genommen. Übrigens stoßen wir auch hier auf die Handschrift Borrominis, der diesen Palast vollendet hat, dessen eindrucksvolle Barockfassade ein Werk der beiden Bildhauer Cardi und Marucelli ist.

Jene Straße, die von der Piazza Navona oder eigentlich von der winzigen Piazza del Pasquino hinüber zur sehenswerten Chiesa Nuova, zum Tiber und zur Engelsbrücke führt, die Via del Governo Vecchio, heute eine gewundene, enge Altstadtgasse, ist eine der vielen beeindruckenden Metaphern, die uns mehr über die Piazza Navona, über das Leben im Rom der Renaissance und des Barock erzählen als manche kunsthistorische Abhandlung. In jenen Jahrhunderten, als der Vatikan nicht nur das geistliche, sondern auch das weltliche Zentrum der Macht war und die Päpste Rom immer wieder als ihr privates Eigentum zu betrachten gewohnt waren, wo sie ihre verschiedenen Residenzen und die Paläste ihrer zahlreichen Nepoten wußten, war die Via del Governo Vecchio die einzige brauchbare Verbindung zwischen dem Vatikan und der Stadt. „Hier war Glanz, Reichtum, Einfluß daheim", schreibt Werner Bergengruen, „hier standen Paläste, vornehme Gasthöfe, bedeutende Handelshäuser. Hier entwickelte sich das Viertel der Banken, unter denen die florentinischen obenan standen." Der Reichtum der Kurie wurde in diesem Viertel vermehrt und verwaltet, woran noch der Straßenname Via del Banco di Santo Spirito erinnert. Die Via del Governo Vecchio war aber auch jener Weg, den die kaiserlichen Krönungszüge über die Engelsbrücke hinüber zur Peterskirche nehmen mußten. Ebenso wurden hier die pompösen Aufzüge der ausländischen Gesandtschaften inszeniert, wenn die Diplomaten, um einen möglichst günstigen Eindruck beim schaulustigen römischen Volk zu hinterlassen, jenem luxuriösen Zeremoniell gehorchten, das man sich von ihnen erwartete und das dann manchmal fast zum Bankrott der Botschafter führte, die das festliche Schauspiel mit Dutzenden Equipagen, Hunderten kostbar livrierten Dienern und beträchtlichen Geschenken an die Römer, die Geistlichkeit und den päpstlichen Stuhl meist aus der eigenen Tasche bezahlen mußten. Aber auch die Pilgerscharen benützten auf ihrem Weg zur Peterskirche die Via del Governo Vecchio; und ihre frommen Lieder, gesungen in allen Sprachen Europas, mögen einst den Römern ebenso vertraut gewesen sein wie das häßliche Geräusch herabsausender Geißelhiebe auf die entblößten Rücken fanatisierter Büßer.

Die Piazza del Popolo

Zum erstenmal betrat ich die Piazza del Popolo spätnachts. Die letzten Kinovorstellungen waren beendet. Die Lichter in den Kaffeebars und Pizzastuben auf dem Corso und in der Via Ripetta erloschen. Nur noch wenige Autos verkehrten, umrundeten fast zögernd den Obelisken, der im Mittelpunkt des Platzes steht, einst von Augustus nach Rom gebracht und dann durch Papst Sixtus V. hier aufgestellt. Helles Scheinwerferlicht fiel auf einige Statuten, die jetzt mit einer merkwürdig gebieterischen Geste aus der samtfarbenen Dunkelheit der Nacht hervortraten und die Piazza del Popolo, die sie tagsüber als stumme, starre Dekoration schmücken, plötzlich mit Bewegung und Unruhe erfüllten, was wie die Darbietung einer Pantomime wirkte. Die beiden Kirchen, die zwischen den Einmündungen der Via del Babuino, des Corso und der Via Ripetta in die Piazza del Popolo mit ihren Kuppeln und neoklassizistischen Portalen etwas Pompöses oder sogar Gewalttätiges vortäuschen, das ihnen tatsächlich, wenn man sie am hellen Tag erblickt, nicht eignet, schwankten wie gefechtsklare Kriegsgaleeren in der Dünung der römischen Nacht. Und die Porta del Popolo, gleichfalls in helles Scheinwerferlicht getaucht, sah aus wie ein riesiges, beinahe furchteinflößendes Schaufenster, in dessen leeren Regalen sich allmählich die Erinnerungen an eine vergessen geglaubte Geschichte einnisten.

Ich hatte an diesem Tag schon einige ausgedehnte Spaziergänge hinter mir. Vom Hotel in der Via della Fontanella, nur einen Häuserblock von der Piazza del Popolo entfernt, war ich frühmorgens losgezogen, um über den Corso, dabei das schneeweiße Gebirge des Vittoriano vor Augen und das elende Pfeifen eines eisigen Schneewindes im Rücken, zuerst zum Augustusmausoleum – oder zu dem, was davon noch erhalten ist –, dann über die Via Tomacelli und den Largo Goldoni in Richtung Quirinal zu wandern, später auf der Via del Tritone nach links abbiegend, der steil ansteigenden Via Sistina folgend, die mich zur französischen Kirche Trinità dei Monti und zum Pincio brachte, von wo ich über die Spanische Treppe zur Piazza di Spagna kam. Kirchen, Denkmäler, hübsch dekorierte oder völlig verwahrloste Innenhöfe, prachtvolle Portale, Brunnen, Statuen hielten mich immer wieder auf. Zwischendurch regnete es auf diese hartnäckige, unangenehme Weise, die den römischen Winter manchmal zur Qual werden läßt. Der Wind zerrieb die Tropfen, schleuderte sie fast waagrecht gegen das Gesicht, hielt dann unversehens inne, erlaubte einer völlig unangepaßten, schwülen und feuchten Wärme, sich innerhalb weniger Augenblicke auszubreiten, um kurz darauf wieder von neuem loszuspringen und die dunkelgrauen Säcke der Regenwolken zu zerreißen oder sie in eine chaotische Bewegtheit zu stürzen ... Und der Regen trommelte gegen das Pflaster. Der Wind heulte um die verwaschenen Fassaden der Häuser und Kirchen. Und die Autos rutschten mit schwerfälligen, bedrohlichen Bewegungen über die Straßen.

Am Nachmittag dann die vor Nässe glänzenden Straßen rings um die Piazza di Spagna. Auf der Piazza Mignanelli, die fast von allen Fremden irrtümlich als Teil der Piazza di Spagna angesehen wird, gekennzeichnet durch die antike Säule mit der Statue der Muttergottes, nahm ich mir ein Taxi und ließ mich durch die Gärten der Villa Borghese fahren, den Blick durch die stets von neuem sich beschlagenden Scheiben starr auf eine im Regen ertrinkende Landschaft gerichtet, die exotisch wirkte mit ihren Ziersträuchern, Baumgruppen, kiesbestreuten Wegen und luxuriös anmutenden Villen. Ich hatte beabsichtigt, den Fahrer zu bitten, auf dem Rückweg an der Piazza del Popolo vorbeizufahren. Ich wollte, während draußen der Wind den Regen peitschte, einen ersten Eindruck gewinnen, ein erstes Bild mir machen von diesem Platz, von dem ich – obgleich ich viele Jahre immer wieder nach Rom gekommen war und einst auch in Rom, in der Via Margutta, nur ein paar Schritte entfernt lebte – so gut wie gar keine brauchbare Vorstellung hatte. Aber es gab irgendeine der in Rom üblichen Verkehrsstockungen. Und der Fahrer schien sich den lukrativsten Umweg auszusuchen, der ihm eingefallen war, nämlich den über die Porta Pinciana, Via Veneto, Via del Tritone und über die Via due Macelli, um mich wieder vor der Säule mit der Statue der Muttergottes abzusetzen. Von dort wanderte ich langsam zum Hotel zurück, das den Namen Guiseppe Valadiers trägt, dieses Mitgestalters der Piazza del Popolo in ihrer heutigen Form, an dessen ehemaligem Wohnhaus in der Via del Babuino ich vorbeikam, im Blick schon den Obelisken der Piazza del Popolo, der wie eine dicke, rosafarbene Nadel den Horizont abschloß ... Aber wenige Meter bevor ich den Platz erreichte, bog ich nach links in die kurze und schmale Via della Fontanella ab, warf einen neugierigen Blick in eine Galerie, wo gerade eine Ausstellung eröffnet wurde – einige Dutzend Leute drängten sich in der üblichen Weise um Bilder eines jungen römischen Malers, deren Farben buchstäblich explodierten und einen nervösen, jedoch zugleich herzerwärmenden, fast fröhlichen Kontrast bildeten zur grauen, regendurchschütteten Dämmerung draußen vor den Fenstern der Galerie –; und dann flüchtete ich ins Hotel, triefend vor Nässe und ein wenig enttäuscht darüber, daß ich noch immer nicht der Piazza del Popolo meine respektvolle Aufwartung gemacht hatte.

Jetzt, wenige Minuten vor Mitternacht, hatte der Regen aufgehört. Und ich stand vor dem Portal der Kirche Santa Maria in Monte Santo, im Rücken einen schmelzenden Block aus Dunkelheit, langsam auftrocknender Nässe, Weihwasserduft und diesem kaum merkbaren kühlen Wehen, das nahezu alle Kirchen Roms mit einer unsichtbaren Aura umgibt, und vor mir die weite, schöne Rundung des Platzes. Noch schlurften Schritte über den Corso. Noch drehte hin und wieder ein Auto eine Art salutierender Runde um den fast leeren Platz, beleuchtet von einigen verborgenen Scheinwerfern, deren Lichtstrahl auf die Statuen und Rampen und vor allem auch auf die Porta del Popolo gerichtet war, so daß eigentlich nur der Reflex des Lichts, dessen dünner Widerschein den Platz selbst traf, der sich mir wie eine gewölbte Scheibe oder wie der mäßig erleuchtete Teil eines auseinandergebrochenen Gestirns entgegenhob, für etwas verwischte Helligkeit sorgte. Die Statuen traten dabei als die beherrschenden Figuren dieser großen Schaubühne aus der Dunkelheit hervor. Auch der im Hintergrund sich emporhebende Pincio mit den Marmorbalustraden und kunstvoll gestalteten Rampen, die ihn auf eine recht eindrucksvolle, gleichsam theatralische Weise schmückten, war Teil dieser Dekoration, durch die, mehr zu erahnen als zu erkennen, barocke Bauten wie schlaftrunkene Tiere wanderten.

Anderntags dann sollte sich der nächtliche Eindruck wiederholen, Zeuge eines beeindruckenden Bildes sein zu dürfen. Denn die Piazza del Popolo wirkt auch tagsüber und selbst im diffusen Licht eines regnerischen Wintertags mit wolkenverhängtem Himmel prachtvoll und zugleich ungemein bewegt. Die Löwen und Sphinxe, der kühn aufragende Obelisk und die Figuren der marmornen Götter, die mit gelassener Würde herabblicken auf den heftigen Verkehr, auf die Menge der hin und her eilenden Menschen ... das alles drückt den Überschwang, das Phantasievolle, auch Pompöse und Pathetische römischer Lebensart aus, entspricht so vollkommen der Mentalität des Südens, daß man meinen möchte, hier erst beginne der wahre Süden, hier erst betrete man das Zauberreich der Mediterraneis mit all seinen verwirrenden Widersprüchen und lärmenden, leidenschaftlichen Gesten.

Vielleicht muß man gerade in diesem Zusammenhang daran erinnern, daß der Corso, der von der Piazza del Popolo aus stürmisch dem Zentrum der Stadt mit der Piazza Venezia, dem Kapitolshügel und dem Forum entgegenstrebt, begradigt im 15. und verbreitert im 17. Jahrhundert, ursprünglich ein antiker Straßenzug und die Fortsetzung der von Norden her Rom erreichenden Via Flaminia war, sie durch die antike Stadt verlängernd und mit der Via Appia verbindend. Man kann also die Piazza del Popolo durchaus als eine Art Drehscheibe betrachten, auf welcher der Norden und der Süden Italiens, in stürmische Bewegung versetzt, zueinanderfinden.

Den Namen verdankt dieser Platz übrigens einer der bemerkenswertesten Kirchen Roms, Santa Maria del Popolo, was nichts, wie man gemeinhin wohl annehmen möchte, mit dem Volk, sondern mit dem früher einmal gebräuchlichen Ausdruck für Pfarrgemeinde zu tun hat. Die Vorläuferin der Kirche war eine kleine, bescheidene Kapelle, die im 11. Jahrhundert errichtet worden war, um dem gespenstischen Treiben eines – in den

Augen der Kirche – verbrecherischen Schurken Einhalt zu ge-
bieten. Denn einer eher ungenauen Überlieferung zufolge soll
sich in dieser Gegend an den Abhängen des Pincio einst Neros
Grab befunden haben, jenes Mannes also, der für den schrecklichen Tod vieler Christen verantwortlich war und dessen Dämon,
wie die abergläubischen Römer meinten, so lange wirksam sein
würde, als man ihm kein geweihtes Gotteshaus entgegensetze.
Die heutige Kirche Santa Maria del Popolo wurde dann in den
Jahren zwischen 1472 und 1477 gebaut, und zwar als ein charak-
teristisches Werk der römischen Renaissance, das durch Bernini
auf eine etwas unglückliche Art barockisiert wurde. Santa Maria
del Popolo ist allerdings, so glaube ich, ein vorzüglicher Beweis
dafür, mit welcher Aufmerksamkeit die Römer sich mit dem Leben nach dem Tod beschäftigen. Waren es in der Antike die
prachtvollen Mausoleen, welche die Erinnerung an die Verstorbenen wachhalten und zugleich den Respekt bezeugen sollten,
den die Zurückgebliebenen den Toten schuldeten, so sind es hier
– wie auch anderswo in den Kirchen Roms und hauptsächlich
Süditaliens – die Grabkapellen, deren Prachtentfaltung und dekorativer Prunk ebenso überraschend wie überzeugend anmuten.
Künstler wie Sansovino, Bramante, Caravaggio oder Pinturic-
chio, um nur die berühmtesten zu nennen, haben hier gearbeitet;
und auch Raffael ist mit Mosaiken vertreten, welche die Kuppel
einer der zahlreichen Grabkapellen schmücken. Das alles ist ungemein eindrucksvoll und erzeugt eine erhabene, aber doch auch
heitere, gleichsam optimistische Stimmung. Man fühlt sich nahe
dem, was mit Vergänglichkeit, Tod und Verwesung zusammen-
hängt; und man ist doch davon überzeugt, daß der Tod in Rom
etwas mit dem Paradies zu schaffen haben muß, wenn man inmitten dieser Farbigkeit, dieses Leuchtens und Glühens und dieser
triumphalen Gestik eine Kraft spürt, die unverlierbar zu sein
scheint. Der Tod, so empfindet man, ist nichts Endgültiges.

Santa Maria del Popolo ist insgesamt ein begeisterndes Kunstwerk; und man hat gelegentlich ein wenig Mühe, sich des eher
düsteren Anlasses zu entsinnen, der diese Kostbarkeiten ermöglichte. Hippolyte Taine schrieb einmal: „Große Bogen entfalten

sich in langen Reihen, das große Schiff von dem kleinen trennend, und die Wirkung aller dieser starken Krümmen ist ernst und groß. Eine Menge Grabmale steigern den Ausdruck bis zur tragischen Ergriffenheit, die Kirche ist voll davon, zwanzig Kardinäle haben hier ihre Gräber. Ihre Statuen schlafen auf dem Stein, andere Bildnisse träumen halb liegend oder beten, oft ist nur eine Büste da und manchmal nur ein einziger Totenkopf über einer Inschrift und einem Memorial. Mehrere Gräber sind in das Pflaster eingelassen, und die Füße der Frommen haben die Gestalten abgetreten; überall gegenwärtiger greifbarer Tod, man fühlt, daß unter den Grabfliesen Knochen liegen, die elenden Überbleibsel eines Menschen; diese kalten, unbeweglichen Marmorgestalten, welche für ewig ihre hageren Finger hebend, in dem Winkel einer Kapelle liegen, sind alles, was geblieben ist von einem heißen, bebenden Leben, das sich mit Flammen und Blitzen vor den Augen der Welt verbrannt hat, um nichts von sich übrig zu lassen, als einen kleinen Haufen Asche." Taine, der ein Skeptiker und bei mancher Gelegenheit auch ein Zyniker war, der an Rom mehr auszusetzen hatte, als die Stadt ihm begründeten Anlaß zur Kritik bot, hatte freilich nicht ganz unrecht, wenn er „vom überall gegenwärtigen greifbaren Tod" schrieb. Nur ist der Tod, wie er in Santa Maria del Popolo dargestellt oder eigentlich in Erinnerung gerufen wird, etwas Feierliches und zugleich Lebendiges, ein Kunstwerk, das beweisen soll, daß des Römers Umgang mit dem Jenseits keine bloß spirituelle oder metaphysische Sache, sondern eine poetisch überhöhte Fortsetzung des Lebens ist.

Ich war oft in dieser sehenswerten Kirche; und stets mußte ich auf Zehenspitzen andächtige Gläubige umrunden, die vor einer der Grabkapellen ein Gebet verrichteten. Einmal beobachtete ich eine Frau mittleren Alters, wie sie, dabei eifrig gestikulierend, alle diese Grabkapellen sozusagen abging, das heißt, sie entzündete vor jeder einzelnen eine Kerze, rief einige Sätze, die ein Gebet oder auch eine Aufforderung sein konnten, in das feierliche Halbdunkel, bekreuzigte sich dann mit einer weitausholenden Gebärde und eilte zur nächsten Station ihrer sonderbaren, rätsel-

haften Pilgerreise. Sie machte einen durchaus lebhaften, fast sogar zufriedenen Eindruck … als habe sie allen Grund, den toten Fürsten und Kardinälen, deren Knochen in der Tiefe vermoderten, für etwas zu danken, das ihr ein Herzensbedürfnis sein mochte. Es war eine Art Vorführung, theatralisch, ohne jedoch aufdringlich zu sein. Man redet mit den Toten. Und man inszeniert das in der Manier des römischen Volkstheaters. Das erleichtert einem dann vielleicht ein wenig die Bewältigung des Lebens.

Einen berühmten Besucher dieser Kirche muß man noch erwähnen, nämlich Martin Luther, der, als er 1511 nach Rom kam, in jenem Augustinerkloster Quartier fand, das damals noch zu Santa Maria del Popolo gehörte und 1527 abgerissen wurde. Luther fand freilich keinen Zugang zur Schönheit und Klarheit dieser ursprünglich im reinsten Renaissancestil erbauten Kirche; ihm blieb fremd, was er nicht begreifen oder akzeptieren mochte, ein Umstand, der auch heute noch manchen Nordländer die Nase rümpfen läßt, wenn er der seiner Meinung nach zu überladenen Dekoration dieser Kirche ansichtig wird oder ihn die dramatisch anmutende Fülle der Statuen rund um die Piazza del Popolo stört, weil sie, wie ein deutscher Kunstexperte einmal erklärte, „nicht den strengen Regeln künstlerischer Gesetzmäßigkeit entspricht".

Ein anderer deutscher Rombesucher, nämlich der Dichter Werner Bergengruen, hat in seinem schönen, lesenswerten „Römischen Erinnerungsbuch" die Deutung des Begriffs „popolo" – in Verbindung mit der gleichnamigen Kirche und dem Platz – um eine weitere Erklärung vermehrt. Er meinte, daß dies an das lateinische Wort für Pappel anknüpfe, also an „popolus", „so daß von einem Pappelplatz und von einer Kirche der Muttergottes bei den Pappeln zu sprechen wäre. In der Tat hat ein Baum zu den uralten Merkzeichen dieser ehedem gemiedenen und menschenarmen Örtlichkeit gehört, nur war es keine Pappel, sondern ein Nußbaum. Um diesen Nußbaum spukte es, und das Volk brachte das mit den nahen Gräbern der Domitier, insbesondere dem des schlimmen Nero, in Verbindung. Papst Paschalis II. ließ den Baum endlich abhauen, und wie ein Rudel wilder Katzen, so wird berichtet, stoben die bösen Geister aus dem Gezweig."

Ob nun aber Pappelplatz oder Platz der Pfarrgemeinde – in manchen Teilen Italiens, vor allem in der Toskana und in Umbrien, versteht man unter dem Begriff „popolo" heute noch die Pfarrgemeinde: Diese ganze gewaltige und in stürmischer Bewegung um den uralten ägyptischen Obelisken kreisende Platzanlage mit der beeindruckenden Porta del Popolo und allen flankierenden Bauten „bilden einen bewußt geplanten Vorhof der Ewigen Stadt, an dessen Ausbau Künstler der Renaissance, des Barock und des in Rom sonst nicht stark hervortretenden Klassizismus Anteil haben" (E. Peterich). Es war dieser Ort seit den Tagen der Antike, als die Aurelianische Mauer, von der noch Reste oberhalb der Piazza del Popolo zu sehen sind, sich vom Pincio herabsenkte und hier den äußersten nördlichen Verteidigungsring Roms bildete, ein Schauplatz der unaufhörlichen Begegnung zwischen Nord und Süd, eine Art Schaubühne für bedeutende Persönlichkeiten, die man auf der Piazza del Popolo mit aufsehenerregendem Zeremoniell empfing, um sie in die Stadt zu geleiten. Königin Christine von Schweden, die nach ihrem spektakulären Übertritt zum Katholizismus und nach ihrer Abdankung nach Rom ging, um im Schutz der päpstlichen Monarchie ein recht bewegtes und nicht immer ausgeglichenes, glückliches Leben zu führen, war zum Beispiel der unmittelbare Anlaß dafür, daß die Porta del Popolo, an deren Stelle einst die antike Porta Flaminia stand und die nach einem von Vignola ausgeführten Entwurf Michelangelos im Jahre 1561 errichtet worden war, bereits fünf Jahre später von Bernini erweitert und ausgeschmückt wurde. Zeitgenössische Berichte schildern recht detailfreudig den Auftritt der abgedankten Königin auf der Piazza del Popolo, wobei man vor allem am Reitkostüm Christines Anstoß nahm, denn „sie saß als Mann auf einem Schimmel, umgeben von der Schweizergarde". Und weiter heißt es· „Man verglich sie mit der Königin von Saba, und manche meinten, daß sie in Wahrheit ein Hermaphrodit sei..." Im Auftrag des Papstes Julius III., in dessen Landhaus vor der Porta del Popolo Königin Christine die Nacht vor ihrem feierlichen Einzug nach Rom verbrachte, hatte Bernini das Tor mit dem päpstlichen Wappen dekoriert, in das er „ungemein kunstvoll und überzeugend das Wappen der Königin fügte". Das Innere der Porta del Popolo war mit kostbaren Teppichen ausgelegt, zweihundert Salutschüsse erfüllten die Luft mit ohrenbetäubendem Lärm, vom nahen Pincio flatterten Schwärme von geschmückten Tauben in den aquamarinfarbenen Himmel, während eine erwartungsfrohe Menge dichtgedrängt zu beiden Seiten des Corso stand, der damals schon seit fast hundert Jahren begradigt war und für das päpstliche Rom eine Art Via triumphalis bedeutete.

Dieser Corso, im Mittelalter unter dem Namen Via Lata, was soviel wie die „breite Straße" hieß, dennoch nichts anderes als die schmale, gewundene Fortsetzung der Via Flaminia, auf welcher die aus dem Norden kommenden „Wanderer und Pilger" und freilich auch die Söldnerheere nach Rom strömten, dieser Corso, noch vor ein paar Jahrzehnten amtlich als Corso Umberto I. bezeichnet und heute einfach Via del Corso genannt, ist nicht viel mehr als anderthalb Kilometer lang und trotzdem die wichtigste Straße Roms. Früher einmal haben hier im Karneval Pferderennen stattgefunden – woraus sich auch der Name Corso ableitet –, und zwar waren es reiterlose Pferde, die zwischen der Piazza Venezia und der Piazza del Popolo hin und her getrieben wurden, zur Belustigung des Volkes und zur Erbauung des Adels, der entlang des Straßenzugs seine Paläste hatte. An den mittelalterlichen Namen der Straße erinnert noch die Kirche Santa Maria in Via Lata, die um die Mitte des 17. Jahrhunderts erbaut wurde, allerdings auf den Überresten eines älteren Bauwerks mit Fresken aus der karolingischen Zeit. Ferner kann man hier den sogenannten Palast Bonaparte – nahe der Piazza Venezia – besichtigen, darin im Jahre 1836 die Mutter Napoleons gestorben ist, kann man sich aber auch vor der mächtigen Fassade des Collegio Romano, der ehemaligen Hochschule der Jesuiten, Gedanken über die recht unterschiedlich beurteilte Tätigkeit dieses einflußreichen Ordens machen, der gerade in Rom vielfach auf Ablehnung gestoßen ist, oder in der Kirche San Lorenzo in Lucina vor dem Grabmal eines gewissen Nicolas Poussin, der ein französischer Maler des 17. Jahrhunderts war, welcher rund dreißig

Jahre in Rom lebte, sich seines berühmtesten Gemäldes entsinnen, das heute im Louvre hängt und hauptsächlich durch die Inschrift „Et in Arcadia ego" legendär geworden ist. Denn dieses „Auch ich in Arkadien" hat später Goethe auf das Titelblatt seiner „Italienischen Reise" gesetzt. Und hier am Corso, und zwar schon dicht an der Piazza del Popolo, wenige Schritte vor der Einmündung der schmalen Via della Fontanella in den Corso, hatte Johann Wolfgang Goethe auch Quartier genommen, übrigens direkt gegenüber dem Palazzo Rondanini, wo über viele Jahrzehnte hinweg Michelangelos unvollendete Pietà aufbewahrt wurde, die nichts mit jener in der Peterskirche zu tun hat, sondern ein Alterswerk Michelangelos ist, „auf deren Gehalt unser Begriff vom Menschen nicht mehr anwendbar erscheint" (W. Bergengruen). Wer wollte sich in diesem Zusammenhang nicht der Worte Goethes erinnern, daß er, mit seinem Zustand in Rom verglichen, nachher nie wieder wirklich froh geworden sei . . . „Rom ist eine Welt. Und dieses Ungeheuere wirkt ganz ruhig auf uns ein, wenn wir in Rom hin und her eilen. Alle Tage ein neuer merkwürdiger Gegenstand, täglich frische, große, seltsame Bilder und ein Ganzes, das man sich lange denkt und träumt, nie mit der Einbildungskraft erreicht. Man müßte mit tausend Griffeln schreiben; was soll hier eine Feder!"

Es mag dieser Corso eine Arterie sein, die immer neues Blut, immer neues Leben in die uralte Stadt hineinpumpt. Gewiß ist dann die Piazza del Popolo so etwas wie ein prachtvoll ausgestattetes und den römischen, den südländischen Verhältnissen völlig entsprechendes Herz, das den Strom des Lebens in Bewegung hält und reguliert. Es gibt längere, auch bedeutungsvollere, an Kunstwerken reichere Straßen als den Corso, und größere, schönere, gewiß auch berühmtere Plätze als die Piazza del Popolo. Beide, Straße und Platz, entsprechen allerdings dem Charakter Roms auf eine Weise und in einer Vollkommenheit, wie das auf einem anderen Platz, in einer anderen Straße Roms kaum nachzuvollziehen ist.

Trastevere: Dichtung und Wahrheit

Zu den nachhaltigsten Eindrücken, die man in Rom empfangen kann, gehört zweifellos der Blick vom Gianicolo auf die ausgebreitete, fächerförmig im Dunst der Campagna liegende Stadt. Dabei ist es merkwürdig zu wissen, daß seit Jahrhunderten schon die meisten Rompilger davon schwärmen, vom Pincio aus einmal den römischen Sonnenuntergang zu bewundern, was tatsächlich ein ebenso romantischer wie malerischer Anblick sein kann, während kaum ein Beispiel aus der vielfältigen Literatur über Rom bekannt ist, das die Empfindungen beschreibt, denen man sich angesichts eines Sonnenaufgangs, den man vom Gianicolo aus beobachtet, hinzugeben vermag. Dazu kommt noch, daß man auf diesem Hügel, der sich als eine Art natürlicher Barriere zwischen dem Vatikan und Trastevere erhebt, den leidenschaftlichen Patriotismus und die daraus resultierenden heldenhaften Posen kennenlernen kann, welche die Römer so sehr lieben, obgleich sie seit mindestens anderthalb Jahrtausenden auch nur der bloßen Idee, sich möglicherweise wie Helden aufführen zu müssen, ungemein skeptisch gegenüberstehen. Aber gerade diese Diskrepanz zwischen den reichlich unnatürlichen Gesten eines bedenkenlos inszenierten vaterländischen Pathos und dem Zauber der römischen Natur und einer sich aufs anmutigste darbietenden Stadtlandschaft macht wahrscheinlich den unverwechselbaren Reiz des Gianicolo aus, der vielleicht nicht so berühmt ist wie die anderen Hügel Roms, auch kein sonderlich spektakuläres und unbedingt besichtigungswürdiges Bauwerk aufzuweisen hat, aber seines Ausblicks und der vielen kleinen Facetten wegen, die man rund um ihn zu genießen imstande ist, dem Besucher Eindrücke vermittelt, die diesem Rom auf eine zwanglose, sozusagen natürliche Art näherbringen.

Man kann den Hügelrücken des Gianicolo von St. Peter aus über einen verhältnismäßig kurzen, freilich steilen Anstieg erreichen; oder aber man benützt die von Trastevere emporführende, kurvenreiche, immer neue Perspektiven vermittelnde Via Garibaldi, die zuerst an der Kirche von San Pietro in Montorio vorbei sich zum erschreckend pompösen Mahnmal zur Erinnerung an die Gefallenen an der Porta Pia windet, um schließlich jenes Plateau zu erreichen, das vom Denkmal des ungestümen rothaarigen Generals beherrscht wird, der nach Meinung vieler Italiener die Unabhängigkeit und Einigkeit ihres Landes herbeigeführt hat, was allerdings nur in Ansätzen der historischen Wahrheit entspricht. Aber das ist ohnedies nicht der einzige liebenswerte Irrtum, dem man entlang der Via Garibaldi und auf dem Piazzale Garibaldi erliegt, denn auch die mittelalterliche Legende, wonach der Apostel Petrus auf halber Höhe des Gianicolo und damit oberhalb Trasteveres seinen Märtyrertod erlitten haben soll, was wiederum die Entstehung von San Pietro in Montorio zur Folge hatte, ist gewiß nichts weiter als eine jener hübschen Anekdoten, durch die den Römern immer wieder einmal ein Anlaß gegeben wurde, selbst den unscheinbarsten Schauplätzen in ihrer Stadt eine besondere Betonung zu schenken. Und was Giuseppe Garibaldi angeht, den Beherrscher des Gianicolo, der in majestätischer Pose auf seinem Bronzepferd thront und mit strengem Blick Rom betrachtet, als ob er es, wie mir ein Andenkenverkäufer einmal ernsthaft versicherte, noch einmal zu erobern und von allen schädlichen Elementen zu säubern beabsichtige, so sollte man angesichts seiner ungebrochenen Popularität vielleicht doch nicht darauf vergessen, daß es in Wahrheit Männer wie der unermüdliche, intrigenreiche und geschickt die Fäden der europäischen Politik ziehende Cavour und der rustikale Soldatenkönig Vittorio Emanuele II. waren, welche die nationale Einigung Italiens herbeiführten. Garibaldi war in diesem Spiel um die Macht, das freilich mit größtem Einsatz und aller nur vorstellbaren mediterranen Leidenschaft inszeniert wurde, nichts anderes als ein manchmal brauchbarer und gelegentlich auch lästiger Rebell, ein sogenannter Freiheitsgeneral, der immer wieder die feingesponnenen Fäden der Diplomatie aufs ehrlichste und ungeschickteste zerriß und dessen radikaler Antiklerikalismus dem Volk zwar gefiel, manchem einflußreichen Politiker jedoch äußerst lästig war.

Was übrigens Garibaldis beeindruckende Pose angeht, so habe

ich mich oft gefragt, weshalb das Denkmal seiner südamerikanischen Frau Anita, die gleichfalls auf einem feurigen Roß einherreitet und zudem eine Pistole martialisch umklammert hält, während ihre bronzenen Zöpfe wild durch die milde römische Luft flattern ... weshalb dieses Denkmal also unterhalb Garibaldis Standbild errichtet wurde, einige hundert Meter hügelab, gerade so, als ob es unschicklich wäre, sie im Schatten des italienischen Nationalhelden existieren zu lassen. Aber vielleicht ist man in Rom der Meinung, daß es wenig vorteilhaft wäre, einem so bedeutenden Mann wie Garibaldi ein liebendes – und sichtlich auch temperamentvolles – Eheweib an die Seite zu stellen.

Nur wenige Touristen, denen es der Mühe wert ist, neben dem eindrucksvollen Heldenmal des Garibaldi auch jenes seiner Ehefrau Anita aufzuspüren, dürften wissen, auf welche Weise der ungestüme rothaarige Mann einst um Anita geworben hatte. Das war in jenen Jahren, da er sich – wie man heute wohl sagen würde – als Militärberater den Brasilianern andiente. Garibaldi erblickte, wie er später selbst berichtete, von Bord des Schiffes, das ihn der brasilianischen Küste näher brachte, einige hübsche Mädchen, die irgendwelche Hausarbeiten verrichteten. Er habe von jemandem geliebt werden wollen, und zwar auf der Stelle, erzählte er, und „da blieb nichts anderes übrig, als an Land zu gehen, und sofort richtete ich meine Schritte auf das Haus, auf dem mein Blick so lange geruht hatte". Und da war Anita. Garibaldi fragte sie, ob sie sich vorstellen könnte, seine Frau zu werden. Anita konnte sich das vorstellen. Und sie wurde die treueste Gefährtin, die ein Mann wie er sich bloß wünschen konnte.

An eine andere, freilich weniger romantische, sondern eher erheiternde Geschichte sollte man sich erinnern, wenn man vor dem Denkmal Garibaldis an der Rampe steht, von wo aus man einen prachtvollen Blick auf Rom genießt; und selbstverständlich stets das eindrucksvolle Vittoriano im Blick hat, dem man in Rom ohnedies nirgends zu entgehen vermag. Einige Rillen und Risse im Asphalt vor dem Reiterstandbild des Freiheitsgenerals werden vielleicht manchem Besucher auffällig erscheinen. Sie kennzeichnen den Standort einer gußeisernen Kanone, deren gewaltiges Rohr viele Jahre lang drohend auf die Straße gerichtet war. Allerdings haben sich vor einigen Jahren Diebe der anstrengenden Tätigkeit unterzogen, das schwere Stück bei Nacht und Nebel fortzubringen, wobei man sich unschwer vorstellen mag, daß dieses Abenteuer nicht ohne beträchtlichen Lärm vor sich gegangen sein kann. Aber weder Garibaldi noch die Helden des Risorgimento, deren bleiche Marmorbüsten dieses patriotische Plateau des Gianicolo bedecken, und erst recht nicht Roms Polizisten haben irgend etwas von diesem frechen Raub bemerkt.

Einige Schritte hinter diesem Plateau, in nördlicher Richtung, sollte man in der kleinen Klosterkirche von Sant'Onofrio das Grab des großen italienischen Poeten Torquato Tasso aufsuchen, der hier – und zwar im Kloster, wo es auch ein sogenanntes Tassozimmer gibt – am 25. April 1595 gestorben ist, gerade einen Tag vor dem Höhepunkt seiner literarischen Karriere: Denn am 26. April hätte er auf dem Kapitol zum *poeta laureatus* gekrönt werden sollen, was in jenem Zeitalter als höchste und begehrenswerteste Auszeichnung galt, die einem Dichter widerfahren konnte.

Der Gianicolo, meine ich, ist so etwas wie der Hausberg Trasteveres, was gewiß eine unzulässige Vereinfachung darstellt, aber mir deshalb als plausibel erscheinen will, weil dieser Hügel die natürliche Fortsetzung nahezu aller Spaziergänge ist, die man durch Trastevere unternimmt. Im übrigen sollte man sich davor hüten, in Trastevere heute noch jene romantische Kulisse zu sehen, die den Rombesuchern und vielen Schriftstellern bis vor zwanzig, dreißig Jahren den Eindruck vermittelte, daß man hier eine Art mittelalterliches Spiegelbild Roms zu erkennen vermöchte oder, wie Morton das ausdrückte: „Wenn ganz Trastevere sich einmal im Jahr in mittelalterliches Gewand werfen würde, wie es in Siena Brauch ist, so gäbe es ein unvergeßliches Schauspiel mehr in Europa." Selbst Eckart Peterich, der stets mit dem Blick eines kunsthistorisch interessierten Liebhabers italienischer Verhältnisse durch Rom wanderte, mußte vor einem Vierteljahrhundert ernüchtert feststellen, daß Trastevere, „früher das volkstümlichste Viertel Roms ... heute etwas Kleinbürgerliches hat". Auch Toni Kienlechner meint in ihrem kritischen, der soziologischen Wahrheit verpflichteten Rombuch eher ernüchtert, daß etwa der einstmals legendäre „Sonntagsvormittagsrummel auf dem Trödelmarkt an der Porta Portese seinen Charakter verloren" habe, und zwar „durch übermäßige Kommerzialisierung", was überhaupt der Schlüssel ist für die Erklärung einer sonderbaren und nicht immer vorteilhaften Veränderung im Antlitz Trasteveres. Andererseits gilt nach wie vor, wenn auch nur für kurze, zu rasch vergehende Augenblicke, was Toni Kienlechner einmal vom berühmten Lokalfest der Trasteveriner sagte, das in dieser besonderen Form keine Entsprechung im modernen Rom findet: „Die Hauptrolle aber spielt in diesen Wochen die Stadt Rom selbst. Für kurze Zeit kommt sie wieder zum Vorschein in ihrer Pracht und Lässigkeit. Der Schuppenpanzer der Autos, der Tag und Nacht Plätze und Straßen verdeckt, ist verschwunden. Man kann wieder zu Fuß gehen in Rom, kann die stillen, schwärzlichen oder ockergelben Fassaden betrachten. Überall sitzen die Leute auf den Gassen, verplaudern die Nächte. Das Fest der Trasteveriner ‚La festa de No'antri‘ (wörtlich: Das Fest von uns anderen – nämlich der Bewohner rechts des Tibers, die den Anspruch erheben, römischer zu sein als die Römer links des Tibers) ist eine Riesenkirmes, die eine Woche dauert: Lichtergirlanden, Tische und Bänke kilometerweit in allen Gassen und Straßen, ein Eß- und Trinkgelage fürs Volk, das bis morgens um drei oder vier Uhr dauert und am letzten Abend mit einem Riesenfeuerwerk, der traditionellen ‚Girandola‘, endet . . . Es ist nicht abzutun als kommerzialisierte Folklore – es ist wirklich noch ein Volksfest, in das jeder ungeniert eintauchen kann. Nach der Hitze des ‚Sol leone‘, der Löwensonne des Tages, will keiner die laue Nacht unterm Dach verbringen. Eine ganze Stadt scheint sich aufatmend das enge Mieder aufzuknöpfen."

Ich habe angenehme, gleichsam von Poesie durchtränkte Erinnerungen an manchen Spaziergang durch Trastevere, durch das alte, volkstümliche, in seiner lärmenden Unruhe dennoch behagliche, nahezu sanftmütige Trastevere ebenso wie durch das neue, etwas zu herausfordernd restaurierte und herausgeputzte mit seinen allzu dekorativen Ateliers, Boutiquen und Restaurants, von denen viele die eifrige Mundpropaganda nicht wert sind, die sie verursachen. Etwas Kleinstädtisches und auf angenehme Weise Adrettes oder auch Rustikales drückt manchen Quartieren heute noch seinen Stempel auf. Gelegentlich kann es sogar vorkommen, daß man angesichts einer besonders stimmungsvollen Kulisse überrascht innehält und inmitten der Großstadt einige Augenblicke lang das Gefühl gewinnt, einer perfekten ländlichen Idylle ansichtig geworden zu sein. Die quadratische Piazza Santa Cecilia mit ihrem dunklen Teint, der ihr im Verlauf der Jahrhunderte wie selbstverständlich zugewachsen ist, eine Mischung aus Ruß, Staub, ehrbarem Alter und jener Zeitlosigkeit, die einem in Trastevere wie in ganz Rom manchmal den Boden unter den Füßen fortzuziehen scheint ... dieser Platz also, nur ein paar Schritte und einige romantische Gassen vom lauten Lungotevere entfernt, ist eine solche Idylle oder täuscht sie zumindest vor, denn natürlich gibt es auch hier schon die sogenannten guten Adressen mit dem üblichen Touristenrummel und wird das Überschaubare, Kleinbürgerliche und Behagliche unaufhaltsam zurückgedrängt.

Die gleichnamige Kirche, die zuletzt, als ich vor dem mit schweren Gittern versehenen Portal stand, das in einen schönen Innenhof führt, verschlossen war, erinnert an eine der geheimnisvollsten Figuren des frühen Christentums, an jene Cecilia nämlich, die einst unter dem Beil des Scharfrichters ihres Glaubens wegen gestorben und in den Katakomben draußen an der Via Appia begraben worden war, von wo ihr Leichnam wahrscheinlich im 5. Jahrhundert in das Haus ihres Ehemanns, des heiligen Valerian, überführt wurde. Cecilia gilt als Schutzpatronin der Musik, was ein wenig sonderbar anmutet, wenn man weiß, daß es stets ihr frommer Ehrgeiz gewesen war, auf die Musik nicht zu achten, sondern „sich mit etwas Höherem zu beschäftigen, also sich von den Reizen der Musik nicht verführen zu lassen".

Was nun das Gotteshaus selbst angeht, so erhebt es sich über den Fundamenten jener frühchristlichen, im 5. Jahrhundert im Haus des Valerian errichteten Kirche, wohin einst der Leichnam

Cecilias gebracht worden war und die im 9. Jahrhundert völlig umgebaut wurde. In diesem Zusammenhang muß man auf einige Widersprüche verweisen, deren restlose Aufklärung freilich unmöglich sein dürfte. So zum Beispiel behaupten verschiedene Quellen, die durchaus seriös erscheinen und derer sich auch katholische Autoren bedienen, daß der entseelte Leib der Märtyrerin im 5. Jahrhundert von den Katakomben nach Trastevere, eben ins Haus ihres Ehemanns Valerian, gebracht worden sei. Dem widerspricht nun die bekannte Legende, wonach im 9. Jahrhundert Papst Paschalis I. durch einen Traum auf das Grab Cecilias in den Katakomben aufmerksam gemacht worden sei und dann die Überführung der sterblichen Überreste in die neugebaute Kirche Santa Cecilia in Trastevere veranlaßt wurde. Unbestritten bleibt lediglich jene bemerkenswerte Szene anläßlich einer im Jahre 1599 vorgenommenen Renovierung der Kirche, wobei man auch die Gruft Cecilias öffnete und ihren Leichnam bis auf eine tiefe Wunde am Hals völlig unversehrt vorfand. Der Bildhauer Stefano Maderno hat aufgrund dieser doch recht ungewöhnlichen Erfahrung eine Statue der Heiligen geschaffen, die inzwischen längst zu den volkstümlichsten Beispielen religiöser Kunst in Italien zählt. Und um die Verwirrung zu vervollkommnen, möchte ich noch auf Eckart Peterich verweisen, der behauptet, daß Maderno die Heilige „in derselben Stellung und in demselben Seidengewand modellierte, wie er sie 1599 sah, als man sie aus ihrem Grab in den Katakomben" nach Trastevere überführte, was bedeutet, daß der Leichnam der Heiligen weder im 5. noch im 9., sondern erst im ausgehenden 16. Jahrhundert nach Trastevere gelangte.

Wenig bekannt dürfte sein, daß in einem der Kirche benachbarten Kloster seit vielen Jahren schon von eifrigen Nonnen jene Pallien hergestellt werden, welche seit der Frühzeit des Christentums den päpstlichen Ornat schmücken. Diese Pallien sind schmale weiße Wollstreifen mit einem Ornament von purpurfarbenen Kreuzen. „Sie werden über dem ärmellosen Mantel getragen und so um den Hals gelegt, daß das eine Ende nach vorn, das andere im Rücken hinabfällt und beide Seiten die Form des

Buchstaben Y bilden." (Morton) Ihre Herstellung ist eine recht komplizierte Prozedur, die eigentlich bereits mit der Auswahl der Wolle beginnt. Alljährlich werden nach einem feierlichen Gottesdienst in einer römischen Kirche, der jeweils am Namenstag der heiligen Agnes, also am 21. Jänner, stattfindet, zwei Lämmer den Nonnen in Trastevere überantwortet, in deren Obhut die Tiere heranwachsen, um dann am Gründonnerstag geschoren zu werden. Etwa ein Dutzend dieser Pallien kann aus der so gewonnenen Wolle hergestellt werden. Auch die Übergabe dieses ebenso frommen wie symbolträchtigen Produkts unterliegt einem strengen Zeremoniell. Zuerst werden die fertiggestellten Pallien den Subdiakonen des Lateran ausgehändigt; diese übergeben sie den Subdiakonen von St. Peter, von denen sie in die Hände der Domherren übergehen, um von diesen dann endlich „in einen goldenen Behälter unter den Hochalter des Petersdoms" gelegt zu werden, und zwar direkt über jener Stelle, wo der Tradition zufolge das Grab des Apostels Petrus liegen soll. An solchem Brauchtum, das sich über viele Jahrhunderte hinweg unverändert erhalten hat, kann man das Beharrungsvermögen und auch die historische Bedeutung der katholischen Kirche erkennen, wobei es besonders reizvoll erscheint, daß der eigentliche Ausgangspunkt dieses Zeremoniells ein eher unscheinbares, von der Außenwelt kaum beachtetes Kloster in Trastevere ist.

Einer der schönsten Plätze Roms ist gewiß die Piazza Santa Maria in Trastevere, wobei der unleugbare Zauber dieser malerischen Kulisse sich seit jenem Augenblick noch vertieft hat, da der Autoverkehr daraus verbannt wurde, so daß man jetzt wie vor einer ungemein dekorativ ausgestatteten Bühne steht, im Blick den verwitterten Farbton der Mosaiken, welche die Kirche Santa Maria in Trastevere schmücken und aus dem 12. und 13. Jahrhundert stammen, während der gedrungene, rostbraune Campanile im romanischen Stil wie eine erstarrte Wetterfahne über den Platz weht.

Santa Maria in Trastevere ist möglicherweise die erste aller römischen Kirchen, die der Muttergottes geweiht wurde. Ihre Entstehungsgeschichte reicht bis in das Jahr 340 zurück, als hier, an jener Stelle, wo sich das erste öffentliche christliche Oratorium befand, eine kleine Kirche errichtet wurde. Das heutige Gotteshaus stammt aus den dreißiger und vierziger Jahren des 12. Jahrhunderts und erinnert mit seinen machtvollen Säulen, die ausnahmslos aus antiken Tempeln stammen, seinem cosmatischen Fußboden und der reich verzierten Holzdecke von Domenichino sowie mit den prachtvollen, durch ihre Farbigkeit und die Form der Komposition beeindruckenden Mosaiken aus der Zeit um 1140 an eine frühchristliche Basilika. Etwas ungemein Feierliches, Schweres, Strenges teilt sich dem Besucher mit, wenn er langsamen Schrittes durch diese dreischiffige Kirche geht, darin man die Religion nicht als einen Triumph farbenfroher Sinnlichkeit oder barocken Überschwanges, sondern als fromme Pflichtübung begreift, als etwas, an das man sich vollkommen verlieren muß, um dem Geheimnis des Kultes nahezukommen. Und vielleicht ist dieser nachhaltige, ein wenig düstere und einschüchternde Eindruck, den man in dieser Basilika gewinnt, so stark, daß man – wieder hinaustretend auf die weite, leere Piazza, in deren Mitte ein hübscher, aber nicht sonderlich kunstvoller Brunnen aus dem 18. Jahrhundert steht – unwillkürlich den Blick senkt. Mitten in Trastevere mit seinen lebhaften Bildern aus dem Leben der sogenannten kleinen Leute, mit seinen derben Gerüchen und Farben und den Beispielen einer ungebrochenen Vitalität wird man auf diese Weise an die machtvolle und immer noch wirksame Allgegenwart der römischen Kirche erinnert, die immerhin rund anderthalb Jahrtausende lang das Leben, die Menschen und die Verhältnisse dieser Stadt geformt hat. Und jenes Wort eines englischen Schriftstellers, das besagt, daß man gerade in Trastevere noch auf die letzten Spuren des päpstlichen Rom stoßen könne, wie es vor zweihundert und mehr Jahren existierte, bestätigt sich vor allem angesichts dieser ruhigen, wie abgeschieden wirkenden Piazza Santa Maria in Trastevere, wobei hier vielleicht noch hinzukommt, daß der Palazzo San Calisto, der als wuchtige, dunkle Barriere den Platz von der kleinen Piazza San Calisto trennt, dem Vatikan zugehörig, also sozusagen exterritoriales Gebiet ist.

Im Gegensatz dazu entsinnt man sich ein wenig irritiert jener

Anekdoten, die eine der berühmtesten Renaissancevillen Italiens, nämlich die sogenannte Farnesina am Lungotevere und Papst Leo X. betreffen, welcher ein großer Förderer der schönen Künste und überdies ein ungemein prunkliebender Charakter gewesen ist. Bei den rauschenden Banketten, die er in dieser Villa – die in den Jahren zwischen 1508 und 1511 erbaut wurde und das vielleicht bemerkenswerteste Beispiel römischer Prachtentfaltung während der Renaissance darstellt – auf Kosten des Hausherrn veranstalten ließ, wurden den Gästen silberne Teller vorgesetzt, auf denen jeder sein Wappen eingeprägt fand. Nach Beendigung des Gastmahls wurde das Geschirr in den nahen Tiber geworfen, wo man zuvor freilich Netze hatte anbringen lassen, um die kostbaren Stücke auf diese Weise wieder einzufangen. Als Bauherr war der vermögende toskanische Bankier Agostino Chigi in Erscheinung getreten, dem es wohl schmeichelte, als Gastgeber für das vornehme päpstliche Rom auftreten zu dürfen. Allerdings besaß er auch soviel Kunstsinn, daß er seinem Architekten Baldassare Peruzzi keinerlei Vorschriften machte, was die Planung und Durchführung dieses architektonischen Kleinods betraf. Das Resultat war dann eines der schönsten Renaissancebauwerke Roms, dessen Innenausstattung unter anderem die geniale Hand eines Raffael verschönte. 1580, knapp sechs Jahrzehnte nachdem Chigi gestorben war, kam die Villa in den Besitz der Farnese, wobei ein Plan Michelangelos, die Villa durch eine den Tiber überquerende Brücke mit dem gegenüberliegenden Farnesepalast zu verbinden, leider nicht verwirklicht wurde.

Man muß sich – wenn man das heutige Trastevere betrachtet und es mit jenen poetischen Schilderungen vergleicht, die sein historisches Bild zeichnen – stets vor Augen führen, daß das mittelalterliche Rom in einzelne Siedlungen zerfallen war, die durch Schutthügel, durch Wüsteneien voneinander getrennt waren. In diesen Siedlungen aber, aus denen sich allmählich die verschiedenen römischen Stadtquartiere entwickelten, wuchs ein sehr selbstbewußter Lokalpatriotismus heran, der sich durch eigenständige Gewohnheiten, durch eine Art Lokalprogramm in kultureller und gesellschaftlicher Hinsicht und nicht zuletzt auch durch einen

eigenen Dialekt auszeichnete. Vor allem Trastevere war bis vor
wenigen Jahren noch ein gutes Beispiel dafür, denn die Trasteveriner galten als eine Minderheit, die sich von den übrigen Römern gern dadurch abhob, daß sie von sich behauptete, direkt von
den antiken Römern abzustammen. Das mag zwar ein etwas übertriebener Ausdruck des hier grassierenden Lokalpatriotismus sein,
hat aber doch auch seine Berechtigung, wenn man sich überlegt,
daß Trastevere allein schon durch seine geographische Lage, ein-
geengt zwischen dem Tiber und den Hügeln des Gianicolo und
dadurch freilich auch abgeschirmt gegen die Außenwelt, gleichsam bevorzugt war gegenüber anderen römischen Quartieren, die
jedem fremden Zugriff und jeder Veränderung schutzlos ausgesetzt waren. Natürlich stimmen heute die Bilder nicht mehr – oder
nicht mehr in ihrem ursprünglichen Sinn –, die literarische Phantasie und romantisches Empfinden von Trastevere über Generationen hinweg lieferten. Denn was durch Jahrhunderte nicht erreichbar gewesen war, nämlich die vollkommene Eingliederung
Trasteveres in die römische Stadtentwicklung, hat die ungehemmt
ausbrechende Kommerzialisierung der letzten Jahre gleichsam
über Nacht erreicht. Jener stets beschworene bunte, wimmelnde,
wilde Geist des Südens, der in diesem eigenständigen Stadtviertel
so ausdrucksstark beheimatet gewesen war, der sich durch grelle
Farben und intensive Gerüche, durch Schmutz und Lärm auszeichnete und doch von jener ungebrochenen Vitalität war, wie sie
den Nordländer immer wieder faszinierte . . . das alles hat inzwischen eine grausame Nivellierung erfahren, ist sozusagen auf ein
großstädtisches Maß reduziert worden, das keinerlei Originalität
mehr erlaubt. Trastevere ist heute ein römisches Stadtviertel fast
wie jedes andere, wenn man von einigen vergessenen Winkeln absieht, von einigen schmalen Gassen und Hinterhöfen, in denen
noch dieses alte, begeisternde und manchmal auch befremdende
südländische Leben pulsiert.

Aber, wie Werner Bergengruen vor Jahren schon richtig feststellte, „die volkstümliche Lebensunmittelbarkeit ist nicht das einzige Element, das Trastevere aller Zuneigung wert macht". Man
muß in diesem Zusammenhang auch daran erinnern, daß bereits

einmal, und zwar unter Papst Julius II., der Versuch unternommen worden ist, Trastevere gleichsam an Rom anzuschließen, es von seiner selbsterwählten Isolation zu befreien und ihm jenes großstädtische, prachtvolle Ambiente aufzuzwingen, das manchen Päpsten vorschwebte, wenn sie ihre Hauptstadt zu vervollkommnen trachteten. Julius II. etwa verband Trastevere durch eine gerade Straße, die sogenanne Lungara, den heutigen Lungotevere, mit dem Borgo, also mit dem vatikanischen Viertel und damit auch mit dem Zentrum jenes päpstlichen Rom, das einige Jahrhunderte lang beiderseits der Engelsbrücke situiert war. Auch die Überlegung, die reizvolle Villa des toskanischen Bankiers Chigi, die Farnesina, durch eine von Michelangelo entworfene Tiberbrücke mit dem gegenüberliegenden Palazzo Farnese zu verbinden, gehört in diesen Rahmen einer immer wieder versuchten Einbindung Trasteveres ins päpstliche Rom. Schließlich muß man sich auch des Palazzo Corsini und seiner interessanten Biografie entsinnen, um zu begreifen, daß Trastevere nicht nur als volkstümliches und eigenwilliges Vorstadtviertel in unserer Vorstellung aufscheinen kann.

Im Palazzo Corsini, dessen Gärten sich bis zum Gianicolo hinaufziehen, lebte und wirkte „inmitten eines Stabes von Gelehrten, Musikern, Intriganten und dilettierenden Politikern" Christine von Schweden, über deren triumphalen Einzug nach Rom ich schon in Verbindung mit der Geschichte der Piazza del Popolo berichtet habe. Es muß eine recht sonderbare Hofhaltung gewesen sein, die Christine hier am Rande Trasteveres und allerdings auch stets im Schatten des Vatikan inszenierte, denn sie, die eine ebenso geistreiche wie widerspruchsvolle, ebenso gelehrte wie unruhige Frau war und die man gewiß als eine Vorläuferin des Feminismus bezeichnen muß, bereitete dem Vatikan und Papst Alexander VII. manche Sorge sowohl durch ihr gesellschaftliches Verhalten als auch durch ihre wechselhafte Art, Politik zu betreiben. Sie hatte Liebhaber, deren Einfluß auf die abgedankte Königin der päpstlichen Diplomatie nicht sonderlich angenehm war; und sie selbst übte auf die römische Gesellschaft eine recht zwiespältige Faszination aus, die gleichfalls nicht überall am päpstlichen Hof gern ge-

Trastevere

sehen wurde. Dabei war ihr Auftreten mitunter von sonderbarer Art, wie uns das eine zeitgenössische Schilderung vermuten läßt. „Christine kam in ganz verwahrlostem Zustand, verstaubt, ungewaschen, ungekämmt und in seltsamster Toilette. Sie trug einen männlichen Kaftan, bunte Bänder im Haar ... und durch den dünnen Kleiderrock schimmerten die Strümpfe durch; als junges Mädchen hatte sie häufig weite Reittouren unternommen und dabei einer Hexe ähnlicher gesehen als einer Königstochter. Jetzt in Rom ließ sie sich gelegentlich auch zwei Wochen hindurch nicht frisieren."

Solche Marotten konnten der Popularität Christines bei den Künstlern und Dichtern Roms, denen sie eine großzügige Gastgeberin und ein verläßlicher Mäzen war, freilich nichts anhaben. Sie mochte den Päpsten – Alexander VII., Innocenz XII. und Klemens XI. –, denen sie stets ein nützliches Aushängeschild für deren gegenreformatorische Politik war, immer wieder lästig fallen, mochte ihnen Schwierigkeiten bereiten und die Ursache mancher diplomatischen Intrige sein; sie mochte ihren Liebhabern, darunter dem Kardinal Azzolino, der viele Jahre lang ihr Favorit war, launenhaft und unberechenbar erscheinen ... an der Zuneigung, die ihr vor allem von den Künstlern und den einfachen Leuten in Trastevere entgegengebracht wurde, änderte das alles nichts. Manches rauschende Fest im Palazzo Corsini, wo Christine im März des Jahres 1689 auch starb, war den Malern, Bildhauern, Musikern und Literaten Roms ein willkommener Anlaß, wichtige Beziehungen anzuknüpfen, Aufträge zu erhalten und, vor allem, freisinnige Gespräche in liberaler Umgebung zu führen. „Im 17. Jahrhundert gehörte Christine zu jenen Persönlichkeiten, von denen am meisten gesprochen wurde und für die man sich am meisten interessierte. Ihr Charakter, ihre Sonderbarkeiten, ihre Schicksale, alles trug dazu bei, sie zu einer ungewöhnlichen, wahrhaft barocken Gestalt werden zu lassen. Im Alter ging die Königin so gebückt, daß sie fast verwachsen aussah, nur ihre Augen und Zähne hatten den alten Glanz. Ihr lebhaftes Temperament behielt sie bis zu ihrem Tode: sie war heftig und leidenschaftlich, und es kam ihr nicht darauf an, ihren Stock auch gegen einen Kardinal zu erheben." (Casimir v. Chledowski) Ihr Tod wurde jedenfalls von den Trasteverinern aufrichtig bedauert, was vielleicht auch ein wenig damit zu tun gehabt haben mag, daß durch sie die Gegend rund um den Palazzo Corsini einen gesellschaftlichen und höfischen Glanz erfahren hatte, der mit dem Tod der schwedischen Königin rasch wieder erlosch, wie auch die von ihr begründete berühmte Gemäldesammlung, die sogenannte Galleria Corsini, später in den Palazzo Barberini überwechselte.

Was den Palazzo Corsini angeht – allerdings nicht mehr den einst von Christine bewohnten, sondern einen Jahrzehnte nach ihrem Tod errichteten Neubau –, so residierte darin im Jahre 1797 Joseph Bonaparte, der Bruder Napoleons, als Gesandter des revolutionären Frankreich. Dadurch wurde der Palast fast zwangsläufig zum Mittelpunkt jener Kräfte, die den Sturz der päpstlichen Monarchie herbeizuführen wünschten. Tatsächlich kam es auch zu Unruhen, in deren Verlauf ein französischer General ermordet wurde, was wiederum zur Verhaftung und Verschleppung des greisen Papstes Pius VI. führte. Es hat also auch Trastevere, wenn man so will, seinen Anteil am Schicksal Roms, des Papsttums und Italiens gehabt, was einem nicht ohne weiteres geläufig sein dürfte, wenn man lediglich die pittoresken, sozusagen folkloristisch durchtränkten Seiten dieses alten Stadtviertels kennt.

Eine letzte Attraktion Trasteveres ist die Tiberinsel, die allerdings nur zur Hälfte diesem Viertel zuzählbar ist, weil sie in jenem scharfen Knick des Flusses liegend, der das ehemalige Ghetto, aber auch den Kapitolshügel und das daran anschließende Forum mit einer gleichsam gebieterischen Geste ostwärts abdrängt, weil sie zu einem gewissen Teil doch auch dem linken Tiberufer und damit dem Zentrum Roms zugehörig erscheint. Außerdem ist diese Insel – die mit ihrer keilförmigen Form fast einem Schiff ähnlich ist, das sich mit seinem scharfen Bug gegen das aufschäumende, schmutzigbraune bis gelblichgraue Wasser stemmt – ein weiterer Beweis für die ungebrochene Wirksamkeit antiken Kultdenkens im modernen Rom. Denn es verbindet sich natürlich auch mit diesem schmalen, länglichen Eiland eine Legende, die bis weit zurück in das vorchristliche Zeitalter reicht, als nämlich –

194

man schrieb das Jahr 291 vor Christus – eine schreckliche Seuche die Bevölkerung Roms dezimierte. In dieser schwierigen Situation begab sich eine Abordnung des römischen Senats nach Griechenland, suchte dort den berühmten Äskulaptempel von Epidaurus auf, um Rat einzuholen und vom Gott der Heilkunst Hilfe zu erflehen. Das Ergebnis dieses Pilgerzugs war zumindest originell. Denn eine der heiligen Schlangen, die sich im Tempel des Äskulap der heißen peloponnesischen Sonne erfreuten, fand irgendwie den Weg auf das römische Schiff, machte die Überfahrt nach Italien mit und gelangte auf diese Weise auf die damals noch unbewohnte Tiberinsel. Die Römer freilich begriffen das sogleich als einen Fingerzeig des Äskulap, errichteten auf der Insel einen Tempel, der dem Gott der Heilkunst geweiht wurde, und sorgten im übrigen dafür, daß die Insel selbst damals schon die Form eines Schiffes erhielt. Dazu kam noch, daß eine Quelle, die im Tempel gefaßt wurde, heilkräftiges Wasser spendete. Wahrscheinlich wurden in der Antike die Patienten, die hier Heilung suchten, mit Opiaten oder anderen narkotisierenden Mitteln behandelt; auch Hypnose dürfte, wenn man den Erzählungen antiker Autoren folgt, angewendet worden sein. „Bei manchen Krankheiten wurden die heiligen Schlangen eingesetzt, die dazu abgerichtet waren, mit ihrer Zunge die kranken Stellen am Körper aufzuspüren. Auch Hunde waren dem Heilgott untertan. Sie beleckten schwärende Wunden ..."

Diese aus dem Mittelalter stammende Darstellung mag zwar ein wenig sonderbar anmuten, aber sie bezeugt zumindest die Tradition der Tiberinsel als Krankenanstalt, denn auch heute noch finden hier die Kranken Roms Aufnahme und Pflege in einem modern eingerichteten Hospital, das unter der Leitung eines Ordens steht, nämlich jenes der „Brüder des heiligen Johannes von Gott". Die Kirche auf dieser Insel, San Bartolomeo, ist eine Stifung des Kaisers Otto III., wobei man sich daran erinnern mag, daß die heilige Reliquie, welcher dieses Gotteshaus seinen Namen verdankt, vom Kaiser der süditalienischen Stadt Benevent, deren Schutzpatron der heilige Bartholomäus war, mit Waffengewalt abgenommen wurde. In Benevent hingegen behauptet man hartnäckig, daß der Leichnam des Apostels nach wie vor in der Krypta im Dom ruhe, denn damals, als der deutsche Kaiser in die Stadt eingedrungen sei, um sich der Reliquie zu bemächtigen, habe man ihm den Leichnam des heiligen Paulinus von Nola überantwortet, eines gewiß auch bedeutenden Mannes, der den Beneventinern jedoch nicht so wichtig gewesen sei wie die Reliquie ihres Schutzpatrons ...

Solche Geschichten lassen uns unwillkürlich an den jahrhundertelangen Reliquienstreit denken, der das ganze Mittelalter hindurch tobte und der im Grunde nichts anderes war als ein einträgliches Geschäft für diejenigen, die es verstanden, den Aberglauben ihrer Mitmenschen geschickt auszunützen. Die Kirche San Bartolomeo jedenfalls, fast tausendjährig – ihr Baubeginn wird auf das Jahr 1001 datiert –, ist eine dunkle, von antiken Säulen, die noch aus dem ehemaligen römischen Äskulaptempel stammen, und den Beschwörungen und Dankopfern der Kranken und Geheilten durchwachsene Metapher der Frömmigkeit und des Glaubens an die heilsame Allmacht der Gottheit, wobei man sich nie ganz sicher sein kann, wie weit hier antikes und christliches Gedankengut einander ergänzen. Der Brunnen mit dem angeblich heilspendenden Wasser, einst das Herzstück des antiken Äskulaptempels, befindet sich jetzt innerhalb der Kirche. Aber der Mythos vergangener Jahrtausende dürfte sich doch schon ein wenig abgenützt haben, denn heutzutage scheinen die Kranken, die hierher kommen, sich eher der Kunst der Ärzte und den Erkenntnissen der modernen Medizin als uraltem Kult und magischem Zauber überantworten zu wollen ...

Auf solche Weise verbindet sich in Trastevere das Volkstümliche mit den Beispielen der Kunst, des frommen Kultes und des unaufhörlichen Wirkens der Geschichte. Denn was sich zwischen Gianicolo und Tiberinsel dem aufmerksamen Betrachter anbietet an Unbekanntem wie an Heroischem, reicht vom Aberglauben der antiken Römer bis zur heroischen Geste eines Garibaldi. Die Erinnerung an den eigenwilligen Charakter und auch ans unruhige Leben Christines, der einstigen Königin von Schweden, wird ebenso lebendig wie das immer wieder von neuem entfachte Erstaunen über die Verschwendungssucht der Renaissancemenschen, ob sie nun als Päpste oder als mäzenatisch gesinnte Bankiers, Kardinäle oder Fürsten in Erscheinung traten. Pittoresker, anschaulicher, farbenprächtiger ist natürlich das Flattern der bunten Wäsche, sind die Äußerungen eines Lebens, dessen vitale Sinnlichkeit als beispielhaft gelten mag für den italienischen Süden. Und was Autoren in der Vergangenheit mitunter als blutvolle Wirklichkeit beschrieben, gilt auch heute noch für Trastevere: „Dem Spaziergänger kann es geschehen, daß, aus dem Fenster eines vielgeschossigen Hauses geworfen, plötzlich ein toter Kanarienvogel, ein abgenagter Knochen, ein leerer Maiskolben, ein angefaulter Kohlstrunk klatschend neben ihm zu Boden fällt . . .“ Aber derlei operettenhaft anmutende Klischees machen nicht allein die Wirklichkeit von Trastevere aus, das tatsächlich so doppelbödig und janusköpfig ist, wie man sich das von ganz Rom erwarten darf.

Entlang der Via Appia

Vielleicht sollte man, im Blickfeld schon die Via Appia, die älteste aller von Rom ausgehenden Heerstraßen, deren Schöpfer der Censor Appius gewesen ist, dem das antike Rom auch die erste aller lebensspendenden Wasserleitungen verdankte ... vielleicht sollte man Goethes Anmerkung über die Katakomben, welche nach wie vor die wesentlichste Attraktion an der Via Appia sind, nachlesen, um sich gleichsam einzustimmen auf dieses gewiß berühmteste Beispiel europäischer Grabkultur. „Auf dem Verzeichnis, was vor der Abreise von Rom allenfalls nachzuholen sein möchte, fanden sich zuletzt sehr disparate Gegenstände, die Cloaca Maxima und die Katakomben von Sankt Sebastian ... der Besuch des zweiten Lokals – also der Katakomben – geriet jedoch nicht zum besten, denn die ersten Schritte in diese dumpfigen Räume erregten mir alsobald ein solches Mißbehagen, daß ich sogleich wieder ans Tageslicht hervorstieg und dort im Freien in einer ohnehin unbekannten, fernen Gegend der Stadt die Rückkunft der übrigen Gesellschaft abwartete, welche, gefaßter als ich, die dortigen Zustände getrost beschauen mochte." Goethe schien also nicht übermäßig angetan von dieser unterirdischen Welt, in der das Beklemmende und vielleicht auch Gespenstische des Totenreichs den eingeschüchterten oder doch beeindruckten Besucher völlig darauf vergessen läßt, daß sich nur wenige Meter oberhalb des lastenden, herabdrückenden Tuffsteins ein seidiger Himmel über die römische Campagna spannt – und auch über die dunklen, traurigen Lanzen der Zypressen, die breithüftigen Pinien oder das wehende, gelbbraune Gras, daraus sich rostfarbene, dunkelbraune Ruinen erheben und Geschichten heranbilden, die uns immer wieder von neuem vom Werden und Vergehen der Geschlechter, Systeme und Ideologien erzählen. Denn ein nützliches und auch ungemein lehrreiches Beispiel für die Entwicklung und die ersten schweren moralischen Krisen des christlichen Rom ist – unter anderem natürlich – zweifellos die Entstehungsgeschichte jener ersten Katakomben, um die sich heute noch so viele Legenden und Mißverständnisse ranken, daß mancher Besucher, überwältigt vom Redeschwall geschickter Fremdenführer, eher verwirrt als verängstigt oder gar beeindruckt aus der Tiefe des Tuffsteins wieder emporsteigt ans helle, grelle Tageslicht.

Es war zu Anfang des 3. Jahrhunderts, daß ein Mann namens Calixtus – der in seiner Jugend Sklave eines christlichen Hofbeamten gewesen sein soll und nunmehr als Diakon für eine der zahlreichen römischen Christengemeinden tätig war – einer Unterschlagung gemeindeeigenen Geldes bezichtigt wurde. Die skandalöse oder zumindest peinliche Geschichte scheint nie ganz aufgeklärt worden zu sein. Calixtus wurde jedenfalls zur Zwangsarbeit in den Bergwerken auf Sardinien verurteilt. Aber durch die Fürsprache einer gewissen Marcia, die als die Mätresse des Kaisers Commodus eine einflußreiche Frau und zudem eine Christin war, was das Glück des Calixtus ausmachte, wurde er mit anderen verbannten Christen vorzeitig freigelassen, begnadigt und nach Rom zurückgeholt. Hier erhielt er die Aufsicht über einen neuangelegten Friedhof an der Via Appia unweit der sogenannten Catacumbae, wo früher einmal freigelassene Sklaven ihre bescheidene Begräbnisstätte hatten. Daraus entwickelte sich allmählich der Begriff Katakomben für alle in den Tuffstein der Campagna gegrabenen unterirdischen Grabanlagen, was nicht im mindesten – wie ebenso falsch wie hartnäckig behauptet wird – damit etwas zu tun hat, daß in den Katakomben ausschließlich christliche Märtyrer bestattet worden wären. Auch sie fanden natürlich – wie viele Christen, die eines ganz natürlichen Todes gestorben waren, oder wie auch viele Heiden, die zum christlichen Kult keinerlei Beziehung hatten – in diesen Katakomben ihre letzte Ruhestätte, ohne daß man aber deshalb schon diese Katakomben unter dem ausschließlichen Aspekt frühchristlichen Martyriums betrachten dürfte. Was übrigens Calixtus angeht, den man etwas ungenau als den Begründer der Katakomben bezeichnet, so wurde er im Jahre 217 zum Bischof von Rom gewählt.

An die fünfzig Katakomben kennt man heute und immer noch werden gelegentlich unterirdische Grabstätten entdeckt wie etwa jene, die ein Weinbauer im Jahre 1578 zufällig fand, als er bei Arbeiten in seinem Weingarten plötzlich einbrach und in die Tiefe stürzte. Dabei stieß er auf einen schmalen, in den Tuffstein gehaunen Gang, darin sich zahlreiche geschmückte, reich ausgestattete Grabnischen befanden. Eine andere Katakombe, von der man nur die ungefähre Lage wußte und dennoch über die Jahrhunderte hinweg hartnäckig angenommen hatte, daß in ihr einst auch die beiden Apostel Petrus und Paulus vorübergehend bestattet gewesen seien, wurde im Jahre 1915 ausgegraben, wobei man an den Wänden der Grabkammern zahllose interessante Graffiti fand. Im übrigen gibt es Schätzungen, denen zufolge in den unterirdischen Gängen, die eine Länge von insgesamt rund neunhundert Kilometern erreichen, im Verlauf der Zeit mehr als sechs Millionen Menschen begraben wurden. Und die römischen Archäologen sind sich darin einig, daß noch längst nicht alle Katakomben restlos erforscht sind; ebenso gilt als erwiesen, daß es noch immer einige unentdeckte Begräbnisstätten unter dem Boden der römischen Campagna gibt, auf die man durch Zufall oder auch durch gezielte Grabungen noch zu stoßen hofft.

Wenn man sich heute, da diese Katakomben an der Via Appia antica längst schon zu den Hauptsehenswürdigkeiten des Romtourismus zählen, einer der vielen Gruppen anschließt, die jeweils für kaum mehr als eine halbe Stunde in den Untergrund der römischen Campagna verschwinden, dann wird man wohl kaum jener besonderen Stimmung, jener Verinnerlichung teilhaftig werden, die es vielleicht doch braucht, damit man diese seltsamen Friedhöfe nicht nur als bloße Attraktion begreift. Ich würde zum Beispiel kaum annehmen wollen, daß die Scharen der Besucher heute nur deshalb die alten römischen Friedhöfe unter der Via Appia antica buchstäblich stürmen, um sich hier der schönen Einbildung hinzugeben, endlich den Geist des Urchristentums zu verstehen. Es weckt das Spektakel oder der Mummenschanz, der mit diesen Grabstät-

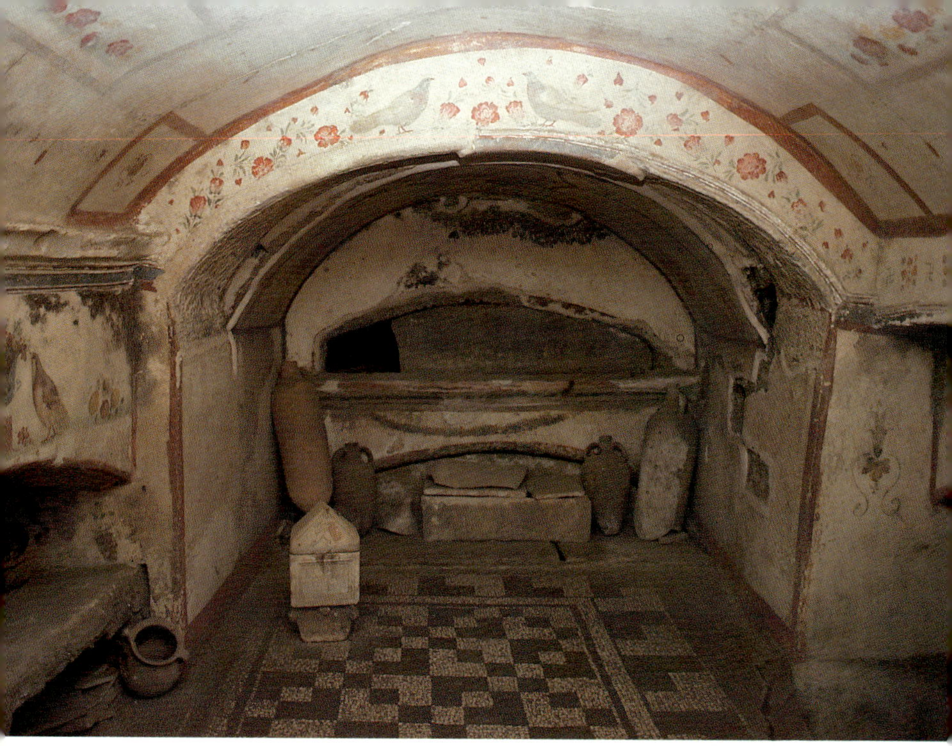

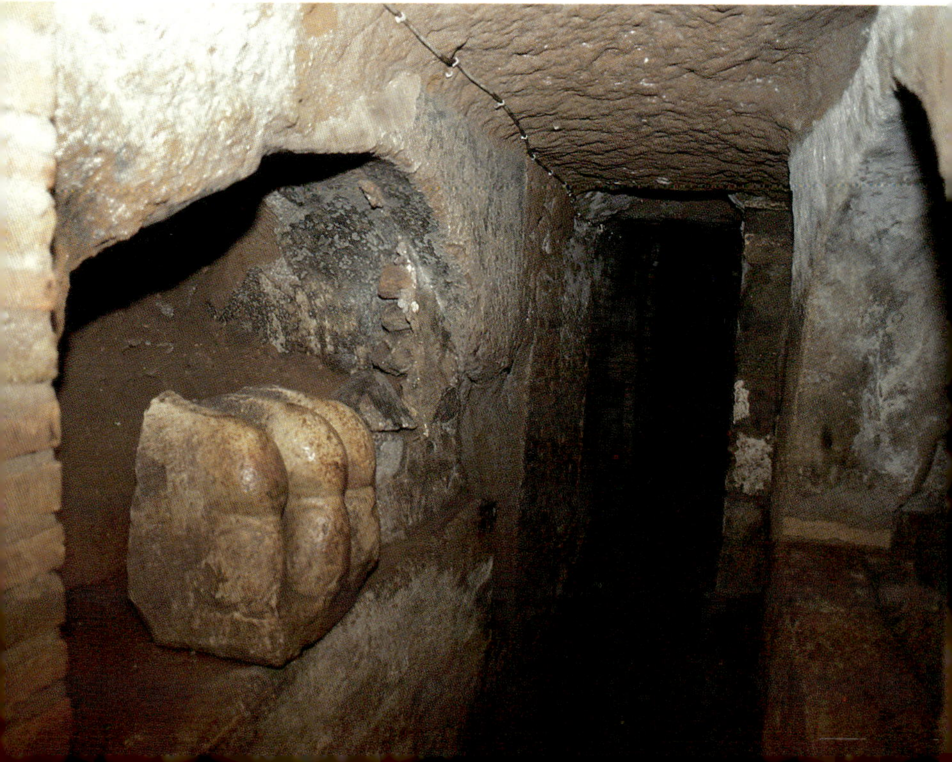

ten häufig betrieben wird, gelegentlich so etwas wie Furcht, Beklemmung oder auch Abscheu. Denn die anfängliche Ratlosigkeit der Besucher angesichts einer sogenannten Papstgruft – die noch durch Calixtus, wie überzeugend behauptet wird, angelegt worden sein soll und die heute den Eindruck eines unaufgeräumten und schlechtgelüfteten Hinterhofkabinetts mit fahler, künstlicher Beleuchtung macht – oder vor der Statue der in schöner, frommer Pose verharrenden heiligen Cecilia weicht spätestens dann einer lärmenden, überdrehten Munterkeit, wenn die in langer Reihe durch die Dämmerung der unterirdischen Grabkammern drängenden Besucher unversehens mit dem eisigen Schweigen konfrontiert werden, das die längst geleerten und geplünderten Grabnischen verbreiten.

In diesem Zusammenhang muß man daran erinnern, was Ferdinand Gregorovius über die leidenschaftliche Gier des Mittelalters nach dem Besitz von Reliquien schrieb; und was über Jahrhunderte hinweg nicht gerade als ein Ruhmesblatt der römischen Biografie anzusehen ist. „Rom fuhr fort, Reliquien über das Abendland auszustreuen ... Die Römer, welche die Bedürfnisse des Auslandes immer mit praktischem Verstand auszubeuten wußten, trieben damals (Gregorovius bezieht sich hier auf das 9. Jahrhundert) einen förmlichen Handel mit Leichen, Reliquien und Heiligenbildern. Die zahllosen Pilger wollten die heilige Stadt nicht verlassen, ohne ein geweihtes Andenken mit sich zu nehmen. Sie kauften Reliquien aus den Katakomben, wie die Besucher heute Juwelen oder Gemälde kaufen. Doch nur Fürsten oder Bischöfe waren imstande, ganze Leichname zu erstehen. Die Wächter der Friedhöfe durchwachten angstvolle Nächte, als gelte es, Hyänen abzuwehren, während Diebe umherschlichen und tausend Betrügereien anwendeten. Der Besitz solcher heiliger Reste galt aber als etwas so Unschätzbares, daß die Schande des Diebstahls durch ihn getilgt wurde." Häufig war es, wie Gregorovius ausführte und wie wir das von zeitgenössischen Autoren wissen, die Herrschsucht und Habsucht der Priester, welche die Grabschändung in den Katakomben ermöglichten. Wir wissen von etlichen Bischöfen, die eigenhändig Grabkammern öffneten, um sich in den Besitz einer vermeintlichen Reliquie zu bringen, wobei nicht selten aus unbekannten Leichen berühmte Heilige wurden, denn „Tote wurden von den lachenden Priestern gefälscht und mit beliebigen Aufschriften versehen", wie ein anonymer römischer Autor bitter beklagte.

Es kam in jenen dunklen Jahrhunderten auch vor, daß selbst Päpste ihre Einwilligung zu Grabraub „und Fortführung römischer Heiliger" gaben. Gregorovius schildert das gespenstische Zeremoniell, das solcher Grabschändung in der Regel folgte: „Wenn man diese aus den Katakomben geraubten Toten auf geschmückten Wagen aus der Stadt führte, begleiteten sie römische Priester und Laien im feierlichen Zuge mit Fakkeln in den Händen und mit frommen Gesängen eine Strecke lang. Solche schauerlichen Triumphzüge gingen damals oft aus Rom in die Provinzen des Abendlandes, und indem sie Städte und Völker durchzogen, verbreiteten sie dort einen düsteren Aberglauben und einen Geist abergläubischer Leidenschaft, von dem wir heute kaum eine Ahnung haben."

Ein Widerhall der Seufzer, welche die Totengräber, die sich einst durch den nachgiebigen Tuffstein der römischen Campagna wühlten, den Märtyrern als letzten Gruß nachsandten, bevor sie die schweren Marmorplatten vor die Grabnischen wälzten, ist heute nur noch phantasievollen Christen vernehmbar, die nichts wissen wollen von Plünderung und Grabschändung, von historischer Verfälschung und unvorstellbarer Grausamkeit, wie sie sich hier an der Via Appia antica zutrugen. Zum Beispiel kennen nur wenige das Schicksal eines gewissen Philagathus, der, ein Grieche und zudem ein übertrieben ehrgeiziger Charakter, im ausgehenden 10. Jahrhundert als Gegenpapst zu Gregor V. in Erscheinung trat, dann – man schrieb das Jahr 998 – erkennen mußte, daß sein Stern im Sinken war und aus Rom, wo er zuvor noch mit aufsehenerregendem Prunk residiert hatte, in die Campagna floh, wo er sich, wie die Chronisten berichten, in den Katakomben zu verbergen suchte. Aber die Reiter des deutschen Kaisers Otto III., welcher damals von Kalabrien nach Rom gezogen war, um den rechtmäßigen Papst zu unterstützen, entdeckten Philagathus. „Mit barbarischer Wut schnitt man dem falschen Papst Nase, Zunge, Ohren ab, riß ihm die Augen aus, schleppte ihn nach Rom und warf den Unglücklichen in eine Klosterzelle." (F. Gregorovius)

Von solchen Ereignissen und Schicksalen erfährt der Besucher, der sich im düsteren Zwielicht der Katakomben auf eine Konfrontation mit dem frühen Christentum einstellt, freilich nichts. Und die hinter Glas fein säuberlich in Reih und Glied aufgereihten, raffiniert beleuchteten Knochen und Totenschädel, die wohl eine Vorstellung davon vermitteln sollen, daß die trübsinnige Leere in diesen endlosen unterirdischen Gängen nur eine vorgetäuschte, die wahren Sensationen hinter irgendwelchen Mauern und Waben verbergende sei, können letztlich auch nicht darüber hinwegtäuschen, daß es das Schicksal aller Revolutionäre zu sein scheint, immer dann, wenn ihre Revolutionen erfolgreich waren, nur noch als Anlaß für die Neugier der nachfolgenden Generationen zu dienen. Calixtus, der einst Geld unterschlagen und als Sklave in den Bergwerken Sardiniens gefront hatte, bevor er als Aufseher über die Friedhöfe an den Catacumbae und damit sozusagen auch als Begründer der Katakomben Unsterblichkeit erlangen sollte, ist heute ungeachtet seiner mühsam erworbenen Papstwürde und der totengräberischen Leistung, die aus einem Friedhof für freigelassene Sklaven ein Denkmal des frühen Christentums werden ließ, ein beinah vergessener Mann. Jener ehrgeizige Philagathus, der seine fehlgeschlagene Revolution mit einem grausamen Martyrium büßen mußte, scheint in keinem Reisehandbuch mehr auf. Auch jene Priester, die über viele Jahrzehnte hinweg die Katakomben mit frommem Eifer plünderten, um Roms bedeutungsvollste Reliquien „über das ganze Abendland auszustreuen", sind längst in Vergessenheit geraten. Heute entsinnt man sich nur noch des Umstandes, daß in den Märtyrergräbern in den Katakomben – die nur einen Bruchteil aller Grabnischen ausmachen – frühzeitig schon kultische Verehrung demonstriert wurde. Die Gläubigen fanden sich zu Gedächtnisgottesdiensten ein, es entstanden unterirdische Kapellen, in denen Messen zelebriert wurden, „und zu den frommen Inschriften der ersten Zeit hatte sich künstlerischer Schmuck gesellt, insbesondere Fresken, aber auch Sarkophagreliefs; denn neben den üblichen Nischengräbern gab es, obzwar seltener und als auszeichnende Hervorhebungen, auch schon frühzeitig Sarkophage aus Marmor oder anderem Gestein. Hier liegen die Wurzeln aller sakralen Kunst des Christentums, wie sie aus der künstlerischen Überlieferung der antiken Welt hervorwuchs" (W. Bergengruen).

Allerdings sollte man die künstlerische Bedeutung dieser Malereien nicht überbewerten. Manches übersteigt kaum den Rang von Kritzeleien, wie etwa jene aus dem 3. Jahrhundert stammenden Zeichen, welche die Wände einer Art Loggia bedecken, die man am Rande der Talmulde „ad Catacumbas" in den Tuffstein gegraben hatte und in denen die sogenannten „refrigeria" stattfanden, Totenmahle für die Verstorbenen, ein Brauchtum, das die frühen Christen Roms bedenkenlos von den Heiden übernommen hatten. Diese Kritzeleien, die man 1915 an den Wänden dieser Loggia entdeckte, enthalten auch Hinweise auf die beiden Apostel Petrus und Paulus, was zu bestätigen scheint, daß die sterblichen Überreste dieser beiden Männer irgendwann einmal – allerdings nur vorübergehend – in einer dieser Katakomben beigesetzt gewesen sind. Konstantin hat an jener Stelle eine Basilika erbauen lassen, die „ad Apostolos" genannt und erst im 8. Jahrhundert gleichsam umgetauft wurde, nämlich auf den Namen des heiligen Sebastian, der gleichfalls ein bedeutender Märtyrer gewesen ist. Übrigens verdankt diese Kirche mit ihrer schönen Barockfassade ihre Existenz jenem Kardinal Borghese, der sich schon in den Gärten und in der Villa Borghese ein köstliches Denkmal gesetzt hatte.

Die wahre Bedeutung der Katakomben und auch ihre ungebrochene Wirkung auf den heutigen Menschen wird freilich nur derjenige ermessen können, dem es gegönnt ist, an einem feierlichen unterirdischen Gottesdienst teilzunehmen. Denn da erst mag man sich der tiefen Symbolkraft bewußt werden, die einer solchen kultischen Handlung innewohnt und die eine historische Dimension erschließt, die weit über alles Dekorative und Attraktive des Schauplatzes hinausreicht. Werner Bergengruen schildert in seinem schönen „Römischen Erinnerungsbuch" einen solchen Gottesdienst, an dem er einmal teilnehmen durfte. Er schildert mit beeindruckenden, auch mit bewegenden Worten das Ereignis, das ihm beispielhaft zu sein schien und das er zu den Kostbarkeiten seiner Erinnerungen an Rom und an die Welt der Via Appia rechnete. „Palmenzweige schmückten den Eingang zu den Calixtuskatakomben, und plötzlich hatte das uralte Friedenssymbol die volle Würde und Kraft der Gegenwärtigkeit. Unter der Erde, im Licht der Kerzen, im engen Raum, in der Nachbarschaft der Papstgräber aus Verfolgungszeiten vollzog sich die geheimnisvolle Handlung, und welchen Klang hatten die Worte des Evangeliums von den klugen und den törichten Jungfrauen und ihren ölgefüllten Lampen an diesem Ort, an dem von jeher die ölgefüllten Lämpchen in Gebrauch gewesen sind! Noch habe ich den zelebrierenden Priester vor Augen, es war ein schöner, stolzgewachsener, noch junger Mann von klangvoller Stimme. Seine Bewegungen hatten südlichen Ausdrucksreichtum und doch bei aller Lebhaftigkeit römische Würde. Seine Predigt war feurig und besonnen zugleich. Gesungen wurde im strengen, altertümlichen Stil. Ein Teil der Sänger – für alle hätte die Kapelle auch nicht Platz geboten – hatte sich in den benachbarten Gruftgängen aufgestellt. Ihre einfallenden Stimmen schienen aus der Unterwelt aufzusteigen."

Solcher Erlebnisse vermögen freilich nur wenige Besucher der Katakomben teilhaftig zu werden. Aber sie sind es, die aus neugierigen Touristen nachdenkliche, betroffene Menschen machen und zugleich etwas von der unverlierbaren Schönheit eines Kultes enthüllen, der in den unterirdischen Nischen und Gängen zehn, fünfzehn und mehr Meter unter der römischen Campagna eine seiner ersten großen Bewährungsproben erlebte.

An eine Bewährungsprobe anderer Art erinnert das kleine Gotteshaus Domine quo vadis, das angeblich an jener Stelle an der Via Appia steht, wo einst Petrus, an seiner römischen Mission zweifelnd und auch verzweifelnd angesichts der furchtbaren Zustände in Rom und der Opfer, welche die wütenden Christenverfolgungen kosteten, wo er also erschrocken innehielt auf seiner Flucht aus der Ewigen Stadt. Ein heller Lichtschein soll ihn geblendet und eine machtvolle Stimme angesprochen haben, so daß er, verstört und voll Scham, nichts anderes zu fragen wußte als dieses berühmt gewordene: „Herr, wohin gehst du?" Und darauf die Stimme: „Venio iterum crucifigi", was nichts anderes bedeutete, als daß der Heiland wiederzukommen beabsichtigte, um sich noch einmal kreuzigen zu lassen. Und Petrus begriff und kehrte um und ging nach Rom zurück. Das ist gewiß eine hübsche Legende, des Nachdenkens wert und erfüllt von jener alterslosen Weisheit, die man auf jede passende Gelegenheit anwenden kann.

Unweit dieser Gedächtniskirche, unweit auch der Via Appia antica liegt die Via Ardeatina, die uns ein anderes, zutiefst tragisches Ereignis in Erinnerung ruft, nämlich die Ermordung von 335 Römern, die man wahllos aus den überfüllten Gassen Roms geholt und in die Campagna gebracht hatte, um sie zu erschießen. Das war im Frühling des Jahres 1944; und diese Massenhinrichtung war die Rache der deutschen Besatzungsmacht für einen Überfall römischer Partisanen auf eine SS-Abteilung. Man versuchte dann noch, das Verbrechen als Unglücksfall zu tarnen, indem man die Leichen der Erschossenen unter eine Tuffsteinwand legte, die man in die Luft sprengte, so daß das herabstürzende Gestein die Toten bedeckte. Aber die Deutschen waren bei ihrem schändlichen Tun beobachtet worden, die Leichen der Opfer konnten ausnahmslos identifiziert werden; einige der Urheber des Massakers kamen Jahre später vor Gericht und wurden abgeurteilt.

Die Welt der Via Appia ist ein Schauplatz des Todes, eine Erinnerungsstätte an das unabänderliche Zeremoniell des Sterbens, ein Ort, an dem beeindruckende Grabdenkmäler – wie das berühmte Grab der Cecilia Metella oder das sogenannte „Castel Rotondo" – auch oberhalb der Erde eine düstere Faszination ausüben. Es sind nicht zufällig die ernsten Zypressen, nur gelegentlich von Pinien abgelöst, welche das Landschaftsbild beherrschen. Grabmal reiht sich hier an Grabmal. Das lautlose Wehen des gelben Grases der Campagna verursacht zuweilen eine gespenstisch anmutende Unruhe. In der Ferne erheben sich die dunklen Bögen der Aquädukte, dahinter der dünne Strich der Albanerberge. Rom ist hier weit entfernt. In der Tiefe des rötlichen Tuffsteins rumort die Geschichte ... Manchmal hat man den Eindruck, als ob die Toten den Lebenden erzählen wollten, was den Sinn des Lebens ausmacht und an welchen Fehlern, Irrtümern, Dummheiten das Wollen der Menschen scheitert.

Die Piazza della Repubblica

Was einem an Rom nach einer gewissen Dauer des Aufenthaltes zwangsläufig aufzufallen beginnt, ist der Umstand, daß es ein eigentliches Zentrum nicht gibt. Oder daß man, abhängig vom eigenen Temperament, von den Vorlieben und Neigungen, die man hat, sich selbst ein solches Zentrum einbilden und aussuchen muß. Das ist aber doch ein bemerkenswerter Gegensatz zu den üblichen Gewohnheiten in Italien, wo jede Stadt, jede Ortschaft ihren belebten und beliebten Mittelpunkt hat, wo alles Leben zumeist um einen Domplatz oder um eine Piazza della Repubblica kreist, während in Rom der gleichnamige Platz – der übrigens bis vor wenigen Jahren noch Piazza dell'Esedra hieß, was sich daher ableitet, daß dieser Platz mit seinen 1885 im sogenannten humbertinischen Stil erbauten Rundhäusern ziemlich genau der Exedra der Thermen des Diokletian entspricht, welche hier einst standen –, während in Rom also dieser gleichnamige Platz ganz gewiß keinen Mittelpunkt bildet, wenn man davon absieht, daß seit Generationen schon die Zuwanderer aus den umliegenden Regionen, also aus der römischen Campagna, aus den Abruzzen, aus Umbrien und auch aus der südlichen Toskana oder aus dem nördlichen Apulien, hier dem Autobus entsteigen, der sie in langer, meist beschwerlicher Fahrt aus ihrer Heimat in die Hauptstadt gebracht hat. Das erste römische Monument, das sie dabei erblicken, ist der sogenannte Najadenbrunnen, im Jahre 1901 von einem gewissen Mario Rutelli erbaut; und der erste, möglicherweise kolossale Eindruck, dem diese Zuwanderer erliegen könnten, ist neben dem brausenden Verkehr, der die Piazza della Repubblica buchstäblich überschwemmt, das unvermeidliche Schneeweiß des Vittoriano, das aus der Ferne herüberschimmert. Und vielleicht wird der eine oder andere dieser übernächtigen, unrasierten, hoffnungsfrohen oder auch verzweifelten Auswanderer, der seiner verarmten Heimat, seinen unzumutbaren Verhältnissen den Rücken gekehrt hat, um dafür ein besseres römisches Leben einzutauschen, einen flüchtigen Blick auf ein paar Elends-

gestalten werfen müssen, die in den antiken Gewölben der diokletianischen Thermen in jenem Winkel, den das Thermenmuseum und die Kirche Santa Maria degli Angeli bilden, die
Nacht zugebracht haben und sich jetzt an einem rasch entfachten
Feuer zu erwärmen suchen, bevor sie auf dem weitläufigen Gelände des römischen Hauptbahnhofs oder im Umkreis der Piazza
della Repubblica ihren kleinen, absurden Geschäften und billi-
gen Gaunereien nachgehen werden. Und mancher Zuwanderer
mag sich in einem solchen Augenblick ahnungsvoll fragen, ob er
die Probleme, die auf ihn zukommen, auch bewältigen werde . . .
   Nein, ein Zentrum im ursprünglichen Sinne des Wortes ist
diese Piazza della Repubblica gewiß nicht, genausowenig, wie es
die Piazza Navona, die Piazza Venezia oder die Piazza del Popolo sein kann. „Die römische Piazza, Nachfahre des Forums
und Mutter aller Plätze Europas, kann vielerlei Spielarten haben", schreibt der englische Reiseschriftsteller Morton. „Manchmal ist sie ein Verkehrsknotenpunkt wie die Piazza dell'Esedra
und die Piazza Venezia, sie kann auch recht still und kaum mehr
als eine verbreiterte Straße sein wie die Piazza dei Santi Apostoli
oder die winzige Piazza Mattei, auf der dennoch der bezaubernd-
ste Brunnen Roms steht: der Schildkrötenbrunnen. Oder aber sie
ist ein Versammlungsort der Einheimischen, wo ständig Nachrichten über Arbeitsmöglichkeiten und ähnliches ausgetauscht
werden, wie zum Beispiel auf der Piazza della Rotonda gegenüber dem Pantheon."
   Dennoch ist die Bedeutung der ehemaligen Piazza dell'Esedra
vielschichtiger, als man das nach der ersten flüchtigen Bestands-
aufnahme annehmen möchte, führt dieser nahezu kreisrunde
Platz, der – lediglich durch einige Kioske, die auf verstaubten
Grünflächen stehen, und der schmalen Viale del Terme von der
weiträumigen Piazza del Cinquecento und dem Gebäude des
Hauptbahnhofs getrennt – nicht gerade von hinreißender Schönheit ist und trotzdem, wie ich meine, unser Verständnis für das
Phänomen Rom auf überraschende Weise vertiefen kann . . .
führt dieser Platz ein höchst bemerkenswertes Eigenleben. Auch
liegen an ihm einige jener Sehenswürdigkeiten, die dem Besucher

Roms ein anderes, facettenreicheres und intimeres als das gewohnte touristische Bild von dieser Stadt vermitteln. Eine dieser Sehenswürdigkeiten ist die Kirche Santa Maria degli Angeli. Und ihre Biografie ist auch ein Musterbeispiel dafür, wie in Rom die verschiedenen Zeitalter und Ideologien gleichsam unlösbar miteinander verbunden sind, wie also der Strom der Geschichte, der sich dem, der zu sehen und zu begreifen versteht, deutlich mitteilt, hier niemals auf jene Weise unterbrochen wird, die einen das Vergangene aus den Augen verlieren und dadurch die Gegenwart nur ungenügend erkennen läßt. Santa Maria degli Angeli sei im Jahre 1561 von Michelangelo gebaut worden, heißt es in den touristischen Handbüchern. Das ist freilich eine nicht ganz richtige Vereinfachung, denn tatsächlich ist diese Kirche 1561 nicht im eigentlichen Sinne des Wortes erbaut, sondern in einem bereits vorhandenen Teil des Frigidariums der antiken Diokletiansthermen eingerichtet worden. Der damals regierende Papst Pius IV. hat, als er die noch weitgehend vorhandene Thermenanlage, in deren riesigen Badeanlagen zur gleichen Zeit mehr als dreitausend Menschen sich ihrem Badevergnügen hingeben konnten und zu deren Bau nach einer historisch nicht bestätigten Überlieferung an die vierzigtausend Christen als Sklaven herangezogen wurden, den Kartäusern übergab, die sich hier einen römischen Stützpunkt einzurichten gedachten, zugleich den greisen Michelangelo – dieser war zu jener Zeit achtundachtzig Jahre alt und hatte nur noch wenige Monate zu leben – darum ersucht, Pläne für den Umbau des Frigidariums in eine Kirche zu zeichnen. Michelangelo war nicht der einzige, den Pius IV. aufgefordert hatte, sich Gedanken zu machen über die Umgestaltung des antiken Frigidariums in eine christliche Kirche, aber „seine Zeichnung übertraf die vieler anderer vortrefflicher Baumeister durch wohlüberlegte Rücksicht auf die Bequemlichkeit der Kartäuser, so daß Seine Heiligkeit, der Papst, und alle Prälaten und Herren des päpstlichen Hofes erstaunt waren über die wunderschöne Beobachtung seiner Einsicht, mit denen er das ganze Gerüst der Thermen nützte und daraus einen sehr schönen Tempel aufführte", wie der Kunsthistoriker Vasari schrieb.

Man kennt den ursprünglichen Zustand, in welchem sich dieses Frigidarium Michelangelo seinerzeit darbot, aufgrund einer zeitgenössischen Zeichnung. Und es ist in der Tat bewundernswert, mit welchem Einfühlungsvermögen der greise Künstler die antiken Gegebenheiten ausnützte, um daraus ein ergreifendes, respektgebietendes und künstlerisch beeindruckendes kultisches Bauwerk zu gestalten. Die Wurzeln des Christentums reichen auf diese Weise bis in den Anfang des 4. Jahrhunderts – um das Jahr 305 oder 306 sind die diokletianischen Thermen der Öffentlichkeit übergeben worden –, obgleich die Kartäuser tatsächlich erst in den sechziger Jahren des 16. Jahrhunderts von diesem grandiosen und ungemein geschichtsträchtigen Schauplatz Besitz ergreifen konnten. Übrigens dürfen wir uns vorstellen, daß Santa Maria degli Angeli in den ersten Jahrzehnten ihrer Existenz noch eindrucksvoller als heute gewirkt haben muß, denn die Eigenart dieses Kirchenbaus – dessen Querschiff erheblich länger ist als das Längsschiff – war damals noch nicht verwischt worden von den barocken Anreicherungen, den üppigen Dekorationen, die später hinzukamen. Es war hauptsächlich der Architekt Vanvitelli, der im Jahre 1749 die antike Schlichtheit und Großartigkeit des Originals durch Zu- und Umbauten erheblich veränderte.

Aber der Eindruck, den Santa Maria degli Angeli dem Besucher vermittelt, ist immer noch ein großartiger, die fromme Seele wie den skeptischen Geist berührender und beunruhigender. Außerdem mag man sich hier einmal mehr jener Geschichten, Biografien und Anekdoten entsinnen, die den Nährboden bildeten und bilden für das Zustandekommen der unverwechselbaren römischen Lebensart, die nicht nur das Erhabene, sondern auch das Pittoreske und Groteske umfaßt. Man schreitet, umgeben von kalter, glatter und dennoch beeindruckender Marmorverkleidung und den kultischen Zeichen der christlichen Religion, über uralten Boden hinweg, die Erinnerungen angereichert durch fröhlichen Tumult und den derben Unterhaltungen römischer Badegäste, im Ohr noch das Lärmen der Händler, die in den diokletianischen Thermen ihren Geschäften nachgingen, während das Aug'
auf das stolze Zeugnis jenes Kultes fällt, der mitgeholfen hat, an-

tike Turbulenz und Ausgelassenheit der strengen Disziplin des Christentums unterzuordnen. Daran ändert auch nichts die Erinnerung an jenen Papst, den wir als den Stifter dieser Kirche kennen und dessen Grab in Santa Maria degli Angeli liegt, an Papst Pius IV., der für rund zwanzig Nepoten zu sorgen hatte und der überhaupt ein bewundernswerter Regisseur jener schrecklichen Günstlingswirtschaft war, an welcher das Papsttum und die Kirche über Jahrhunderte hinweg krankten. Einer seiner Günstlinge, ein gewisser Serbelloni, der es zum einflußreichen Kardinal der römischen Kirche gebracht hatte, obgleich ihn zu dieser hohen Würde nichts anderes befähigte als der Grad seiner Verwandtschaft mit Pius IV. und die kühne Skrupellosigkeit, mit welcher er diese Beziehung auszunützen verstand, liegt gleichfalls in Santa Maria degli Angeli begraben. Zur Rechtfertigung des Papstes freilich muß man erwähnen, daß zu seinen Nepoten auch Carlo Borromeo gehörte; und daß er, Pius, Michelangelo den Vorzug vor allen anderen Baumeistern gab, um diese Kirche gleichsam in antiker Verkleidung inmitten der Trümmer der diokletianischen Thermen erstehen zu lassen.

Im Vestibül der Kirche gibt es die Grabdenkmäler zweier Maler, nämlich jenes von Carlo Maratta und das von Salvatore Rosa. Und dieser, „ein stürmischer Neapolitaner von düsterer Phantasie, ein Maler und Satiriker von ungewöhnlicher Begabung" (Casimir von Chledowski), der aus unerfindlichen Gründen nur noch in der italienischen Kunstgeschichte halbvergessen überlebt hat, erscheint doch als so bedeutsam und für das Verständnis römischer oder eigentlich mediterraner Lebensart als so wichtig, daß man sich vor seinem Grabmal die verschiedenen Stationen seines Lebensweges noch einmal ins Gedächtnis rufen sollte. Salvatore Rosa wurde 1615 als Sohn eines nicht sonderlich erfolgreichen Baumeisters in Neapel geboren. Nach dem frühen Tod seines Vaters mußte er, der Maler zu werden wünschte, seine Studien aufgeben und lernte dabei dennoch – „wie der Vogel das Singen" – zu malen. Zwanzigjährig ging er nach Rom, um dort wie so viele andere italienische Künstler jener Jahrzehnte sein Glück zu machen, schloß sich zuerst der Gruppe rund um die

Accademia San Lucca an, durfte sich vorübergehend daran erfreuen, Günstling eines Kardinals zu sein und geriet schließlich
dennoch in materielle Not, was ihn, der zu diesem Zeitpunkt bereits auch als Schriftsteller in Erscheinung trat, dazu animierte,
sich als Komödiant den Römern vorzustellen. Auf einer Bühne
unter freiem Himmel vor der Porta del Popolo führte er sogenannte Komödien fürs Volk auf, derbe Possen voller Anzüglich-
keiten, wobei seine Malerfreunde als Schauspieler agieren mußten.

Rosa hatte allerdings das Pech, einen anderen gebürtigen Neapolitaner, nämlich Gianlorenzo Bernini, als erbitterten Konkurrenten ertragen zu müssen. Überdies hatte er sich die höhere
Geistlichkeit Roms, die als Mäzen für alle Künstler von entschei-
dender Bedeutung war, durch seine spöttischen Verse, durch die
Aufführung der Komödien und durch seine leichtsinnige, frivole
Lebensart zum Feind gemacht, was ihn, der zwischendurch im
verhältnismäßig liberalen Florenz einige bemerkenswerte Erfolge
als Maler hatte, nicht daran hinderte, ein Haus auf Trinità dei
Monti zu mieten und auf großem Fuß zu leben. Erwähnen muß
man wohl auch seine charakterliche Haltung, welche kennzeichnend war für das Rom des 17. und 18. Jahrhunderts. Denn Rosa,
allmählich zu Ruhm und auch einigem Vermögen gekommen,
das ihm allerdings immer wieder zwischen den Fingern zerrann,
überantwortete zwei seiner Kinder – die er mit einer gewissen Lucrezia hatte, die ihm als Modell diente und die er erst spät heiratete – ohne jeden Skrupel dem römischen Findelhaus. Chledowski schreibt dazu: „Den Menschen des 17. Jahrhunderts fehlte es
an einem tieferen Verantwortlichkeitsgefühl. Galilei hat seine
Töchter von vornherein fürs Kloster bestimmt, und Salvatore
Rosa schickte seine Kinder ohne äußerste Notwendigkeit ins Findelhaus. Und doch wollte er als Weiser im Sinne der antiken Mo-
ralisten gelten, als Mensch ein Philosoph und als Maler ein Klas-
siker sein." Es war dann Rosas Sohn, dem er entgegen den Töch-
tern die Abschiebung ins Findelhaus erspart hatte, der ihm nach
seinem Tod im Jahre 1673 das Grabdenkmal in Santa Maria
degli Angeli stiftete. Andernfalls wäre Salvatore Rosa, der den

Zeitgenossen vor allem als „Europas hervorragendster Schlachtenmaler" galt, obgleich er als Porträtist, Kupferstecher und Literat seine unzweifelhaften Verdienste hatte, bei einem breiteren Publikum wohl völlig in Vergessenheit geraten.

Hinaustretend auf die Piazza della Repubblica, noch den Erinnerungen an das stürmische Leben Rosas verhaftet und im Blick vielleicht auch noch jene Statue des heiligen Bruno, des aus Köln stammenden Begründers der Kartäuser, welche im Durchgang zum Querschiff aufgestellt ist und so lebensecht, so lebendig wirkt, daß ein Papst – es war Klemens XIV. – davor einmal bewundernd feststellte, gerade von diesem frommen Mann jederzeit ein Wort zu erwarten, wollte es ihm die strenge Ordensregel nicht untersagen ... hinaustretend auf die Piazza della Repubblica, jetzt in der Ferne wieder das schneeige Weiß des Vittoriano erblickend, findet man sich mit den Banalitäten und Absurditäten des Großstadtlebens konfrontiert. Der Najadenbrunnen, den manche als hübsch erachten und viele als leicht erreichbaren Platz für Verabredungen erwählen, rauscht unermüdlich und unberührt vom Verkehr, der rund um ihn lärmt. Zuwanderer, Touristen, Besucher aus der Campagna und manches Gesindel, wie es sich in jeder Großstadt findet, flaniert hier – abgesehen von einigen düsteren Winterwochen – durch die Lebhaftigkeit römischen Lebens. Ein Sex-Kino lockt unter den Arkaden sein Publikum an. Kaffeebars drängen mit kleinen Tischchen und buntfarbenen Sonnenschirmen bis auf den Platz hinaus. Die Via Nazionale hinab oder hinüber über den Viale Orlando zur Straße des 20. Septembers und zur Via Barberini drängt unaufhaltsam der Strom der Fahrzeuge, von dem man sich nie ganz genau vorzustellen vermag, wie er gebändigt und auf ein vernünftiges Maß zugeschnitten werden könnte. Unvermeidlich das schrille Pfeifen der Polizeiautos, die, wie man glauben möchte, von einem Einsatz zum nächsten rasen. Unvermeidlich auch die geschickt aufgeteilte, alle strategischen Positionen besetzende Schar der Bettler, von denen manchen etwas Operettenhaftes und anderen ein Zug ins Tragische eignet. Und unvermeidlich auch die mehr oder minder dubiosen Handlanger des Fremdenverkehrs, die hier in der Gegend des römischen Hauptbahnhofes ihren bevorzugten Arbeitsplatz haben: Taschendiebe, selbsternannte Fremdenführer, illegale Taxichauffeure und undurchsichtige Existenzen, die wahrscheinlich selbst in Verlegenheit gerieten, müßten sie für sich eine Berufsbezeichnung erfinden. Aber alle existieren, leben, überleben sie auf irgendeine Weise, haben sie ihren mitunter pittoresken und manchmal befremdenden Anteil an diesem wirbelnden Kosmos, Figuren eines Welttheaters, das es in dieser ausgeprägten, dramatischen Form gewiß schon seit den Tagen der Antike gibt.

Eine ungefähre Vorstellung davon – oder auch von dieser tumultuarischen Art des Lebens – wird man auch erhalten, wenn man das Thermenmuseum aufsucht, das wie Santa Maria degli Angeli auf dem Gelände der ehemaligen diokletianischen Thermen steht, teilweise noch auf den originalen Fundamenten ruhend, unter anderem in einer Flucht von riesigen antiken Hallen untergebracht, „deren schwere, hohe, unbekleidete Ziegelwände mit den dunklen Gewölben einen starken Eindruck von der Größe kaiserlicher Baukunst vermitteln und in Rom nur mit den Hallen der Caracallathermen und der Maxentiusbasilika verglichen werden können" (E. Peterich). Ich erinnere mich an einen unfreundlichen, naßkalten Wintertag mit eisigem Schneewind und diffusem Licht, als mir zum erstenmal das Kolossale, gleichsam Zeitlose dieser Bauten zu Bewußtsein kam. Ich hatte die Kirche Santa Maria degli Angeli verlassen, war nach links abgebogen und stapfte durch einen regenverschmierten kleinen Park, dessen Bäume buchstäblich trieften. Links vorne, dort wo die Außenmauern der Kirche mit jenen des Thermenmuseums einen spitzen Winkel bilden, unter antiken Gewölben, die scheinbar funktionslos und vergessen waren, hatte sich eine Schar Obdachloser einquartiert. Ein klägliches Feuer brannte. Lumpen und Säcke lagen herum und im Hintergrund, abgeschirmt durch ein mächtiges Eisengitter, erhoben sich die Überreste der Thermen, dunkel, streng, eindrucksvoll. Die Menschen hier erinnerten an Tiere, die schweigsam und bedrohlich in der Dämmerung stehen. Etwas Elefantenhaftes, die Zeit Überdauerndes wurde durch dieses Bild vermittelt, dessen düsterer Faszination man sich nicht zu entziehen vermochte.

Das Thermenmuseum, gegründet imJahre 1889, zuletzt in den Jahren zwischen 1946 und 1953 von Grund auf neu geordnet, zählt zweifellos zu den bedeutenden Antikenmuseen des Kontinents, durchaus vergleichbar dem legendären Britischen Museum in London. Es ist schlichtweg unmöglich, im Rahmen einer Reiseerzählung auch nur annähernd die Kostbarkeiten zu beschreiben, die in den einzelnen Hallen aufgestellt sind und einen hervorragenden Eindruck von der Kunst und dem Leben der Antike geben. Lediglich einige der wichtigsten Skulpturen, Mosaiken, Inschriften, Sarkophage sollte man zumindest erwähnen, um dadurch die ganze Breite des Dargestellten und die Fülle der bemerkenswerten Aussagen, welche dieses Museum vermittelt, erahnen zu lassen. Zu den schönsten Stücken gehört beispielsweise der sogenannte Diskuswerfer Lancellotti, so benannt nach einem früheren Besitzer, eine der am besten erhaltenen Antiken, die man auf italienischem Boden bewundern kann; Adolf Hitler hatte diese Statue im Jahre 1938 käuflich erworben; aber nach mancherlei Irrwegen gelangte sie nach dem Krieg wieder in den Besitz des italienischen Staates. Sehenswert ist auch die sogenannte Venus von Kyrene aus parischem Marmor, die im Jahre 1913 durch einen schweren Gewitterregen von der sie bedeckenden griechischen Erde befreit wurde. Durch eine Sturmflut, und zwar im Jahre 1878, wurde auch eines der schönsten Beispiele hellenistischer Kunst in Italien freigelegt, nämlich das Mädchen von Anzio, die Statue einer Unbekannten, die einst einen Palast im antiken Anzio geschmückt hatte. Hingerissen werden viele Besucher gewiß vom makellos geformten Kopf einer schlafenden Rachegöttin sein, deren halbgeöffneter Mund dem Antlitz etwas ungemein Liebliches und Anmutiges verleiht, so daß man sich nur zögernd mit dem Gedanken befreunden kann, hier einer jener schrecklichen, furchteinflößenden Erinnyen zu begegnen, die mit ihrem schlangendurchringelten Haar und dem mörderischen Blick ihrer Augen jeden Sterblichen in Wahnsinn versetzten. Bemerkenswert auch die vollständig restaurierte Weiheinschrift der diokletianischen Thermen oder jene beiden antiken Sarkophage, auf denen sich die detailfreudige Darstellung einer blutigen Schlacht zwischen Römern und Germanen findet. Und schließlich mag man sich angesichts einer überwältigenden Fülle bezaubernder antiker Wandmalereien des hohen Standards entsinnen, welcher der römischen Kunst Ausdrucksstärke und Lebendigkeit ermöglichte; Beispiele der in der Antike schon beliebten Scheinarchitektur, Szenen aus dem Alltag und Theaterbilder vermitteln einen ursprünglichen Eindruck vom Leben, wie es sich vor rund zweitausend Jahren auf jenem Schauplatz abspielte, den der moderne Rombesucher mit Neugier, Erstaunen und einem nie ganz schwindenden Gefühl der Verunsicherung betritt.

Römische Kirchen

Sind es die Straßen Roms, denen „schon ein flüchtiger Blick ihre Werdegeschichte abliest" (Werner Bergengruen), auf denen man immer wieder von neuem die verschiedenen Phasen der Entwicklung dieser Stadt nachvollziehen, an denen man also auch die kulturellen und politischen Jahresringe ablesen kann? Sind es die Zeugnisse der antiken Vergangenheit, die uns nachdenklich und betroffen machen? Ist es das heftig pulsierende, lärmende, farbenbunte und nicht nur großstädtische, sondern auch von kräftigem Lokalkolorit durchtränkte Leben, das den Besucher fasziniert? Üben Petersdom und Lateran, Kolosseum und Kapitol diese nachhaltige Wirkung aus, von der sich niemand, der in Rom mehr als bloß eine touristische Attraktion erkennen will, wirklich befreien kann? Oder ist Rom vor allem anderen vielleicht doch ein Anlaß, aus Touristen nachdenkliche Pilger zu machen, die hier wie kaum an einem anderen Ort des christlichen Abendlandes dem eigentlichen Sinn ihres Lebens auf die Spur zu kommen suchen?

Manchmal sind es die kleinen, scheinbar nebensächlichen Dinge, die betroffen machen. Manchmal entdeckt man erst im verborgenen Detail die wahre Größe dieser Stadt, ihre kulturelle und geistige Tradition und auch das Beispielhafte, das sie mit gelassener, gleichsam selbstverständlicher Gebärde jenen mitteilt, die zu sehen und zu begreifen gewillt sind. Manchmal bedarf es tatsächlich eines Kirchenbesuches, um über die Welt, wie wir sie heute sehen, Klarheit zu gewinnen, weil wir auf diese Weise erst dem Mythos nahekommen, ohne den jede Wirklichkeit billig und fragwürdig bleiben müßte. Jene verhältnismäßig unscheinbare, von einer Barockfassade buchstäblich vergewaltigte Kirche namens San Pietro in Vincoli, die man über eine Treppe von der verkehrsreichen Via Cavour aus erreicht, ist ein vortreffliches Beispiel dafür. Es sind, gemessen am Zuspruch, den die berühmteren, größeren, baulich interessanteren Kirchen Roms haben, nicht viele Besucher, die San Pietro in Vincoli für sich zu entdekken vermögen; und denen dabei begreifbar wird, daß sie hier „das natürliche Heranwachsen des kultischen Lebens aus dem antiken Alltag erkennen" können, wozu noch eine kulturhistorische Vergangenheit kommt, die gleichfalls von eminenter Bedeutung ist.

San Pietro in Vincoli, was soviel wie „Sankt Peter in Ketten" heißt, ist eine der ältesten Kirchen Roms, datierbar wahrscheinlich auf die dreißiger Jahre des 5. Jahrhunderts, als Papst Sixtus III. sie mit dem Geld erbauen ließ, das Eudoxia stiftete, die Gemahlin Valentinians III., und zwar, wie man wohl annehmen darf, um dem heiligen Schrein, darin die beiden Ketten des Apostels Petrus aufbewahrt werden, eine würdige Umrahmung zu geben. Nun mag mancher Rombesucher, der sich an die Ketten erinnert, mit denen der Apostel einst im unterirdischen Verlies des römischen Staatsgefängnisses Mamertinus gefesselt war, an einen historischen Irrtum glauben, weil hier von zwei Ketten die Rede ist; aber man muß in diesem Zusammenhang hinzufügen, daß es eben tatsächlich zwei verschiedene Ketten Petri gibt. Jene, denen San Pietro in Vincoli seine Existenz verdankt, trug Petrus im Kerker des Herodes zu Jerusalem. Dazu gibt es auch eine hübsche Legende. Denn als der Bischof von Jerusalem diese ältere Kette der Kaiserin Eudoxia zum Geschenk machte und die fromme Kaiserin sie dann dem Papst Sixtus III. übereignete, da verglich man sie mit jener aus dem mamertinischen Kerker. Und beide Ketten schlossen sich, als gehorchten sie einer magischen Kraft, von selbst ineinander, was den Römern des 5. Jahrhunderts ein hinreichender Anlaß war, um an die Echtheit auch dieser zweiten Kette zu glauben. Sie, also die jerusalemische, wie auch jene aus dem mamertinischen Kerker sind heute im Hochaltar von San Pietro in Vincoli eingeschlossen, gelten natürlich als bedeutende Reliquien und werden alljährlich am 1. August, dem sogenannten Tag von Petri Kettenfeier, den Gläubigen gezeigt.

Diese Kirche, darin man etliche antike Säulen bewundern kann, ist aber auch noch aus einem anderen Grund erwähnenswert. Denn in ihr befindet sich, und zwar als dekorativer Teil des Papstgrabes Julius' II., der berühmte Moses des Michelangelo, der seit vielen Generationen schon Anlaß für die gewagtesten Spekulationen und kunsthistorischen Überlegungen war und ist. Es war, und zwar im Jahre 1505, Julius selbst, der den damals dreißigjährigen Künstler aufgefordert hatte, ihm Entwürfe für ein Grabmal vorzulegen. Damals war noch geplant, in der Peterskirche, die zu jener Zeit freilich noch gar nicht in ihrer heutigen Form existierte, eine mehrgeschossige Grabkapelle einzurichten. Aber dann wurde Michelangelo vom Papst mehr oder minder gezwungen, an den Fresken in der Sixtinischen Kapelle zu arbeiten. Nach deren Vollendung wandte sich der Meister wieder seinem ursprünglichen Auftrag zu, als der Papst starb. Es dauerte viele Jahre, bis sich die Erben Julius' dahingehend einigen konnten, das Grabmal nicht in Sankt Peter, sondern in San Pietro in Vincoli errichten zu lassen; und erst der siebzigjährige Michelangelo durfte die Genugtuung erleben, seinen Moses, der aus carrarischem Marmor gehaun ist, endlich aufgestellt zu sehen. Was die sterblichen Überreste des Papstes Julius angeht, so sind diese natürlich in St. Peter beigesetzt.

An und in den Kirchen Roms, und zwar manchmal gerade dort, wo nicht touristischer Anlaß und die mitunter recht profane Neugier der Fremden aus Gotteshäusern beinahe Rummelplätze machen, kann man neben den Beispielen einer intensiven Religiosität auch viel über die kulturhistorische und politische Vergangenheit der Stadt lernen. Man denke an Santa Maria del Priorato, eine Kirche, die, neben der Villa des Malteserordens gelegen, durch einen Garten erreichbar ist und von Piranesi, dem genialen Kupferstecher, erbaut wurde, der in dieser Kirche auch begraben worden ist. In Sant'Alessio wiederum, einem architektonisch insgesamt nicht sonderlich eindrucksvollen Gotteshaus unweit der Piazza dei Cavalieri, wird eine hölzerne Treppe als Reliquie aufbewahrt, unter welcher sich der heilige Alexius einst mehr als anderthalb Jahrzehnte lang bis zu seinem Tod verborgen gehalten haben soll. Wenige Schritte von dieser Kirche entfernt liegt Santa Sabina, im 5. Jahrhundert erbaut, wo einst der Spanier Dominikus den Orden der Dominikaner begründet hat. Im benachbarten Kloster zeigt man noch die Zelle, wo er den heiligen

Franz von Assisi empfangen hat, dem er freilich weder charakter-
lich noch geistig wirklich wesensverwandt gewesen ist. Und im
Garten kann man einen Orangenbaum besichtigen, den Franz
von Assisi gepflanzt haben soll. Diese Kirche mit dem daran anschließenden Kloster ist also zweifellos ein Zentrum des abendländischen Mönchstums, wozu noch kommt, daß das aus Zypres-
senholz geschnitzte Kirchenportal fraglos ein historisch bemerkenswertes Dokument religiöser Kunst ist. Denn es stammt aus
der Zeit um 430, als Santa Sabina errichtet wurde, und ich
möchte es nicht verabsäumen, hier auf Eckart Peterich zu verweisen, der dieses ungewöhnliche Portal ausführlich beschrieb. „Die
achtzehn großen und kleinen Bildtafeln, aus denen die Tür besteht, werden zwei verschiedenen Künstlern zugeschrieben. Einer
von ihnen war ein höchst primitiver, dem es nur darauf ankam,
durch wenige ausdrucksstarke Gestalten und Gesten die Erinnerung an ein Ereignis zu wecken; seine gedrungenen Figuren sind
Zeichen einer Art von Bilderschrift. Kennzeichnend dafür ist
seine Kreuzigung. Sie gilt als die älteste Kreuzigungsdarstellung,
bei der seltsamerweise die Kreuze fehlen." Hingegen sind, wie Peterich das ausführt, die ekstatischen Visionen des anderen unbekannten Meisters an diesem Kirchenportal völlig andersgeartet
und „in ihrer Zeit etwas vollkommen Neues".

Eine zumindest dem Namen nach populäre Kirche ist Santa
Maria in Cosmedin mit ihrem auffälligen romanischen Glockenturm, die auf jenem Platz situiert ist, auf dem sich im antiken
Rom der Viehmarkt befand. Bei ihrer Entstehung im 6. Jahrhundert noch einschiffig, wurde sie später zu einer dreischiffigen Basilika umgebaut und war den in Rom ansässigen Griechen zuge-
eignet, die sich, als in Kleinasien der sogenannte Bildersturm wütete, in das alte Zentrum der Christenheit geflüchtet hatten. Im
Volksmund heißt Santa Maria in Cosmedin aber auch „Bocca
della Verità", was mit einer großen, runden, steinernen Maske in
der Vorhalle der Kirche zu tun hat, die aus antiker Zeit stammt
und ganz gewiß nicht aus einem alten römischen Dampfbad, wie
in manchen Reiseführern nachzulesen ist. Jedenfalls gilt der
Mund dieser Maske den Römern als eine Art Herausforderung,

Lüge von Wahrheit zu trennen. Denn notorische Lügner, so wird heute noch behauptet, würden in dem Augenblick, da sie ihre Hand in diesen Mund steckten, auf empfindliche Weise gebissen werden. Und es kann manchmal recht unterhaltsam sein, einer Schulklasse zuzusehen, wenn sie sich, angeführt von einer streng blickenden Lehrerin, dieser Steinmaske nähert.

Eine Kirche völlig anderer Art ist Santa Pudenziana, einige Meter unterhalb des heutigen Straßenniveaus in der Via Urbana gelegen. Hier, im Haus eines römischen Senators namens Pudens, verkehrte Petrus, der den Senator zum Christentum bekehrt hatte. Später, nach dem Tod des Apostels, haben von hier aus Roms Bischöfe gewirkt, und zwar bis zu jenem Zeitpunkt, als Kaiser Konstatin den lateranischen Palast der römischen Kirche und den Päpsten zum Geschenk machte. Die Kirche, in welcher vor allem ein aus dem 4. Jahrhundert stammendes, allerdings immer wieder restauriertes Mosaik erwähnenswert scheint, wurde unter der Herrschaft eines Papstes namen Siricius erbaut, von dem freilich nicht viel mehr bekannt ist, als daß er im Jahre 399 starb. Man nimmt jedenfalls an, daß Santa Pudenziana auf den Fundamenten des ehemaligen Senatorenhauses errichtet wurde, so daß jedes Wort vom „natürlichen Herauswachsen des kultischen Lebens aus dem antiken Alltag" hier eine besondere Bedeutung erfährt; oder, wie es Werner Bergengruen einmal ausdrückte: „Zunächst war es so, daß der christliche Eigentümer eines größeren Hauses einen Raum für die gottesdienstlichen Zusammenkünfte mit den Genossen seines Glaubens bestimmte. Späterhin machten Umbauten und Ausgestaltungen, etwa zur Schaffung von Wohngelegenheiten für Priester und Diakone, sich notwendig, und erst in vorgerückter Zeit kam es zur Errichtung eigener Bauwerke. So entwickelten sich die Kirchen aus dem römischen Privathaus. Es geschah, daß ein Wohnhaus durch Schenkung oder Erbgang in den Besitz der Gemeinde kam; oder auch daß ein Märtyrerhaus sich zu einer Kirche umgestaltete ... Derartige Entstehungsgeschichten geben einigen frühchristlichen Kirchen ihre lebenswarme Unmittelbarkeit."

Santa Pudenziana ist jedenfalls ein vortreffliches Beispiel für diese Entwicklung. Und es mag durchaus der historischen Wahrheit entsprechen, daß diese Kirche, wie vermutet wird, das älteste in Rom noch existierende Gotteshaus ist. Immerhin werden wir hier an die Anfänge des Papsttums erinnert, als Roms Bischöfe noch im Untergrund leben und wirken mußten und vielfacher Verfolgung und Anfechtung ausgesetzt waren.

Jüngeren Ursprungs ist Santa Prassede, allgemein als Schwesterkirche von Santa Pudenziana bezeichnet, von außen kaum bemerkbar, im Inneren jedoch Zeugnis ablegend für die fast inbrünstige Jenseitsgläubigkeit des karolingischen Zeitalters, in welchem sie entstanden ist. Veranlaßt wurde sie zu Beginn des 9. Jahrhunderts, und zwar durch Paschalis I., der ein energischer und manchmal auch rücksichtsloser Papst gewesen ist. Er war nämlich einer jener Päpste, denen die vermeintlichen oder tatsächlichen Reliquien in den Katakomben eine Ursache bedeuteten für manchen großangelegten Grabraub. Allein nach Santa Prassede „wurden ganze Wagenladungen voll heiligen Gebeins" gebracht, wie sich ein zeitgenössischer Chronist äußerte; vor allem die sterblichen Überreste von Päpsten wurden in der Krypta – wahrscheinlich der ältesten Roms – von neuem beigesetzt. Anderes „Gebein" wieder, aus den Katakomben nach Santa Prassede geschleppt, war nicht identifizierbar. Eine Inschrift, welche in der Kirche aufbewahrt wird, besagt daher: „Gott allein kennt ihre Namen." Was die Entstehungsgeschichte der Krypta betrifft, für die Santa Prassede ein wichtiges Beispiel ist, so gibt Eckart Peterich eine ausführliche Erklärung dafür, wenn er schreibt: „Bis dahin hatten die Basiliken nur eine Confessio, in der sich die Gräber der Märtyrer befanden. Die Gläubigen durften sie nicht betreten, nur durch ein vergittertes Fenster andächtig in sie hineinschauen. Die Confessio ist eine enge Grabstätte, die Krypta dagegen eine richtige Kirche, in der man die Märtyrergräber mit den Händen berühren kann, während sich die Gläubigen bis dahin damit hatten begnügen müssen, ein Tuch in die Confessio herabzulassen, um es mit einem wohltätigen und heiligenden Fluidum getränkt wieder daraus hervorzuziehen. Auch die Krypta entstand im Kampf gegen die Verächter der Heiligen und der Reliquien, denn sie dient vor allem dem Heiligenkult. Hier werden ,am Tage ihrer Geburt', das heißt am Tage ihres Martyriums, feierliche Messen zu ihren Ehren gelesen. Im übrigen erinnerten die Dunkelheit, die Stille, das Geheimnisvolle der Krypten an die Katakomben." Im Gegensatz zu den bisher genannten und freilich nur ansatzweise, nur in den wesentlichen biografischen oder kunsthistorischen Details beschriebenen Kirchen ist Santa Maria Maggiore unter den mehr als achtzig Marienkirchen Roms nicht nur die größte, sondern auch jene, welche „auf die Gläubigen aus aller Welt die stärkste Anziehungskraft ausübt". Santa Maria Maggiore, auf dem Esquillin gelegen und mit ihren beiden charakteristischen Kuppeln und dem hohen, schlanken Glockenturm weithin sichtbar, gehört zu den sogenannten Patriarchalkirchen Roms, deren Priester die Päpste selbst sind, was immerhin bedeutet, daß die Pfarrgemeinde praktisch aus den Gläubigen der ganzen Welt besteht. Überdies sind die römischen Patriarchalkirchen – also die Peterskirche, San Paolo, Santa Maria Maggiore und San Giovanni in Laterano – gemeinsam mit Santa Croce in Gerusalemme und San Sebastiano an der Via Appia, die in spätantiker Zeit eine dem Apostel Petrus geweihte Gedächtniskirche gewesen ist, Bestandteil eines frommen Bundes, der unter dem Titel „Le sette chiese" von einiger Bedeutung ist für den nach wie vor existierenden Ablaßritus. Denn wer, wie das Papst Pius IX. 1866 in einem Breve dekretierte, diese wichtigen römischen Kirchen „zwischen der ersten Vesper des Tages bis zum Sonnenuntergang des darauffolgenden Tages zu Fuß oder zu Wagen aufsucht, nachdem er sich zuvor der Beichte und der Kommunion unterzogen hat", kann sich eines vollkommenen Ablasses erfreuen. Man mag heutzutage über solche Verordnungen oder Hinweise geteilter Meinung sein und sie sogar mit einiger Ironie, die aber vielleicht nicht immer angebracht ist, als willkommene Hilfeleistung für den römischen Fremdenverkehr abtun, unbestritten bleibt die Tatsache, daß viele Gläubige auch in den achtziger Jahren des 20. Jahrhunderts sich diesem strengen Zeremoniell unterwerfen, wobei freilich nur die wenigsten darauf verzichten, sich der Un-

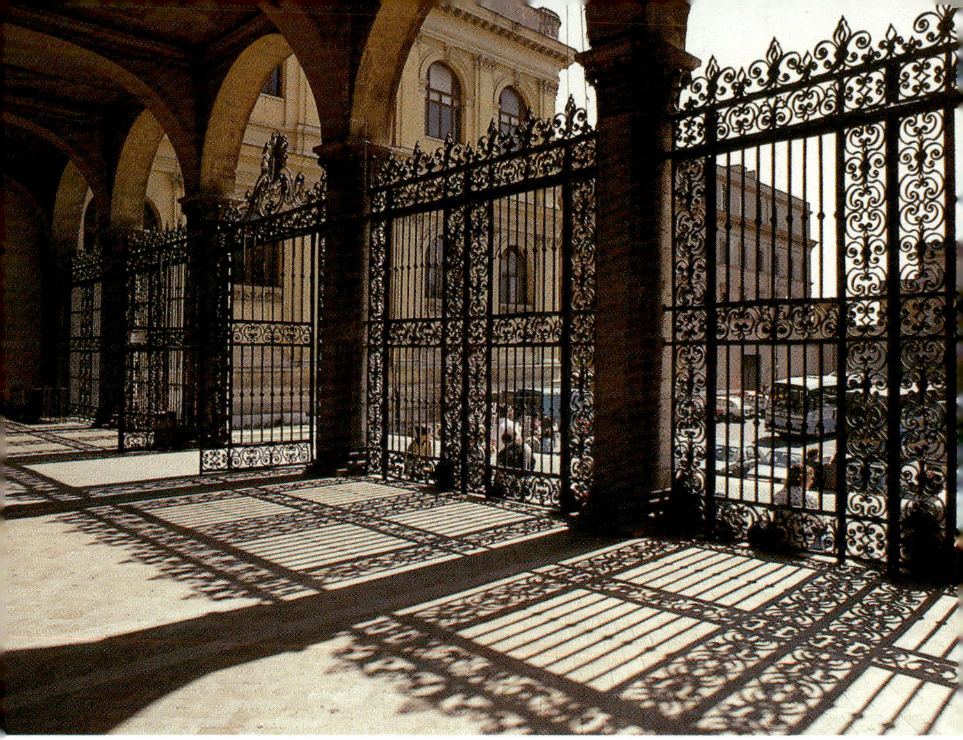

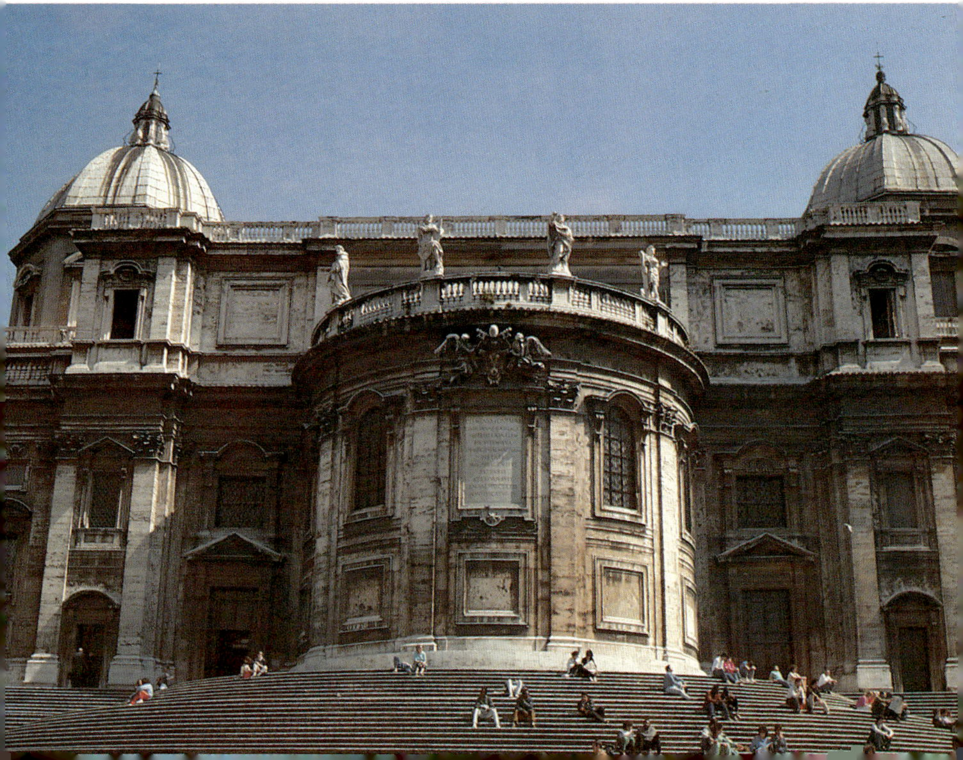

terstützung eines Autos oder der öffentlichen Verkehrsmittel zu versichern.

Die Baugeschichte von Santa Maria Maggiore erstreckt sich über einen Zeitraum von rund anderthalb Jahrtausenden. Sie beginnt in einer heißen, schwülen römischen Sommernacht – angeblich war es der 4. August des Jahres 352 –, als gleichzeitig dem damals herrschenden Papst Liberius und einem vermögenden Bürger namens Johannes die Muttergottes erschien und beiden Männern befahl, an jenem Ort eine Kirche zu bauen, wo am nächsten Morgen frischgefallener Schnee liegen würde. Tatsächlich lag am nächsten Morgen auf dem Hügel des Esquillin Schnee. Der Papst, so berichtet es die Legende, zeichnete sogleich den Grundriß der zu erbauenden Kirche in den weißen Schnee; und der Bürger Johannes wiederum stiftete das Geld für den Bau des Gotteshauses. Diese recht ungewöhnliche Geschichte ist im übrigen auch der Anlaß dafür, daß die Christenheit heute noch an jedem 5. August das Fest „Maria Schnee" feiert. In Santa Maria Maggiore werden zu diesem Anlaß während des Hochamtes von der Kuppel herab weiße Blütenblätter über die Gläubigen gestreut.

Das Innere der Kirche ist reich geschmückt, wobei vor allem die mosaikbesetzten Architrave aus dem 5. Jahrhundert sowie die vergoldete Decke beeindrucken, von der man sich erzählt, daß es das erste aus dem neuentdeckten Amerika gekommene Gold gewesen sein soll, das zur Vergoldung dieser Decke verwendet wurde, die tatsächlich von besonderer Pracht ist. An einem der vielen Altäre wird ein Porträt der Muttergottes verehrt, das angeblich vom heiligen Lukas gemalt worden sein soll. Auch zahlreiche andere, durchaus dem Irdischen verhaftete, wenngleich stets auf den frommen Schauplatz abgestimmte Kunstwerke machen den Besuch dieses riesigen Gotteshauses, dessen Mittelschiff durch vierzig antike Säulen aus attischem Marmor von den Nebenschiffen getrennt wird, zu einem lohnenden, Geist und Gemüt bewegenden Ereignis. Immerhin zeigte sich selbst ein so skeptischer, allen religiösen Dingen gegenüber eher mißtrauischer Charakter wie Hippolyte Taine von dieser Kirche recht beeindruckt,

Oben: San Pietro in Vincoli
Unten: Santa Maria Maggiore

wenngleich er bei aller Zustimmung manche kritische Feststellung machte. So schrieb er nach einem ersten Besuch beifällig, daß man entzückt sein dürfe über die mit einfachen Mitteln erreichte Wirkung, welche das Innere von Santa Maria Maggiore auf den Betrachter ausübe. Und befriedigt fügte er hinzu: „Man könnte sich fast in einem griechischen Tempel glauben."

In diesem besonderen Zusammenhang muß man allerdings daran erinnern, daß Taine sich hartnäckig geweigert hatte, die Kirchen Roms christlich zu nennen. „Wenn es einen Ort auf der Welt gibt, an dem es nahe läge, Ergriffenheit, Zerknirschung, Ehrfurcht und das große und schmerzvolle Gefühl der Unendlichkeit und des Jenseits zu empfinden, so ist es hier . . . aber unglücklicherweise verspürt man ganz entgegengesetzte Gefühle." Und an anderer Stelle schreibt er von trüben Erinnerungen, welche „mir die Kirchen Roms verderben oder vielmehr erklären".

Manches von dem, was der französische Literat und Kulturhistoriker ausdrückte, hat durchaus seine Berechtigung, so etwa, wenn er feststellt: „Es gibt Spuren aus allen Zeitaltern in diesen alten Kirchen, und man erkennt darin alle Zustände des Christentums: anfangs befangen in heidnischen Formen, dann das Mittelalter und die Renaissance durchschreitend, um sich endlich in den modernen Prunk zu vermummen. Sogar das byzantinische Zeitalter hat seine Spur in den Mosaiken des großen Schiffes und der Apsis hinterlassen (Taine bezieht sich hier vor allem auf Santa Maria Maggiore), in seinen blut- und lebensleeren Christus- und Jungfrauengestalten, Gespenstern mit großen starren Augen, die reglos auf den goldenen Hintergründen und roten Wänden ruhen: Phantome einer erschöpften Kunst und einer erstorbenen Welt."

Mancher Besucher, und nicht nur der ergriffene, von seinem religiösen Gefühl überwältigte Christ, wird in diesem Urteil Taines Scharfzüngigkeit und Lust an überspitzter Kritik erkennen. Andere werden darin beipflichten, daß nicht alles in den Kirchen Roms begeisternd sei. Am Reiz, den sie verströmen, an der Fülle des geistigen Abenteuers, welche sie vermitteln, ändert das gar nichts.

Die Piazza di Spagna und ihre Cafés

Jedem Fremden, der für mehr als nur ein paar Stunden und einen raschen, eher oberflächlichen Rundgang durch die Peterskirche, den vatikanischen Palast und das Forum nach Rom kommt, sollte ein Besuch des „Caffè del Greco antico" eine angenehme und lehrreiche Pflicht sein. Das hat weniger mit den kulinarischen Genüssen zu tun, die einem in diesem Lokal geboten werden und die sich höchstens im Preis von jenen in anderen Kaffeebars unterscheiden; auch die unbequemen, allzu zierlichen und beinah zerbrechlich anmutenden Sitzgelegenheiten sind so wenig anziehend wie im „Babington's", dem anderen sehenswerten und legendären Etablissement an der Piazza di Spagna. Selbst das Publikum, das man hier wie dort antrifft, ist heute im Gegensatz zu früher, als Dichter, Maler, Musiker und andere sogenannte interessante Persönlichkeiten aus aller Herren Länder im „Greco" oder im „Babington's" ihren Kaffee, ihre Schokolade oder ihren Tee einzunehmen pflegten und ihre eigene Bedeutung dadurch unterstrichen, daß sie mit anderen Persönlichkeiten, die gleichfalls von ihrer eigenen Bedeutung zutiefst überzeugt waren, mehr oder minder bemerkenswerte Gespräche führten . . . selbst das Publikum also ist, von einigen wenigen Ausnahmen abgesehen, nicht sonderlich aufregend, weil es in der Mehrzahl in Rom ansässige oder sich vorübergehend hier aufhaltende Fremde sind, die einander mit neugierigen Blicken mustern oder die Bedeutung der zahlreichen Bilder, Stiche, Handschriften zu ergründen suchen, die vor allem die altersdunklen Wände des „Greco" dekorieren. Und doch gilt heute wie schon vor Generationen der kategorische Imperativ, den Hippolyte Taine im vergangenen Jahrhundert einmal aufgestellt hat: „Morgens frühstückt man im Café Greco!" Taine meinte zwar damals, daß das „Greco", verglichen mit Pariser Lokalen, bestenfalls drittrangig sei; aber da seiner Meinung nach ganz Rom nichts anderes war als ein einziger großer Kramladen, darin man angesichts des Schimmelgeruchs und des Anblicks „so vieler kostbarer, einst lebendiger und vollkommener und jetzt entfärbter, verstümmelter, herausgerissener Gegenstände" ohnedies nur von düsteren Gedanken bedrängt werde, mag man seiner kritischen Meinung keine allzu große Bedeutung beimessen.

Das „Greco", und das macht neben dem Umstand, daß es durch seine Lage in der vornehmen Via dei Condotti gleichsam eine Art Stützpunkt ist für ausgedehnte und in jedem Sinne dieses Wortes erschöpfende Spaziergänge rund um die Piazza di Spagna und hinauf über die Spanische Treppe zur Trinità dei Monti, zur Villa Medici und zum Pincio oder hinüber zur Via Margutta und weiter durch die Via del Babuino zur Piazza del Popolo, das „Greco" ist vor allem anderen ein Ort der kulturgeschichtlichen Besinnung. Das hört sich vielleicht ein wenig verwegen an angesichts der touristischen Laufkundschaft und der befrackten Oberkellner, welche die schmalen, schlauchähnlichen und meist hoffnungslos verrauchten Salons beherrschen, die ineinander übergehen und eigentlich nichts anderes sind als ein langer Korridor, wo man einige Marmortischchen aufgestellt hat. Aber das „Greco" war über Jahrhunderte hinweg der Treffpunkt der Intelligenz, und zwar nicht nur der ausländischen, die in Rom einen Sammelpunkt gerade hier im Viertel rund um die Spanische Treppe fand, wo sich zahlreiche Briten, Franzosen und Deutsche niedergelassen hatten, sondern auch der römischen, die der beengenden geistigen Diktatur der päpstlichen Monarchie durch anregende und oft auch leidenschaftliche politische Diskussionen zu entgehen suchte. Das „Greco" wurde um die Mitte des 17. Jahrhunderts, wahrscheinlich von einem unternehmungslustigen Griechen, gegründet und war zu Beginn seiner Existenz ein Treffpunkt der in Rom lebenden Griechen und Levantiner. Im 18. Jahrhundert entdeckten es dann die Künstler und Diplomaten für sich. Goldoni, 1759 vom sogenannten Theater Tordinona nach Rom eingeladen, wo er allerdings gegen eine starke einheimische Opposition anzukämpfen hatte und bald wieder entmutigt nach Venedig zurückkehrte, verkehrte hier ebenso wie Goethe oder später Gogol, Wagner, Rossini, Schopenhauer, Gounod oder Mendelssohn, wobei es zu einer wahren Invasion deutscher

Künstler und Intellektueller kam, so daß das Kaffeehaus von den spottlustigen Römern vorübergehend sogar mit dem Namen „Caffè Tedesco" bedacht wurde. Ein „Caffè Inglese", das angeblich wesentlich aristokratischer gewesen sein soll als das „Greco", existierte noch zu Beginn des 19. Jahrhunderts an der Piazza di Spagna direkt neben der Spanischen Treppe. Seine hauptsächliche Sehenswürdigkeit – neben den illustren Gästen – bestand in einer Sammlung origineller Wandgemälde, die von Gianbattista Piranesi stammten. Im „Babington's" mag man sich mit einiger Phantasie das etwas plebejische Erbe dieses „Caffè Inglese" vorstellen. Die Römer selbst bevorzugten das „Caffè Veneziano", das seit dem Jahre 1745 bestand und wo nach zeitgenössischen Berichten neben Geistlichen, Literaten und Musikern auch Damen aus der besten Gesellschaft verkehrten. Aber zuvor schon, nämlich im 17. Jahrhundert, eröffnete ein gewisser D'Alibert, ein unternehmungslustiger Franzose, der zum Hofstaat der abgedankten Königin Christine von Schweden gehörte, an der Piazza di Spagna eine Art „maison garnie", wo zur Unterhaltung der in Rom ansässigen Fremden und der römischen Intelligenz Marionettenspiele veranstaltet wurden, die später, als das Interesse der Gäste für diese Form der Zerstreuung spürbar nachließ, von Glücksspielen abgelöst wurden. In diesem Zusammenhang sollte man auch an den berüchtigten Kammerdiener Christines erinnern, nämlich an Clairet Poissonet, der im Auftrag seiner Herrin jeden Morgen auf der Piazza di Spagna Erkundigungen darüber anstellte, welche Berühmtheiten in Rom angekommen seien, und der sich dann mit den Dienern der Zugereisten bei einem Glas Wein – oder mehreren – anfreundete, um auf diese Weise jene Indiskretionen zu erfahren, an denen Christine brennend interessiert war.

Die Piazza di Spagna war also immer schon ein Anziehungspunkt für alle Fremden von einigem Vermögen und Rang, was wiederum bedeutete, daß auch die Römer dieses Viertel aufsuchten, um so mit Nachrichten und Meinungen konfrontiert zu werden, die ihnen im päpstlichen Rom für gewöhnlich vorenthalten wurden. Eine nicht unwesentliche Rolle für das allgemeine Interesse, das diesem damals wie heute malerischen Schauplatz gewidmet wurde, mögen dabei auch die Malermodelle gespielt haben, die hier bis in die zwanziger Jahre unseres Jahrhunderts ihren „Markt" hatten, was wiederum damit zu tun hatte, daß in den umliegenden Straßen – der Via Sistina, der Via Gregoriana, der Via del Babuino, der Via Margutta oder auch rings um die Piazza Trinità dei Monti – zahlreiche mehr oder minder berühmte Maler ihre Ateliers hatten. Was nun die Modelle angeht, so schlenderten sie „in malerischen Trachten dort umher, bis ein Maler sie mietete", wie das von Reisenden des 19. Jahrhunderts übereinstimmend berichtet wird. Die meisten dieser gewiß ansehnlichen Mädchen und jungen Männer kamen aus der römischen Campagna, „die Männer in blauen Jacken und Ziegenfellhosen und die Frauen in leinernen Hauben und roten oder blauen Röcken", wobei vor allem ein Dorf namens Saracinesco in den Sabinerbergen das Hauptkontingent dieser Modelle gestellt haben soll, von denen einige noch arabische Namen trugen, was die Vermutung erlaubt, daß es sich dabei um Nachkommen von Sarazenen handelte, die im 10. Jahrhundert in den Sabinerbergen einige Ansiedlungen gegründet hatten. Manches dieser Modelle machte übrigens sein Glück in Rom, wobei wiederum die Kaffeehäuser, darunter natürlich das „Greco", eine nicht unwesentliche Rolle spielten.

Das alles sind Erinnerungen an eine Vergangenheit, die unwiderruflich dahin ist und die doch in mancher Hinsicht der Piazza di Spagna – die eigentlich nichts anderes ist als eine Ausbuchtung der beiden aufeinander zulaufenden Straßen Via del Babuino und Via due Macelli und die erst durch die Spanische Treppe sozusagen geadelt und verschönt wird – immer noch eine eigentümliche und romantische Stimmung schenkt.

Es wäre freilich ein Irrtum zu glauben, daß man sich hier ausschließlich mit Geschichten aus der Zeit des Barock oder des römischen Rokoko beschäftigen und keinen Blick für die dekorative Schönheit der Natur haben könne. Ich erinnere mich an einen spätwinterlichen Nachmittag, als ich durch die Via del Babuino, durch diese früher einmal vornehme Einkaufsstraße, die von den Römern eines antiken Satyrs wegen – der als Brunnenfigur diente und angeblich an einen Affen erinnerte und den man heute im restaurierten Zustand wieder aufgestellt hat – „Straße des Äffchens" genannt wurde ... als ich also durch diese Straße langsam hinüber zur Piazza di Spagna ging. Die Wolken flogen schubweise und mit beträchtlicher Geschwindigkeit über mich hinweg, streiften, wie ich das so oft in Rom beobachtet hatte, beinahe die Dächer und waren weißlichbraun bis lilafarben, was ihnen ein ganz merkwürdiges Aussehen verlieh und ihre malerische Wirkung noch erhöhte. Das Licht, das aus ihnen herabfiel, war wie ein Reflex aus zerbrochenem Spiegelglas. Drüben auf der Piazza di Spagna dann riß der Himmel plötzlich auf, schimmerte als ein großes Stück metallfarbener Leinwand über dem alten Stadtviertel, und die Treppe mit dem darüberliegenden Obelisken und der sie krönenden Kirche Trinità dei Monti schmiegte sich mit einer unbeschreiblich anmutigen Geste an dieses strahlende Blau, das allmählich die ganze Dekoration erfaßte und ausleuchtete.

Ich stieg die Treppe empor bis zur ersten Balustrade und blickte über die Stadt hinweg. Die beengte, vielfach verwinkelte und in manchen Details auch düstere Altstadt zu meinen Füßen mutete in diesen Augenblicken unendlich weit und großflächig an. Die eleganten Geschäftsstraßen, die von der Piazza di Spagna geradewegs hinab zum Corso führen, schienen Schneisen zu sein, die das intensive Licht des Himmels gierig aufsogen und mit sich fortschleppten. Alles wurde zu einer Frage der Perspektive. Und alles wirkte von hier oben lichtdurchflutet und von heiterer Gelassenheit. Auch die Häuser rings um den Platz, der wie eine herausgeputzte Schaubühne tief unter mir lag, verloren ihr herabgewohntes und verwittertes Aussehen. Und in der Tiefe rauschte die sogenannte Barcaccia durch das sie umflutende klare Wasser, das den Römern heute wie vor Generationen besser mundet als das Leitungswasser in ihren Wohnungen, denn immer wieder kann man beobachten, wie irgendjemand mit einer Flasche oder einem Krug sich zum Brunnen hinabbeugt, um das Gefäß zu füllen. Der Schöpfer dieses hübschen, gar nicht pompösen, seiner klaren Linienführung wegen bezaubernden Brunnens war übrigens der Vater Berninis, dem damit gewiß sein Meisterwerk gelungen ist. Der Brunnen selbst wurde als Denkmal zur Erinnerung an die Hochwasser des Tiber errichtet, die einst regelmäßig Rom überflutet haben.

Allerdings sind die Szenen, die man von den beiden Rampen beobachten kann, welche die Spanische Treppe unterteilen und abschließen, nicht immer nur von bukolischer Beschaulichkeit. Denn seit Jahren schon bilden sich manche junge Menschen ein, die Tradition des einstigen „Marktes der Modelle" insofern fortsetzen zu müssen, als auch sie sich anbieten und Geld fordern; und das in der unverschämtesten Weise und ohne daran zu denken, irgendeine Leistung dafür zu erbringen. Diese jungen Leute, vornehmlich Burschen, betteln. Dabei hat sich im Verlauf der Zeit ein Stil herausgebildet, dem etwas Gaunerhaftes und mitunter auch Anstößiges anhaftet, zum Beispiel dann, wenn sich einer dieser Burschen, die den ganzen Tag über die Spanische Treppe bevölkern, ein Mädchen oder eine Frau als Opfer ausgesucht hat, das er mit unverschämter Zudringlichkeit attackiert. Ich habe mehr als einmal eine auf diese Weise Angebettelte buchstäblich über die Treppe davonlaufen sehen, verfolgt von den obszönen Bemerkungen der jugendlichen Bettler, die nicht selten auch handgreiflich werden, ohne daß sich die malerisch aussehenden berittenen Polizisten, die unten auf der Piazza gelegentlich eine Art Siesta abhalten, darum gekümmert hätten.

Was nun die Spanische Treppe angeht, so hat sich dieser Name zwar eingebürgert, aber er entspricht keinesfalls der historischen Wahrheit. Es war im Jahre 1661, daß ein französischer Botschaftssekretär namens Gouffier testamentarisch eine nicht unbedeutende Geldsumme dafür zur Verfügung stellte, daß an die Stelle des wahrscheinlich recht mühsam zu begehenden Pfades, der damals von der Piazza di Spagna hinauf zur französischen Kirche Trinità dei Monti führte, mit deren Bau auf Anordnung Charles VIII. um 1490 begonnen worden war und die dann allerdings erst gegen Ende des 16. Jahrhunderts fertiggestellt werden konnte, daß also an die Stelle jenes Pfades eine dekorative und

Spanische Treppe und Trinità dei Monti

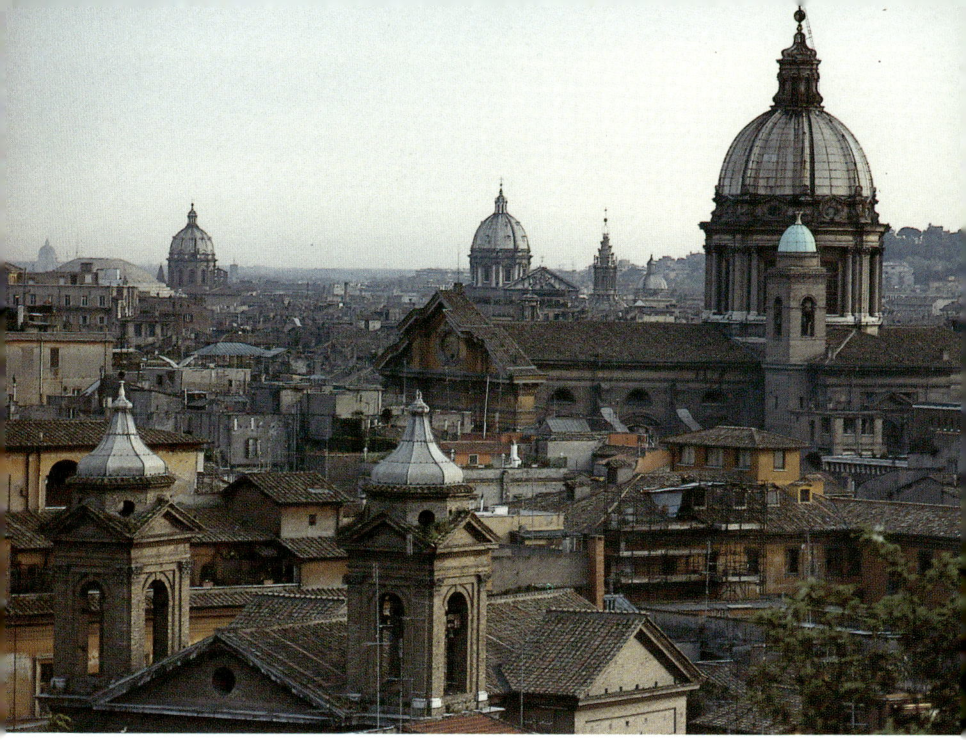
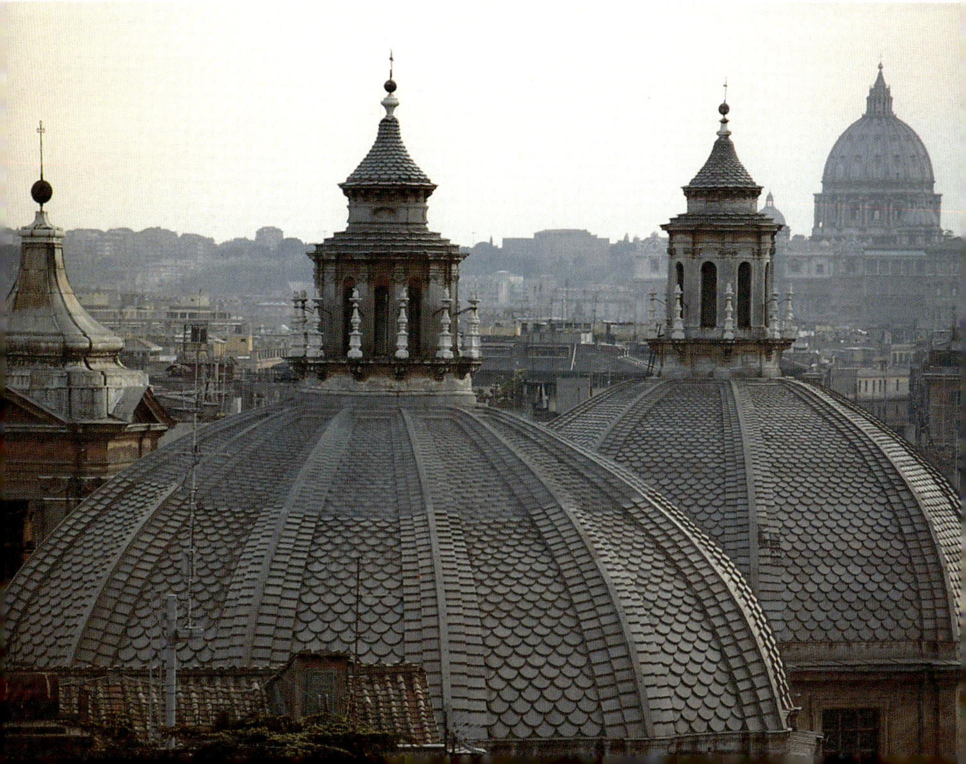

dementsprechend auch bequeme Freitreppe errichtet wurde. Mit deren Bau wurde unter dem Orsinipapst Benedikt XIII. 1724 begonnen; mehr als ein halbes Jahrhundert später stellte man auch den ägyptischen Obelisken auf, der das Werk heute noch krönt. Bei den Ausschachtungsarbeiten für den Sockel stieß man auf Ruinen der antiken Gärten des Lukull, jenes legendären römischen Millionärs, der als Feinschmecker gerade soviel an Unsterblichkeit erreichte, daß man heute noch nach einem gelungenen Festmahl zungenschnalzend von einem lukullischen Essen spricht. Die Gärten, die seinen Namen trugen, erstreckten sich in der Antike fast über den ganzen Pincio und stellten nach Aussage zeitgenössischer Autoren einen absoluten Höhepunkt altrömischer Gartenbaukunst dar.

Zur Spanischen Treppe – die richtig als Treppe von Trinità dei Monti bezeichnet werden muß – hat der große Kunsthistoriker Jacob Burckhardt eine bemerkenswerte Abhandlung formuliert, in der es unter anderem heißt: „Die Architekten mögen sich zum Beispiel fragen, in welcher Form gegenwärtig eine große Treppe angelegt werden würde? Und ob man es wohl wagen würde, Rampen und Absätze anders als im rechten Winkel aneinander zu setzen? Specchi und de Sanctis – die beiden Schöpfer der Spanischen Treppe – wechselten beneidenswert leichtsinnig mit Rampen und Absätzen der verschiedenen Grade und Formen und sparten die interessanteren Partien, nämlich die Terrassen, für die oberen Stockwerke. Auf diese Weise ließ sich auch am ehesten die bedeutend schiefe Richtung der Treppe verdecken."

Dieses Kunstwerk, das heute ganz selbstverständlich von hauptsächlich jungen Menschen aus aller Welt in Besitz genommen wird, hat eine suggestive Musikalität. Wann und aus welchem Blickwinkel auch immer man sie betrachtet – und gleichviel auch, unter welcher Einwirkung des Lichts –: stets meint man, eine Melodie zu vernehmen, in die sich das sanfte Plätschern des Wassers der Barcaccia, die Schritte der Treppenbenützer, das indifferente Stimmengewirr und das von weither kommende Rauschen des großstädtischen Verkehrs mischen.

Das langsame, gleichsam genießerische Umherflanieren in den

Quartieren unterhalb der Treppe: in der Via Bocca di Leone ein kleiner Gemüsemarkt mit den gelbleuchtenden Signalen der Orangen, dem dunklen Grün des gebündelten Salats und den hellfarbenen Knollen aufgefädelter Pilze. Die dünnen, unterm Regen glänzenden Geraden der Gassen hinunter zum Corso, die Via Vittoria, die Via Frattina, die Via delle Carrozze, die Via dei Condotti und die Via Borgognona mit ihren Marmorfassaden und Luxusgeschäften, während drüben in der Via Margutta, in der ich einst vor mehr als einem Vierteljahrhundert einige Wochen lang im Atelier eines ungarischen Bildhauers provisorisch Wohnung genommen hatte, jener tiefgreifende Schichtwechsel unübersehbar deutlich wird, von dem Toni Kienlechner bereits vor rund anderthalb Jahrzehnten gesprochen hat – „Überall in der Altstadt kann man die Zeichen der Sanierung erkennen, die durch einige unternehmende Aktiengesellschaften in Gang gesetzt wird ... Die ausgetretenen schwärzlichen Wendeltreppen werden mit Marmor belegt, die schmierigen Hinterhöfe verwandeln sich in Rasenflächen mit Brunnen und antiken Säulenresten ... und alles erstrahlt in neuem Firnis" – und dem damals schon die Propagandisten der Kommunistischen Partei in grellfarbenen Wandanschlägen, welche die abbröckelnden Fassaden der Häuser in der Altstadt bedeckten, den Kampf ansagten: „Bewohner der römischen Altstadt, laßt Euch nicht aus Euren Wohnungen, aus Euren Stadtvierteln vertreiben ..." So begannen in jenen Jahren, in denen die sogenannte Sanierung Roms gerade in diesen Quartieren im Schatten des Quirinal, des Kapitolshügels und des Pincio zum lukrativen Geschäft für die Spekulanten wurde, die Pamphlete, die später, als der Ausverkauf der Altstadt bereits in vollem Gang war, auch von den anderen Parteien übernommen wurde. In der Via Margutta, die einst Roms legendäre Künstlerstraße war, wo zahlreiche Maler und Bildhauer, aber auch Musiker und Literaten ihre bescheidenen Wohnungen hatten und das Pittoreske eines solchen Künstlerquartiers ohne jede marktschreierische Zudringlichkeit spürbar war, in der Via Margutta kann man heute die Zeichen einer längst abgeschlossenen Denaturierung nur dann ausmachen, wenn man das Alte, damals noch organisch Gewachsene und gleichsam ins Fleisch der Altstadt Roms wie selbstverständlich Eingebettete gekannt hat. Ein Antiquitätengeschäft drängt sich hier an das andere. Die Unzumutbarkeit der auf absurde Weise überhöhten Preise ist zur Selbstverständlichkeit geworden. Und vom alten Zauber, von der einstigen Anmut dieser schönen alten und früher einmal legendären Straße, die mit ihrer sanften Krümmung den Pincio zugleich umarmt und einschnürt und in deren früher einmal überwucherten, romantischen Hinterhöfen und Gärten dieser symbolträchtige Hügel Roms seine Fortsetzung gefunden hatte, davon ist heute nur noch die Erinnerung geblieben.

Dafür kann man unterhalb der Spanischen Treppe jetzt überall modische Krawatten, elegante Kostüme, kunstvoll gearbeiteten Schmuck, chinesische Spezialitäten oder bayerische Biere zum entsprechenden Preis ordern, trifft sich hier das, was die Fremden als die elegante Welt mißverstehen, und haben die zudringlichen Bettler, welche die Treppe zu ihrem Revier gemacht haben, keine Schwierigkeiten, täglich jene Summen zusammenzubekommen, die sie für ihren Lebensunterhalt und mehr noch für ihren Bedarf an Drogen dringend benötigen. Nur im Palazzo di Propaganda Fide, diesem für die Ausbreitung des katholischen Glaubens im Jahre 1621 von Papst Gregor XIV. gegründeten „Propagandaministerium" der römischen Kirche, scheint die Zeit noch aufgehoben zu sein, gelten immer noch die alten Gesetze und strengen Tugenden der Gegenreformation, deren geistiges Kind dieses Institut einst war. Borromini hat die schmale Fassade geschaffen, die in den Spanischen Platz hineinragt und deren Kontrapunkt die antike Säule ist, die von einer eher kitschigen Statue der Muttergottes gekrönt wird. Dieses Denkmal, 1856 aufgestellt, soll an die Verkündung des Dogmas von der „Unbefleckten Empfängnis" erinnern, was heutzutage gerade in dieser Gegend, in der sich Lebenslust, Eleganz und Reichtum recht ungeniert zur Schau stellen, ein wenig sonderbar anmutet.

Eines freilich wird man auch hier erfahren, gleichviel, ob man zur Villa Medici emporwandert, die um die Mitte des 16. Jahrhunderts erbaut wurde und seit dem Jahre 1803 die französische

Kunstakademie beherbergt, dem Aussehen nach ein elegantes Landhaus, tatsächlich jedoch eines der wichtigsten kulturpolitischen Zentren Roms, das neben der französischen Kirche Trinità dei Monti diesen Teil des Pincio zu einer Art Enklave gallischen Geistes und gallischer Lebensart macht, bedeutungsvoll und wirksam wie jener inzwischen etwas verblichene Ruhm, für den vor allem im 19. Jahrhundert Englands Poeten und Maler rings um die Piazza di Spagna gesorgt haben, als sich hier eine englische Kolonie angesiedelt hatte ... oder ob man von einem anderen Teil des Pincio aus Rom betrachtet: Eines wird man an allen diesen erhöhten, romantischen, auf hinreißende Weise dekorativen Standplätzen erfahren, von denen aus man den Spanischen Platz, das Altstadtviertel zwischen der Piazza di Spagna und dem Corso und die berühmten Türme und Kuppeln Roms mit einem einzigen Blick zu erfassen vermag. Daß es nämlich das, was man das Herz Roms nennen könnte, in Wahrheit nicht gibt. Denn weder die Piazza Venezia noch die Piazza Navona, weder die großartige Piazza del Popolo, deren barocker Überschwang und intensive Sinnlichkeit das Lebensgefühl der Römer vielleicht am besten beschreiben, noch die verhältnismäßig einfache, lediglich von der Spanischen Treppe sozusagen geadelte Piazza di Spagna sind jener Mittelpunkt, um den das Leben einer Großstadt kreist. Rom ist im Grunde tatsächlich nichts anderes als eine Ansammlung beliebig arrangierter Quartiere, die jeweils ihr eigenes, gelegentlich recht provinziell anmutendes Zentrum haben, was allerdings auch recht reizvoll sein kann. Das antike Forum Romanum, Roms einziger zentraler Punkt in seiner bewegten Geschichte, ist vor mehr als anderthalb Jahrtausenden zugrunde gegangen. Und ein Ersatz dafür hat sich bis heute nicht gefunden.

Register

237

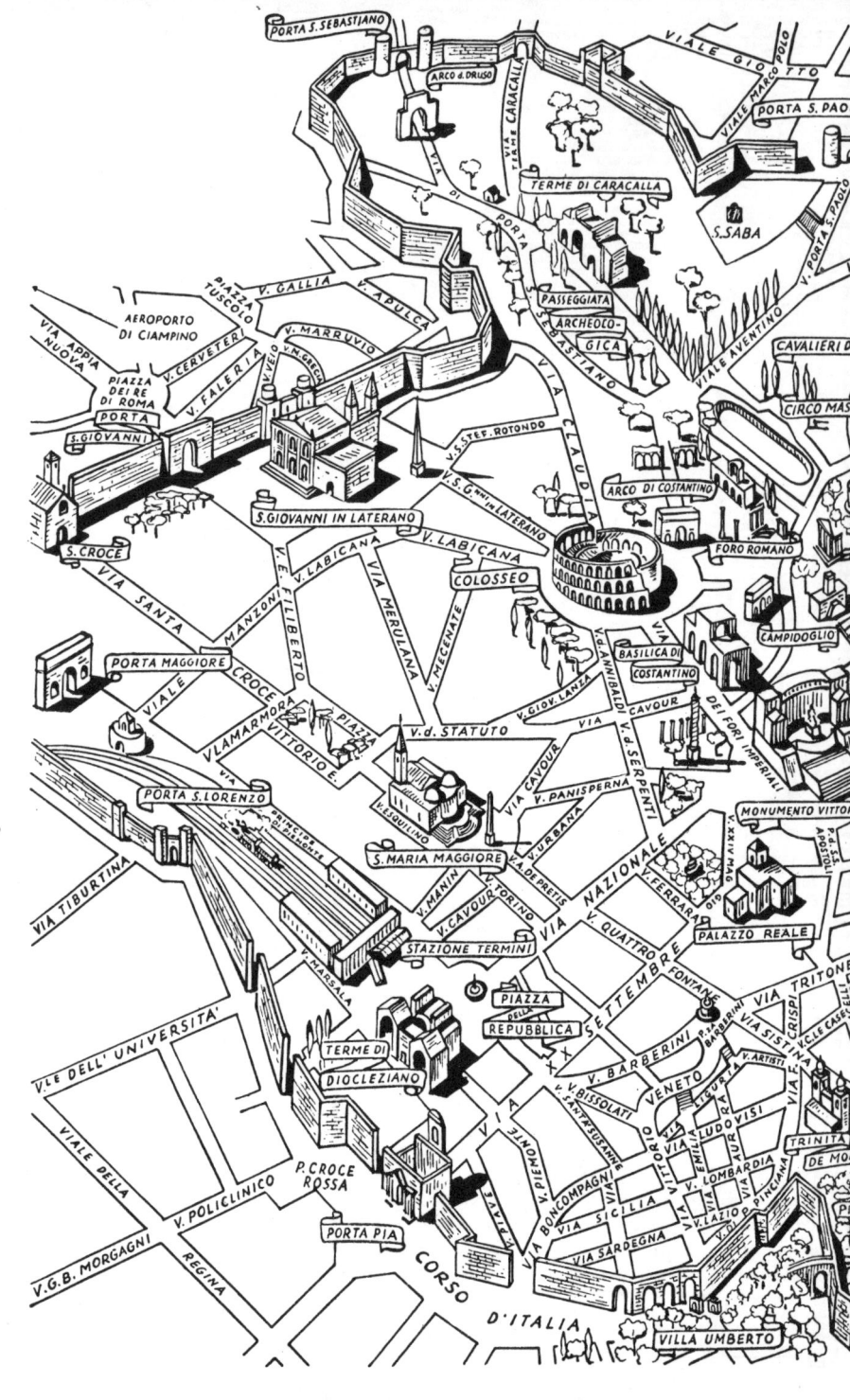